21世纪法学系列教材

行政法学教程

A Course in Administrative Law

胡建淼　著

法律出版社
——北　京——
始创于1954年

图书在版编目(CIP)数据

行政法学教程 / 胡建淼著. -- 北京 : 法律出版社,
2023
ISBN 978-7-5197-8202-3

Ⅰ. ①行… Ⅱ. ①胡… Ⅲ. ①行政法学－教材 Ⅳ.
①D912.101

中国国家版本馆 CIP 数据核字(2023)第 150644 号

行政法学教程
XINGZHENGFAXUE JIAOCHENG

胡建淼 著

责任编辑 陈 慧
装帧设计 凌点工作室

出版发行 法律出版社
编辑统筹 法律教育出版分社
责任校对 裴 黎
责任印制 刘晓伟
经　　销 新华书店

开本 787 毫米×1092 毫米 1/16
印张 17.5 **字数** 386 千
版本 2023 年 9 月第 1 版
印次 2023 年 9 月第 1 次印刷
印刷 三河市龙大印装有限公司

地址:北京市丰台区莲花池西里 7 号(100073)
网址:www.lawpress.com.cn
投稿邮箱:info@lawpress.com.cn
举报盗版邮箱:jbwq@lawpress.com.cn

销售电话:010-83938349
客服电话:010-83938350
咨询电话:010-63939796

书号:ISBN 978-7-5197-8202-3
定价:42.00 元

凡购买本社图书,如有印装错误,我社负责退换。电话:010-83938349

出 版 说 明

法律出版社作为中国历史悠久、品牌积淀深厚的法律专业出版社，素来重视法学教育图书之出版。

原“21 世纪法学规划教材”系列作为本社法学教育出版的重心，延续至今已有十余年。该系列一直以打造新世纪新经典教材为己任，遍揽名家新秀，因其卓越品质而颇受瞩目并广受肯定。当前，根据法学教育发展变化的客观需要，本社将原有教材系列调整重组，形成新编“21 世纪法学系列教材”，以便更好地为法学师生服务。

中国的法学教育正面临深刻变革，未来的法学教育势必以培养高素质法律人才为目标，以知识教育与应用教育相结合、职业教育与素质教育相结合、精英教育与大众教育相结合为导向，法学教育图书的编写与出版也将由此进入变革与创新的时代。

为顺应未来法学教育的改革方向和发展趋势，本社将应时而动，为不同学科、不同层次、不同阶段、不同需求的法学师生量身打造法学教材及教学辅助用书。在教材方面，将推出课堂教学系列、实训课程系列、通识课程系列、简明本系列、双语教学系列等；在教学辅助用书方面，将推出案例教程系列、法规教程系列、练习与测验系列、法学讲座系列、专业培训系列等。或革新，或全新，以厚基础、宽口径、多元化、开放性为基调，力求从品种、内容和形式上呈现崭新风采，为法学师生提供更好教本与读本，同享教材规划之盛。

“好书，同好老师和好学生分享。”本社在法学教育图书出版上必将继往开来，以精益求精的专业态度，打造全新“21 世纪法学系列教材”，传播法学知识，传承法学理念，辅拂法律教育事业，积累法律教育财富，服务万千法学师生和明日法治英才。

法律出版社

2015 年 1 月

作 者 简 介

胡建淼

中央党校(国家行政学院)一级教授,博士生导师,宪法与行政法学科带头人,专家工作室领衔专家。兼任中国法学会常务理事兼学术委员会委员,中国行政法学研究会顾问,最高人民法院特邀咨询员和案例指导工作委员会委员,最高人民检察院专家咨询委员,北京市人大代表和法制委员会成员,北京市法官检察官惩戒委员会主任。

1957 年出生于浙江省慈溪市,1989 年毕业于中国政法大学研究生院,1995 年起任杭州大学副校长,1998 年起任浙江大学副校长,2007 年起任浙江工商大学校长,2010 年调任国家行政学院法学部主任,直至 2018 年中共中央党校与国家行政学院合并。1993 年起享受国务院“人民政府特殊津贴”,1995 年被评为中国首届十大“杰出青年法学家”,1997 年入选国家百千万人才工程。

长期从事行政法学和法律适用学研究,自 1990 年以来,曾到美国斯坦福大学、英国爱丁堡大学、澳大利亚西澳大学、德国基尔大学、法国马赛大学等做过访问学者或学术交流。自 1987 年以来,共出版《行政法学》《行政诉讼法学》《比较行政法》《行政强制法论》《法律原则研究》《世界行政法院制度研究》等著作、教材 100 余部,发表《法律规范之间抵触标准研究》《“其他行政处罚”若干问题研究》《“特别权力关系理论”与中国的行政立法》《“无效行政行为”制度的追溯与认定标准的完善》《对行政机关在行政协议中优益权的重新解读》等论文 100 余篇。

2011 年 3 月 28 日在中央政治局讲解《推进依法行政和弘扬社会主义法治精神》。

序　言

作为我的代表作，《行政法学》（第五版）于 2023 年 4 月由法律出版社正式出版。这部 180 余万字的巨著，以资料的翔实、论述的精细而见长，但对行政法学初学者和行政执法人员来说，这部上下卷的“大部头”过于精深，不够简洁，会有“只见树木、不见森林”之感。为了解决这一问题，我接受了编辑的建议，同时出版一本简洁版《行政法学教程》。

简洁版的《行政法学教程》从《行政法学》（第五版）的 180 余万字压缩至 30 万字左右，从原来的十篇二十八章浓缩至十三章，内容上坚持“讲中不讲外”“讲今不讲古”“讲定论不讲争论”“讲原理不讲技术”“讲实然不讲应然”，技术上还取消了全部注释。为了突出这本教材的“清晰性”，一是保留和增加了部分图表，二是在正文中将概念和关键知识点以加粗形式表达，以引起读者的特别关注。完成之后回观这本教材，觉得它确有“简洁明了”之新。

我希望《行政法学教程》能与《行政法学》（第五版）相辅相成、互为弥补、相得益彰。建议初学者以读《行政法学教程》为先，深研者以读《行政法学》（第五版）为重。

胡建淼

2023 年 5 月 10 日

于中央党校（国家行政学院）专家工作室

本书所涉法规使用凡例

【法律】所有法规的总称，泛指法律、行政法规、地方性法规和规章等所有的法律形式。当特指由全国人民代表大会及其常务委员会制定的法律时，同时在“法律”后面用括号标注“狭义”两字，即“法律（狭义）”。在“法律和行政法规”或者“法律、法规和规章”的表达中，“法律”就是指“狭义”，不用作特别标注。

【法规】行政法规、地方性法规（含自治条例和单行条例、经济特区法规）的统称。

【法律年份标注】具体引用法律时，在法律名称后面用括号标注年份。括号内所标注的“年份”，是指该法律制定的年份；经过修改的，是指最后一次修改的年份，如《行政处罚法》（2021）。抽象引用法律时，可以不标明法律的年份。

【法律简称】

凡法律名称中有“中华人民共和国”字样者，一律省略。如《中华人民共和国行政处罚法》省略为《行政处罚法》。

【司法解释简称】

由于有关行政诉讼法的四个司法解释使用频率较高，特作以下简称：

《行政诉讼法解释》（2018）——最高人民法院《关于适用〈中华人民共和国行政诉讼法〉的解释》（2017 年 11 月 13 日最高人民法院审判委员会第 1726 次会议通过，自 2018 年 2 月 8 日起施行，法释〔2018〕1 号）。

《行政诉讼法解释》（2015）——最高人民法院《关于适用〈中华人民共和国行政诉讼法〉若干问题的解释》（2015 年 4 月 20 日最高人民法院审判委员会第 1648 次会议通过，自 2015 年 5 月 1 日起施行，法释〔2015〕9 号）。

《行政诉讼法解释》（1999）——最高人民法院《关于执行〈中华人民共和国行政诉讼法〉若干问题的解释》（1999 年 11 月 24 日最高人民法院审判委员会第 1088 次会议通过，2000 年 3 月 8 日由最高人民法院公布，自 2000 年 3 月 10 日起施行，法释〔2000〕8 号）。

《行政诉讼法解释》（1991）——最高人民法院《关于贯彻执行〈中华人民共和国行政诉讼法〉若干问题的意见（试行）》（1991 年 5 月 29 日最高人民法院审判委员会第 499 次会议讨论通过，1991 年 6 月 11 日发布，1991 年 7 月 11 日施行）。

目　　录

第一章　行政法及基本原则

| 引　例 |

郭某系某自然村村民。2001 年 3 月开始，郭某在自有宅基地拆除老房的基础上，未经有批准权的人民政府批准，擅自重建东面一间 40.96 平方米的住宅。2006 年 2 月 7 日，当地政府以郭某未经批准、擅自重建东面一间面积为 40.96 平方米的住宅属于非法占地建房行为为由，对郭某作出责令其退还非法占用的 40.96 平方米土地上新建房屋的行政处罚决定书。郭某对该行政处理决定不服，依法申请行政复议和提起行政诉讼。

第一节　行　　政

一、行政的基础

行政法是有关“行政”的法，以行政为规制对象。**“行政”是行政法和行政法学的逻辑起点**。一个国家的“行政”定位、形态和范围大小，都直接或间接地影响该国行政法的定位和调整范围，从而又影响该国的行政法学理论。

行政是国家行政权的运行状态和外在形式，它首先以国家权力的分工为基础。根据我国《宪法》，我国的国家机构和权力分工是：国家权力机关（全国人民代表大会和地方各级人民代表大会）、行政机关（各级人民政府）、监察机关、审判机关、检察机关、军事指挥和管理机关等，它们分别行使立法、选举、决定权，行政权，监察权，审判权，检察权，军事指挥和管理权。行政就是由国家行政机关行使的，除国家权力机关、监察机关、审判机关、检察机关、军事指挥和管理机关管理以外的国家和社会事务及其活动。在一定条件下，行政还包括特定社会组织经法律授权所从事的社会管理事务和活动。

二、行政的定义和特征

“行政”一词，在不同国家有不同的表达方式，并反映了不同的内涵。而在中国，**行政特指国家行政机关及得到法律授权的社会组织依法代表国家对国家行政事务和社会事务进行管理和服务的活动**。

行政作为一种特殊的国家活动，具有自身的法律特征：

第一，行政具有国家意志性。行政不是一般的社会活动，更不是个人活动，而是一种国家的活动，它以国家机关的名义进行并体现国家意志。

第二，行政具有执行性。行政并不是国家的所有活动，而是行政机关实施国家行政权的活动。这种活动主体主要是国家行政机关，活动的内容是实施国家行政权。我国《宪法》规定，从中央到地方的国家行政机关就是从中央到地方的各级人民政府，它们是本级权力机关的执行机关。行政活动便是人民政府执行权力机关意志的活动。

第三，行政具有法律性。现代行政管理首先是一种法律管理。现代行政尤其是我国行政，不得超越法律，要受法律制约。“依法行政”是当代行政法的原则和核心。它要求一切行政都遵循法律所规定的条件、程序、方式、形式等，违反法律属于行政违法，违法的行政行为其效力会受到影响。

第四，行政具有强制性。这一特征是第一特征和第三特征引申的自然结果：既然行政是国家的活动，体现了国家的意志，那么它的实施必然以国家的政权为后盾；既然行政是法律活动，由法律所确认，那么行政的实施必然以法律的强制力为保障。行政的强制性主要表现在：对于行政主体所实施的行政活动，相对人有服从、接受和协助的义务，否则，行政主体可以借助法律手段来强制相对人执行和服从自己的行政决定。

第二节　行　政　法

任何国家，当政权建立时，一定需要制定刑法，通过打击犯罪维护统治秩序；当市场经济发展到一定的程度，国家就需要制定民商法，以维护经济秩序；只有当进入民主体制，公权力需要得到规制时，才会出现行政法。中国行政法的形成与发展，正是中国政治民主的呼唤和体现。

一、行政法的概念和特征

我国的**行政法，是指有关国家行政管理的各种法律规范的总和，是以行政关系为调整对象的一个仅次于宪法的独立法律部门，其目的在于保障行政职权运行的合法性和合理性**。

行政法作为一个独特的法律部门显然不同于其他部门法，它有自身的特征。行政法的特征表现在两个方面，即内容上的特征和形式上的特征。

就内容而言，行政法有三个特征：(1)对象的确定性。虽然行政法的内容广泛、复杂、易变，但它的调整对象及其范围是确定的，即始终以行政关系为调整对象。这种调整对象的确定性，决定了行政法作为一个独立法律部门的地位。(2)内容的广泛性。行政法是有关国家行政管理的法，而国家行政管理既涉及国家管理，又覆盖社会管理，既调整政治、经济、科技、文化，又规范公安、民政、军事、外交等。国家行政管理的广泛性，决定了行政法内容的广泛性。(3)内容的相对易变性。相对其他法律，行政法内容最易变动。国家行政管理领域广阔，内容复杂而具体,社会关系又发展较快,行政法内容也就必须随时修正。

就形式而言,行政法的特点在于其表现形式具有多样性。行政法内容的广泛性、复杂性和易变性,使它无法以一个单一的法规来表现,而是通常由分散的各种法规来表现。世界上已有大量的民法典和刑法典,但少有行政法典。在我国制定和公布了《民法典》的背景下,制定"行政法典"或"行政法通则"的呼声日益高涨。

二、行政法的法律地位

行政法的地位主要通过两个方面表现出来,即它在法律体系中的地位和它的法律功能。

(一)行政法的地位

行政法在法律体系中的地位,主要指它在法律体系中担任的角色以及与其他法律的关系,即(1)行政法是不是一个独立的部门法?(2)行政法是个什么样的部门法?对这两个问题的回答是:"行政法是个仅次于宪法的独立法律部门。"这句话包含了两层含义:

第一,行政法仅次于宪法。这反映了行政法与宪法的关系。相对于刑法和民法,行政法与宪法的关系更为密切,以至于有人把宪法看成"静态的行政法",把行政法看成"动态的宪法"。然而,宪法与行政法毕竟是两个不同的法:前者是根本法,后者是部门法;前者的效力高于后者,后者不得与前者相抵触。说"行政法仅次于宪法"还有一个含义:行政法是宪法下面的一个部门法,而不是分支法。我国法律体系按规范的效力等级可以分为三个层次:一是根本法,即宪法;二是部门法,如刑法、民法;三是分支法,如合同法(民法分支)。行政法属于部门法,处于第二效力层次。归纳起来,本层含义需掌握三点:其一,行政法与宪法不属于同一个法;其二,行政法从属于宪法;其三,行政法是宪法下面的一个部门法。

第二,行政法是个独立的部门法。这反映了行政法与其他部门法的关系。行政法是个独立的法律部门,不依附于其他部门法,同时也不包含其他部门法。行政法作为独立部门法的地位,取决于它所调整的对象的独立性,即它所调整的行政关系为其他法律所不能调整。民法调整的对象是民事关系,它是一种平等、等价、有偿的关系,因此被称为"横向关系";行政法调整的对象是行政关系,它是一种以命令、服从为特征的国家行政管理关系,因此被称为"纵向关系"。违反民法属于民事违法,违反行政法属于行政违法,一般仍由原法律部门调整;但当民事违法和行政违法上升为刑事违法(犯罪)时,便构成了刑法的调整对象。可见,民法、行政法和刑法是相互独立,互不包含、交叉,又相互衔接的三大法律部门。行政法作为一个独立的法律部门其地位是毋庸置疑的。

(二)行政法的功能

从法律意义上说,行政法有多种功能:

第一,行政法是宪法的具体化,它有助于宪法的实施和保障。宪法是国家的根本大法,其许多规范的实施有待于部门法分别具体化。宪法有许多内容有待于行政法的具体配套。例如:宪法关于加强社会主义民主与法制的规范;关于公民基本权利、义务的规范;关于国家行政机关组织及其职权的规范;关于国家工作人员权利、义务及其管理制度的规范;关于行政机关制定行政法规、行政规章及其他规范性文件的规范;关于经济、文化、教育、科技管理的规范;关于法制监督和法制保障的规范。

第二,行政法作为法律事实,导致行政法律关系的发生、变更或消灭。行政法不仅是行政法律关系产生、变更或消灭的前提,而且在一定条件下能成为导致它们产生、变更或消灭的法律事实。

第三,行政法作为一种法律事实导致其他法律关系产生、变更或消灭。这表现在两个方面:一是行政法能成为民事法律关系形成或消灭的依据,如依行政命令所生之债;二是在一定条件下,行政法能成为刑事法律关系构成的基础。不少犯罪的构成以该行为违反行政管理法规为前提。

第四,行政法可以成为当事人提起诉讼尤其是行政诉讼的依据。根据《行政诉讼法》(2017)第12条的规定:人民法院除受理12类行政案件外,还受理"法律、法规规定可以提起诉讼的其他行政案件"。这表明,有关行政的法律和法规可以构成行政诉讼的依据。

第五,行政法还能成为人民法院审理案件的适用规范。人民法院审理刑事案件并不直接适用行政法,但对那些以违反行政管理法规为先决条件的犯罪案件(如假冒商标罪)的审理便须参照相关的行政管理法规。对不少民事案件的审理,人民法院可直接适用有关行政法规。《城市房地产管理法》(2019)对人民法院解决房地产纠纷起了很大的作用。人民法院审理行政案件直接适用行政法更是不言而喻的了。

三、行政法的内容和形式

行政法内容亦指行政法律规范的内容,即被行政法所确立的各项权利与义务的内容。世界上不同国家的行政法其内容有大有小,而我国行政法的内容主要包括以下几个方面:(1)有关行政主体的法律规范,涉及行政组织制度、公务员制度等。(2)有关行政立法的法律规范,涉及行政法规和行政规章等。(3)有关行政行为的法律规范,涉及行政决定与行政规定等。(4)有关行政程序的法律规范,涉及行政程序法等。(5)有关行政违法和行政责任的法律规范,涉及行政违法、行政赔偿等。(6)有关行政救济的法律规范,涉及行政复议、行政诉讼和行政赔偿等。

行政法的形式,是指行政法律规范的存在和表达模式,也可称为行政法的渊源。行政法的形式有成文法渊源与不成文法渊源之分。大陆法系国家的行政法以成文法渊源为主,包括宪法、法律、命令、条约等;英美法系国家行政法以不成文法渊源为主,包括判例、习惯、法理等。

当代中国行政法的渊源,即行政法形式,主要是以宪法为核心的各种制定法,包括宪法、法律、行政法规、地方性法规、规章、自治条例和单行条例、经济特区的法规、特别行政区的法律法规、国际条约、行政协定、国际惯例和各种法律解释等。这是由我国国家和法的本质所决定的。

行政法典是行政法的特殊形式。目前我国有行政法,但没有行政法典。在《民法典》出台的背景下，我国兴起了“法典热”，制定“刑法典”“环境法典”“教育法典”等呼声此起彼伏，要求制定“行政法典”的呼声同样高涨。制定“行政法典”是十分困难的，但不是绝对不可能的，先行制定“行政程序法”或者“行政法总则”可能是一种很好的过渡。

四、行政法律关系

不同的法律调整不同的社会关系。**行政法是以行政关系为调整对象的法**。行政关系是一种社会关系，它受行政法调整以后，便形成行政法律关系。

行政法律关系是经行政法规范调整的，因实施国家行政权而发生在行政主体与行政相对人之间，同时也包括行政主体之间、行政人之间和行政主体与行政人之间的权利与义务关系。其中，行政主体与行政相对人之间发生的是外部行政法律关系；行政主体之间、行政人之间和行政主体与行政人之间发生的则是内部行政法律关系。行政法律关系由三个要素构成，即主体、客体和内容。

（一）行政法律关系的主体

行政法律关系的主体，亦称行政法（律）主体，是指在具体的行政法律关系中享受权利、承担义务的当事人。行政法律关系主体又与行政法律关系当事人的概念相通。确认我国行政法律关系主体的标准，就在于其是否享受我国行政法所规定的权利和是否应承担相应的义务。换句话说，即看我国行政法对其是否具有拘束力。根据这一标准，下列组织和个人都可以成为我国行政法律关系的主体：（1）国家行政机关；（2）其他国家机关；（3）企业、事业单位；（4）社会团体和其他社会组织；（5）公民；（6）在我国境内的外国组织和外国人。上述不同主体，在行政法律关系中的地位是不同的。有的主体可以代表国家实施行政管理权，如国家行政机关；但有的主体没有行政管理权，如外国人。前者在具体法律关系中属于管理一方，后者属于被管理一方。从行政法原理上说，在具体行政法律关系中，处于管理一方的主体称为“行政主体”，处于被管理一方的主体称为“行政相对人”（见图1－1）。国家行政管理具体表现为行政主体对行政相对人的管理。

图1－1　行政法律关系主体

行政法律关系主体是行政法律关系的首要构成要素。如果没有主体，由行政法律关系客体反映出来的内容便无归属，行政法律关系就无法成立。

（二）行政法律关系的客体

行政法律关系的客体，是指行政法律关系内容即权利和义务所指向的目标，也是权利和义务的媒介。行政法律关系客体包括人身、行为和财物。“人身”指人的身体和人的身份。行政行为可以对人的身体和身份发生直接的作用,前者如行政拘留,后者如居民身份证管理。"行为"指行政法律关系主体的作为和不作为。它既包括行政主体的行政行为,也包括相对人的一般行为。"财物"指具有使用价值和价值的物质资料。作为行政法律关系客体的财物,可以是物质形式(如没收违禁品),也可以是货币形式(如罚款);可以是消费资料(如对消费品定价),也可以是生产资料(如对机器设备进口的审批);可以是精神财富(如专利权、商标权和著作权),也可以是物质财富(如房屋)。

行政法律关系的客体是行政法律关系内容的表现形式,没有客体,内容就无法体现,从而影响行政法律关系的成立。

(三)行政法律关系的内容

行政法律关系的内容是指主体在该关系中所享受的权利和承担的义务。由于主体被分为行政主体与相对人,内容也随之表现为行政主体的职权和职责以及相对人的权利和义务。

内容是行政法律关系的核心,没有行政法律关系的内容,行政法律关系便失去了存在的意义。

第三节 行政法学

一、行政法学与行政法

行政法学是以行政法及与行政法相关的社会关系为研究对象的法律学科。作为一门独立的法律学科,行政法学主要研究行政法产生和发展的规律,行政法的本质、内容和形式,行政法的地位和作用,国家行政管理关系以及在这种关系中当事人的地位,由此确立起行政法的原则、原理和理论体系。

行政法学与行政法既有联系又有区别。它们的联系表现在:行政法学以行政法为前提,它伴随着行政法的发展而发展。没有行政法,行政法学便会因无研究对象而不复存在。行政法越发达,行政法学便越有发展的基础。

然而,行政法学与行政法毕竟有明显的区别,主要表现在:(1)归属不同。行政法学是一门学科,而行政法是一个法律部门,二者完全是不同的领域。(2)对象范围不同。行政法的调整对象是行政关系,而行政法学的研究对象主要是行政法。再则,行政法学以行政法为研究对象,但不限于行政法本身。

二、行政法学理论体系

一个学科没有理论体系是不成立的,而学科的理论体系是指一个学科的理论框架及内在的逻辑体系。行政法学的理论体系可以从多视角考察,其中有两种模式值得特别关注:一是宏观行政法学、微观行政法学和中观行政法学；二是单线体系与双线体系。

宏观和微观是一个对应的范畴，中观介于宏观和微观之间，是对两者的折中。中国行政法学体系同这三者有联系。有学者从宏观角度研究行政法，其表现为从宪制的角度研究行政权同其他国家权力的关系，行政权的性质和作用，行政权的产生、运行和监督等。此类行政法学可称作宏观行政法学体系。有学者则从微观角度研究行政法，其表现为从行政权力具体操作程序以及从行政法律的具体规定内容角度构建行政法学。此类行政法学则称作微观行政法学体系。宏观行政法学的可操作性较弱，微观行政法学又走向另一个极端，它虽有明显的操作性，但超先的理论性不够，势必滑向注释法学。鉴于此，中国已有学者开始意识到需要建立一种中观行政法学。中观行政法学的特点是，它既不是停留在仅研究行政权在国家政权中的地位，也不沉溺于研究具体行政法律规范的适用，而是在中国宪法理论的指导下探讨"隐藏"在行政法律条文背后且又支配行政法律条文的抽象性的理性规则和"精神内核"。目前，我们很难把某一本教材作为上述三种体系中的某一种体系的代表，但中国宏观行政法学、微观行政法学和中观行政法学三种体系观的存在是确定无疑的。宏观行政法学与微观行政法学同样不可缺少，就我国现状而言，创建中观行政法学体系更为迫切。

行政法学不可能不涉及行政法律关系。行政法律关系是指在国家行政管理中作为管理方的行政主体与作为被管理方的行政相对人之间的权利义务关系。然而在对行政法学体系的设置上，有两种不同的做法：第一种是从行政法律关系的"一端"出发，仅以管理方当事人即行政主体为"主线"贯穿行政法学的始终，此为"单线体系"。这种体系的特征是，它所设置的行政主体、行政行为、行政程序、行政违法、行政责任等各部分仅以管理方的内容为限。例如："行政行为"仅指行政主体的行为，不包括相对人的行为；"行政违法"仅指行政主体的违法行为，不包括相对人的违法行为。第二种是从行政法律关系的"两端"出发，以管理方的行政主体为"一线"，以被管理方的行政相对人为"另一线"，两条"线"并行贯穿行政法学的始终，此为"双线体系"。这种体系的特征是，它在论述主体时同时论述行政主体和行政相对人；在论述行为时同时论述行政主体的行为（行政行为）和行政相对人的行为（相对行为）；在论述违法时同时论述行政主体的违法行为和行政相对人的违法行为；在论述行政责任时亦作同样的处理。"单线体系"与"双线体系"各有所长：前者能分清主次，突出国家行政权的中心，但它因缺少事物矛盾的对应面，对行政相对人方的各种法律问题难以展开研究；后者能充分展开行政法律关系，研究问题比较全面，体现了通过自己的对应面研究自身的哲学方法，但它冲淡了国家行政权的核心地位。我们未来的任务也许是如何在"单线体系"与"双线体系"之间寻找到它们的"融合点"。

第四节　行政法基本原则

行政法的基本原则，是行政法学的基本理论之一，它贯穿整个行政法学的始终。掌握行政法的基本原则，有助于确立规制行政行为的标准。

一、行政法基本原则的概念和特性

所谓行政法的基本原则，系指贯串在一国行政法中，指导和统率具体行政法律规范，并由它们所体现的基本精神，是要求所有行政主体在国家行政管理中必须遵循的基本行为准则。

行政法基本原则不同于行政法的指导思想。后者比前者效力层次更高，内容更抽象。行政法基本原则相对于行政法指导思想而言，更具有直接的可操作性。

行政法基本原则又不同于具体的行政法律规范。前者在效力层次上比后者高。行政法律规范是行政法的最小细胞，它的制定必须与行政法基本原则相一致，其内容必须体现行政法基本原则的精神。如果两者不一致，必须修改行政法律规范，而不是行政法基本原则。

行政法基本原则离不开具体行政法律条文。没有后者，前者便因失去表现形式而无法被反映出来。然而，行政法基本原则并非全由法律条文直接表达，大多原则存在于条文“背后”需被挖掘。

历史规律往往如此：一些法律原则最先是由学者们挖掘、创设、提炼，到成熟时才会由法律直接表达。所以，当一国法律未直接表达法律原则时未必是法律原则不存在，只是其法律原则尚未达到可直接用法律加以表达的程度。

行政法基本原则之所以不同于行政法指导思想、行政法律规范、行政法具体条文以及其他法学和学科的基本原则，是因为其自身的有关特征。行政法基本原则具有下列四个主要特征：

第一，行政法基本原则具有特殊性。这就是说，行政法基本原则只能是“行政法”的基本原则，不是适用于所有法的基本原则，更不是适用于行政法以外其他法的基本原则。行政法基本原则的特殊性是建立在行政法与法之间的个别与一般的关系之上，它是相对于法的一般原则而言的。

第二，行政法基本原则具有普遍性。行政法的原则是可分层次的。有的原则适用于国家行政管理的所有领域，有的则不然，只适用于行政管理的某一领域。行政法是有关国家行政管理的法律规范的总和，其基本原则理应适用于国家行政管理的整个过程和所有领域。如果说行政法基本原则的特殊性是相对于其他法的一般性而言的，那么，行政法基本原则的普遍性则是相对于国家行政管理各个领域的特殊性而言的。

第三，行政法基本原则具有法律性。我们并不否定行政法的基本原则具有多种意义，但作为确立行政法基本原则的标准只能是法律意义。行政法的基本原则对行政主体的行政行为具有约束力，即任何行政主体，若其行为违反行政法的基本原则，均会导致直接的法律后果：行政行为被确认为无效，该行为自始不具有法律效力，行政主体还须承担相应的法律责任。

第四，行政法基本原则具有规范性。规范性是法律的特征之一。行政法的规范性要求作为行政法基本内容的基本原则也必须规范化。行政法基本原则的规范性不仅表现为其内容的规范性，同时也表现为其表述上的规范性。

二、行政法基本原则的地位和意义

无论是在法律领域还是在社会领域,行政法基本原则均有举足轻重的地位,而这种地位主要是通过其作用体现出来的。行政法基本原则的作用是多方面的,仅就行政法制领域而言,它主要具有以下作用:

第一,行政法基本原则有助于中国行政法制的统一、协调和稳定。我国行政管理的广泛性、多样性和复杂性,决定了行政法律规范的广泛性、多样性和复杂性。然而,这些广泛、多样和复杂的行政法律规范所体现的基本精神是统一的。同样,上述行政管理的特点使我国的行政法律规范更易变动,但相对多变的行政法律规范所体现的基本原则则是稳定的。在行政立法、行政执法和行政司法中坚持行政法的基本原则,显然有助于中国行政法制的统一、协调和稳定。

第二,行政法基本原则有助于适用法律时准确地理解和适用条文。行政法的基本原则贯穿在所有的行政管理法规之中,指导和统率所有的行政法律规范。因此,深刻地把握行政法的基本原则,有助于认识行政法的实质,有助于在执法和司法中准确地理解和适用条文。

第三,行政法基本原则是对行政法条文适用的一种补充。行政法的基本原则与行政法的具体条文是统率与被统率的关系。因此,具体条文不得与基本原则相抵触,否则就得修改。在两者不矛盾的条件下,行政机关和司法机关在处理行政事务和行政案件时,有具体条文的应适用具体条文,无具体条文的也可直接适用行政法的基本原则。可见,行政法的基本原则既是行政法具体条文的统领,又是后者的补充。

第四,行政法基本原则直接规范行政主体依法行政。行政法的基本原则直接地、普遍地调整和规范着行政主体的行政行为,具有直接的法律约束力。行政主体的行政行为与行政法基本原则抵触者无效,有关责任者还须承担相应的法律责任。行政法基本原则是行政主体依法行政的可靠保障。

三、行政法基本原则的构建

行政法的基本原则总体上可以称作“行政法治原则”,旨在推进国家行政的法治化。鉴于层次性、全面性和效力性的考虑,**行政法治原则应当这样构成:一是行政法定原则;二是依法行政原则;三是正当行政原则**。第一条原则是解决行政职权的来源问题;第二、三条原则是解决行政职权的行使问题,这二者的区别在于:依法行政原则是针对羁束行政行为而言的,正当行政原则是针对裁量行政行为而言的(见图 1 - 2)。

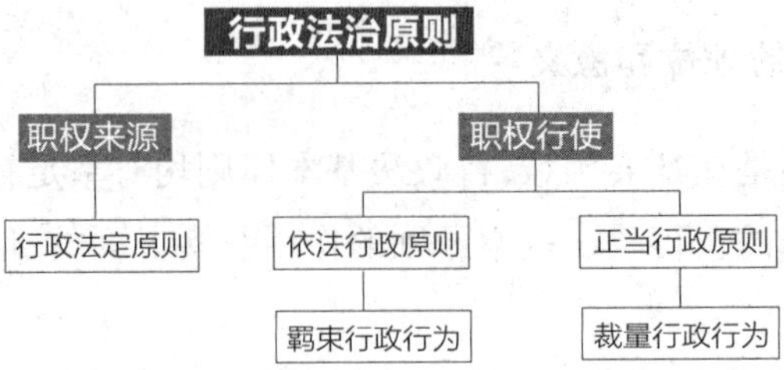

图 1－2 行政法治原则

四、行政法基本原则分述

行政法是规制行政行为的法，而行政行为的基础是行政职权。行政行为不过是行政职权的运行过程和结果。行政法治要求行政职权必须依法产生并依法行使。前者决定了行政法定原则，后者则形成了依法行政原则和正当行政原则。或者反过来说，**行政法定原则旨在解决行政职权依法产生的问题，而依法行政原则和正当行政原则旨在解决行政职权产生之后如何依法行使的问题。**

（一）行政法定原则

行政法定原则要求实施行政行为的行政主体必须具有合法的权力基础。没有合法的权力基础，实施行政行为的主体就不构成合格的行政主体，从而导致其所作的行政行为违法并无效。

我国行政法定原则的形成有其理论依据和法律依据。人民主权理论便是行政法定原则的理论依据。**关于国家机关公权力的产生方式，人类社会经历了“职权神定—职权人定—职权法定”的漫长过程，反映了国家对社会治理模式的“神治—人治—法治”之历史演进轨迹，体现了人类法治文明的进步。**在一个民主的国家里，人民是国家的主人，是国家的主权者。经人民的授权才产生国家组织和公权力的行使者。在我国，人民的授权就是经过由人民代表组成的人民代表大会的立法来实现的。这就自然形成了公权力由法律设定的要求和规则。国家行政机关实施行政行为，是国家意志的体现，是国家公权力的运行状态和结果，它理应有、必须有法律依据。在“人民主权”原则的支配下，**“公权力——法无授权不可为，私权利——法无禁止皆可为”**的法治理念就被确立起来。行政是国家行政权力存在和运行的过程和状态，是国家公权力的运行方式。坚持行政法定就是坚持“人民主权”，就是坚持“人民授权”。

从法律依据上讲，我国行政法定原则具有直接的宪法依据和其他法律依据。我国《宪法》（2018）第 2 条规定：“中华人民共和国的一切权力属于人民。人民行使国家权力的机关是全国人民代表大会和地方各级人民代表大会。人民依照法律规定，通过各种途径和形式，管理国家事务，管理经济和文化事业，管理社会事务。”《宪法》（2018）还规定：国务院，即中央人民政府，是最高国家权力机关的执行机关，是最高国家行政机关。国务院根据宪法和法律，规定行政措施，制定行政法规，发布决定和命令（第 85、89 条）；国务院各部、各委员会根据法律和国务院的行政法规、决定、命令，在本部门的权限内，发布命令、指示和规章（第 90 条）；省、直辖市、县、市、市辖区、乡、民族乡、镇设立人民政府。地方各级人民政府的组织由法律规定。自治区、自治州、自治县设立自治机关。自治机关的组织和工作根据宪法规定的基本原则由法律规定（第 95 条）；地方各级人民政府是地方各级国家权力机关的执行机关，是地方各级国家行政机关（第 105 条）；县级以上地方各级人民政府依照法律规定的权限，管理本行政区域内的经济、教育、科学、文化、卫生、体育事业、城乡建设事业和财政、民政、公安、民族事务、司法行政、计划生育等行政工作，发布决定和命令，任免、培训、考核和奖惩行政工作人员（第 107 条）。

行政法定就具体内容而言，应当包括职权法定、行为法定和程序法定。职权法定是行为法定和程序法定的基础；行为法定又是程序法定的基础（见图 1－3）。

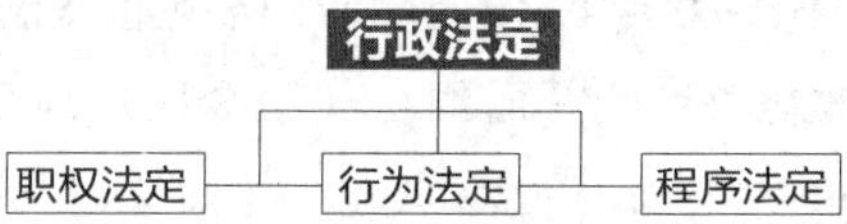

图 1－3　行政法定

（二）依法行政原则

以职权法定为核心的行政法定原则使国家行政具有合法的出发点，使行政主体拥有行政职权，从而有资格实施行政行为。那么，行政主体拥有行政职权之后，如何行使职权？如何实施行政行为？很显然，必须依法行政。

依法行政原则首先具有明文的宪法依据。我国《宪法》（2018）第 2 条规定："中华人民共和国的一切权力属于人民。人民行使国家权力的机关是全国人民代表大会和地方各级人民代表大会。人民依照法律规定，通过各种途径和形式，管理国家事务，管理经济和文化事业，管理社会事务。"第 5 条规定："中华人民共和国实行依法治国，建设社会主义法治国家。国家维护社会主义法制的统一和尊严。一切法律、行政法规和地方性法规都不得同宪法相抵触。一切国家机关和武装力量、各政党和各社会团体、各企业事业组织都必须遵守宪法和法律。一切违反宪法和法律的行为，必须予以追究。任何组织或者个人都不得有超越宪法和法律的特权。"《宪法》（2018）第 89 条在规定国务院职权时，第 1 项就明确要求"根据宪法和法律，规定行政措施，制定行政法规，发布决定和命令"。同时，第 90 条第 2 款要求"各部、各委员会根据法律和国务院的行政法规、决定、命令，在本部门的权限内，发布命令、指示和规章"。此外，《地方各级人民代表大会和地方各级人民政府组织法》（2022）第 62 条规定："地方各级人民政府应当维护宪法和法律权威，坚持依法行政，建设职能科学、权责法定、执法严明、公开公正、智能高效、廉洁诚信、人民满意的法治政府。"这些都是确立依法行政原则的法律依据。

此外，党中央国务院的一系列法规和文件对依法行政提出了要求。2004 年国务院制定公布了《全面推进依法行政实施纲要》（国发〔2004〕10 号）之后，为了落实该纲要，国务院及有关部门制定了一系列法规和文件。2005 年，国务院办公厅制定公布了《关于推行行政执法责任制的若干意见》；2008 年，国务院制定公布了《关于加强市县政府依法行政的决定》；2010 年，国务院制定公布了《关于加强法治政府建设的意见》(已失效);2019年,国务院又制定了《重大行政决策程序暂行条例》。这些法规和文件不断丰富"依法行政原则"的内容。特别是2015年,中共中央、国务院印发了《法治政府建设实施纲要(2015－2020年)》,对坚持依法行政、全面加快建设法治政府作出了重大部署。这些法规和文件为依法行政原则的确立和深化提供了法治基础。

国务院2004年印发的《全面推进依法行政实施纲要》为依法行政提出了以下要求:(1)合法行政;(2)合理行政;(3)程序正当;(4)高效便民;(5)诚实守信;(6)权责统一。

党中央和国务院于2015年印发的《法治政府建设实施纲要(2015－2020年)》对全面加快建设法治政府提出了以下任务:(1)依法全面履行政府职能;(2)完善依法行政制度体系;(3)推进行政决策科学化、民主化、法治化;(4)坚持严格规范公正文明执法;(5)强化对行政权力的制约和监督;(6)依法有效化解社会矛盾纠纷;(7)全面提高政府工作人员法治思维和依法行政能力。

这些规定更多侧重工作上的要求,但它们为依法行政原则基本内容的确定提供了基础。

从理论上说,**依法行政要求国家行政机关及其工作人员依法作出行政行为,以保证行政行为的合法性**。即当法律对行政行为具有明确规定的条件下,严格按照法的规定作出和实施行政行为。

依法行政原则要求行政行为的作出和实施必须具有职权依据、事实依据、规范依据,并符合法定程序。职权、事实、依据和程序是合法行政行为的四个要件,依法行政原则对行政行为不仅要求做到实体上的合法,而且要求做到程序上的合法;不仅要求做到内容上的合法,而且要求做到形式上的合法。依法行政旨在全面阻却行政违法,以保证国家行政机关在法治轨道上实施国家行政管理。

(三)正当行政原则

行政主体行使行政职权,如果是作出羁束行政行为,严格依法行政便可;但如果是作出裁量行政行为,那就必须坚持正当行政原则。**正当行政原则是对依法行政原则的补充,系指当法无规定,或者法无明确具体规定的条件下,行政主体实施行政行为必须符合"正当性"标准**。

正当行政原则的确立,与政府行政自由裁量权的存在和发展,以及人们对行政自由裁量权认识的深化,特别是对其控制意识的加强有关。政府的行政行为在客观上有羁束行为与自由裁量行为之分。在行政法制发展的初期,人们的目标只限于规范羁束的行政行为,行政法的任务亦停留在以制定法衡量羁束行为的合法性。此时的行政自由裁量权处于绝对的"自由"状态。随着社会的发展,政府行政职能的强化,特别是19世纪以来,政府行政自由裁量权不断扩张,人们日益感受到来自它的威胁。人们逐渐认识到,行政法不仅应控制政府的羁束行为,同时更应控制政府的自由裁量行为。

坚持行政行为的正当性,在我国具有深厚的法律基础。我国《宪法》(2018)第62条第12项赋予全国人民代表大会具有改变或者撤销全国人民代表大会常务委员会"不适当"决定的职权;第 89 条第 13 项规定国务院有权改变或者撤销各部、各委员会发布的“不适当”的命令、指示和规章;第 99 条第 2 款规定县级以上的地方各级人民代表大会有权改变或者撤销本级人民代表大会常务委员会“不适当”的决定;第 104 条规定,县级以上的地方各级人民代表大会常务委员会有权撤销本级人民政府的“不适当”的决定和命令,撤销下一级人民代表大会“不适当”的决议。这里的“不适当”包含了“不合法”和“不正当”的情景。

2004 年国务院制定发布的《全面推进依法行政实施纲要》(国发〔2004〕10 号),把“合理行政”和“程序正当”列入依法行政的基本要求。要求行政机关实施行政管理遵循公平、公正的原则,平等对待行政管理相对人;行使自由裁量权应当符合法律目的,排除不相关因素的干扰;所采取的措施和手段应当必要、适当;行政机关实施行政管理可以采用多种方式实现行政目的的,应当避免采用损害当事人权益的方式。

2015 年中共中央、国务院制定发布了《法治政府建设实施纲要(2015 - 2020 年)》,要求政府工作人员恪守合法行政、合理行政、程序正当、高效便民、诚实守信、权责统一等依法行政基本要求。

我国行政复议法始终强调,行政复议的使命是保证行政行为的合法性和适当性,杜绝违法和不当行政行为。《行政复议法》(2017)第 1 条开宗明义地指出,行政复议旨在防止和纠正违法的或者“不当的”具体行政行为,保护公民、法人和其他组织的合法权益,保障和监督行政机关依法行使职权。《行政复议法》(2017)第 28 条又规定,对于认定事实清楚,证据确凿,适用依据正确,程序合法,“内容适当”的行政行为,应当决定维持;对于行政行为“明显不当的”,应当决定撤销、变更或者确认该行政行为违法。《行政复议法实施条例》(2007)第 47 条规定,对于“明显不当”的行政行为,行政复议机关可以决定变更。

我国行政诉讼法虽然确立了对行政行为的合法性审查原则,但它在一定程度上也要规制行政行为的正当性与合理性。根据《行政诉讼法》(2017)第 70 条,行政行为“明显不当”的,人民法院可以判决撤销或者部分撤销,并可以判决被告重新作出行政行为。第 77 条又规定,行政处罚“明显不当”的,人民法院可以判决变更。

上述表明,坚持正当行政,控制不当行政,乃是我国行政法的基本任务之一。

正当行政原则,要求行政主体作出的行政行为必须符合正当性要求。而行政行为可以分为实体行为与程序行为,这样,正当行政就包括并转化为正当实体与正当程序(见图 1 - 4)。

图 1 - 4　行政正当原则

正当行政原则落实在实体行为上,就表现为四项原则:平等原则、比例原则、情理原则、信赖利益保护原则。正当程序的基本要求包括但不限于:(1)告知执法主体;(2)为相对人行为留足合理期限;(3)限制人身自由及时通知家属或单位;(4)对妇女儿童的特别程序保护;(5)获得律师帮助。

违反依法行政原则属于行政违法,违反正当行政原则同样属于行政违法。但就行政违法的具体定性而言,它和违反依法行政原则的违法是略有区别的。由于正当行政原则是一项适用于裁量行政行为的法治原则,它在实体上的违法就属于"滥用职权"之违法;它在程序上的违法则属于违反正当程序,也可称"滥用程序"。按照中国目前的司法裁判逻辑,违反正当程序(滥用程序)的行为可以按照违反法定程序的违法行为来定性和处理(见图1-5)。

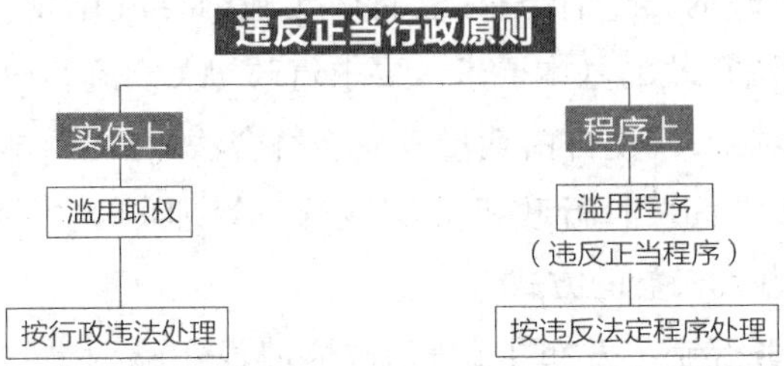

图1-5　违反正当行政原则的行为和后果

无论是滥用职权还是滥用程序,这些行政违法的后果可能会导致该行政行为被确认违法或无效,被依法撤销和要求重作行政行为,造成相对人损害的,行政主体还须承担赔偿责任。

五、三项原则之间的关系

行政法治原则包括行政法定原则、依法行政原则和正当行政原则。而行政法定原则、依法行政原则和正当行政原则这三者并非"平面"关系,它们之间存在一种递进式的逻辑关系。掌握这三个原则之间的逻辑关系,对于我们学习和应用行政法治原则至关重要。

第一,行政法定原则是依法行政原则和正当行政原则的基础。如果我们将行政主体实施行政行为比喻为驾驶车辆,那势必要解决两个问题:一是你是否可以驾车,即你是否具有驾车的资格;二是如果你有驾车资格,接着才需解决"如何驾车"的问题。如果你无驾车资格,那么就没有必要和你讨论如何驾车的问题,否则会造成你无证驾车的违法后果。行政法定正是解决你的驾车资格问题,而依法行政和正当行政正是解决你如何驾车的技术问题。

行政职权是行政行为的核心,没有行政职权就不可能有行政行为;行政行为是行政职权的外化形态,是行政职权运行的过程和结果。一种行政行为的作出,首先应当清楚它是由谁作出的?谁有权作出行政行为?这就需要解决行政职权的来源问题。行政职权具有合法的来源,行为人才具有行政主体的资格,行政行为才有发生的可能和前提。行政法定原则正是为了解决这一前提问题而设立的。

行政法定原则的核心是职权法定。**职权法定决定了行为法定和程序法定**。我国的职权法定原则,解决了行政职权的合法来源,即行政职权必须依法设定、依法授权和依法委托,拒绝行政职权的"人为性"和"任意性"。而依法行政和正当行政则是解决如何实施行政行为的问题。所以说,行政法定原则是依法行政原则和正当行政原则的前提和基础。

第二,依法行政原则和正当行政原则是行政行为的车之两轮和鸟之两翼。当某一组织的行政主体资格问题解决以后,接着要解决的是:该行政主体如何实施行政行为。而我们所面对的行政行为无非两种：一种是羁束行政行为，另一种是裁量行政行为。对于羁束行政行为，必须坚持依法行政原则，做到“依法办事”；对于裁量行政行为，则必须坚持正当行政原则，必须以“正当性”作为标准加以衡量。这两者是缺一不可的。

第三，依法行政原则与正当行政原则互为吸收。依法行政原则适用法有明确规定的羁束行政行为，旨在解决行政行为的“合法性”，只要做到严格依法办事即可；而正当行政原则是在法无规定或法的规定不明确的状态下，针对裁量行政行为而适用的原则，它旨在解决行政行为的“正当性”。那么，坚持依法行政原则是否意味着无须遵循正当行政原则？遵循正当行政原则是否无须坚持依法行政原则？难道“合法性”不包括“正当性”，“正当性”也不包括“合法性”吗？依法行政原则与正当行政原则是否具有排斥性？答案是否定的。

其一，在适用范围上，依法行政原则与正当行政原则是适用不同类型的行政行为，前者适用羁束行政行为，后者适用裁量行政行为，泾渭分明，不会交叉，也不会排斥。

其二，在适用技术上，依法行政原则与正当行政原则不可能发生冲突。当法律对行政行为有明确规定时，应当优先适用依法行政原则；在法律无规定或法律规定不明确的情况下，才适用正当行政原则。

其三，在法理观念上，“合法性”的内存标准正是“正当性”，不具有“正当性”的法不是“良法”。坚持“依法行政”时，不是不要“正当性”，而是这时的“正当性”已写进了法律法规，已被“合法性”所吸收。通过合宪性审查的保障、合法性审查的广泛性，法律法规只要未被依法撤销，就应当推定它是“良法”，各项“正当性”要求已被法所吸收和体现。合法性是成文法的正当性，正当性是非成文法的合法性。当“正当性”被写进法律法规时，坚持“依法行政”就是坚持“正当行政”。只有当“正当性”未被写进法律法规时，我们才需要突出强调行政行为的“正当性”。

可见，依法行政原则与正当行政原则不是互相排斥的，而是相互融合、相互吸收的。

引例分析

行政复议机关和一审人民法院维持了当地政府对郭某的行政处罚决定，要求其拆除房屋、退还土地。二审人民法院在审理中认为，本案当事人郭某在拆除60多平方米老房的原宅基地上，重建一间40.96平方米的住宅，并未多占其他土地面积，也未改变土地用途和性质，同时未有证据证明该建设严重违反具体的规划要求。而且从实际状况看，当事人重建房屋与其他房屋在结构上已连为一体。可见，当事人违法行为的事实、性质、情节以及社会危害程度相比其他未经审批非法占地行为相对轻微。行政机关行使行政管理权，应充分考虑违法行为的事实、性质、情节以及社会危害程度，从更有利于行政相对人利益保护的角度选择相对成本更小的执法手段，选择对行政相对人最少侵害的方式，从而使行政执法的成本与执法收益一致。**行政执法不得违反比例原则**。为此，二审人民法院撤销了该行政处罚决定，并责令当事人和有关部门补办审批手续。这是一个成功应用比例原则的案例。

复习思考题

1. 什么是行政、行政法和行政法学?
2. 什么是行政法律关系? 它与其他法律关系有何不同?
3. 什么是行政法定原则? 它与职权法定是什么关系?
4. 什么是依法行政原则和正当行政原则? 它们的适用范围和要求是什么?

第二章　行政法主体

|引　例|

《城乡规划法》(2019)第68条规定:“城乡规划主管部门作出责令停止建设或者限期拆除的决定后,当事人不停止建设或者逾期不拆除的,建设工程所在地县级以上地方人民政府可以责成有关部门采取查封施工现场、强制拆除等措施。”这里涉及三个主体:(1)城乡规划主管部门;(2)建设工程所在地的县级以上地方人民政府;(3)县级以上地方人民政府的有关部门。在上述法律关系中,应当如何认定不同的行政主体?

第一节　行 政 主 体

行政法主体是指行政法律关系中的主体,它包括行政主体与行政相对人。行政主体的行政行为大多是通过行政人的行为来表达的。本章需要研讨行政主体、行政人和行政相对人的理论问题。

一、行政主体的基本概念

(一)行政主体的概念和特征

行政主体是行政法学主体论中的首要概念,其在行政关系中始终处于主动一方,任何行政行为均由其作出。从理论上说,**行政主体是指依法拥有行政职权,能代表国家以自己的名义行使行政职权,并能独立承受行政行为效果与行政诉讼效果的组织**。这里需要把握行政主体的以下特征:

第一,行政主体是一种组织,而不是个人。组织这一概念的外延很广,可以指机关、机构,也可以指单位、团体等。例如:各级人民政府,政府的部、委、办、厅、局、司等,其他国家机关,企业事业单位,社会团体和其他社会组织等,都可以称为“组织”。组织在一定条件下可以成为行政主体,但个人不能成为行政主体,尽管具体的行政行为大多由国家公务员来行使,但他们都是以组织而不是以个人名义实施行政行为的。权力主体只能归属于组织,而不能归属于个人,国家权力不能成为个人的“私有财产”,这正是民主与法治的根本要求。行政主体的这一特征,使其与行政人得以区分,后者只能是个人,而不是组织。

第二,行政主体依法拥有独立的行政职权。行政主体是一种组织,但并不是所有的组织都是行政主体。国家权力机关行使立法权,监察机关行使监察权,人民法院行使审判权,人民检察院行使检察权,因此它们都不是行政主体。只有依法拥有独立行政职权的组织,才是行政主体。所谓"依法拥有"行政职权,系指这种组织的行政职权或者是由法设定(行政职权的法律设定)的,或者是由有关机关通过法定程序授予(行政授权)的。行政职权包括行政权能与行为权能。准确地说,行政主体是拥有行政权能的组织。

第三,行政主体能以自己的名义行使行政职权和参加行政诉讼。所谓"以自己的名义",是指能以自己的名义对外行文,能以自己的名义作出处理决定,并能以自己的名义参加诉讼活动(以被告和第三人身份)。能否以自己的名义实施行政管理和参加行政诉讼,反映了行政主体是否享有独立的法律人格。行政主体能以自己的名义行使职权和参加行政诉讼的这一特征,使行政主体得以同行为主体相区别。

第四,行政主体能独立地承受行政行为所引起的法律效果和行政诉讼的效果。所谓能独立地承受行政行为所引起的法律效果,是指行政主体作出行政行为之后,如果行政行为合法,行政主体就有保证落实行政行为所确定的权利与义务的责任;如果行政行为违法,行政主体就负有纠正违法和实施赔偿的义务。所谓能独立地承受行政诉讼的结果,就是由行政主体享有行政裁判所确定的权利或承担行政裁判所确定的义务。

(二)行政主体的载体

行政主体的载体,是指具有储存、传递和实施国家行政职权功能的组织体,在我国主要指国家行政机关和行政机关以外的社会组织。

1. 国家行政机关

国家行政机关是我国行政主体的主要载体。行政主体原则上由国家行政机关所承载。根据《宪法》规定,人民政府是国家行政机关,它是国家权力机关的执行机关。行政机关是国家法律的主要实施主体。

从宪法结构上看,国家行政机关是相对于并区别于国家立法机关、监察机关、审判机关、检察机关和军事机关而言的一种国家机构。从行政法理论和行政法制度的角度考察,行政机关有狭义与广义之分。狭义上的行政机关,系指从中央到地方的各级人民政府。根据《宪法》(2018)第30—31条规定,各级人民政府包括:中央人民政府即国务院;省、直辖市和自治区人民政府;自治州、县、自治县、市人民政府;乡、民族乡、镇人民政府。国家在必要时得设立特别行政区,由此设立特别行政区政府。我国已设香港特别行政区政府和澳门特别行政区政府。但广义上的行政机关,除了一级人民政府外,还包括人民政府的工作部门和有关机构,如政府所属的部、委、厅、局、处、室等。

根据现行的行政法理论和制度,作为行政主体的行政机关,不仅包括一级人民政府,还包括对外具有行政管理职权的工作部门和机构。它们都可以作为行政主体依法以自己的名义对外行使职权、承受行政行为和行政诉讼的结果。

2. 社会组织

社会组织是相对于国家组织而言的一类组织,它设于国家组织以外。国家机关以外的社会组织包括企业、事业单位和社会团体基金会、社会服务机构等。除了需遵守国家法律、法规、规章,社会组织原则上按章程自律活动。

社会组织在一定条件下,也可以成为行政主体的载体。**当社会组织得到授权时也可以成为行政主体,享有和行政机关一样的行政法地位**。这就被称作"具有管理公共事务职能的组织"。它们包括但不限于:国家金融管理总局、中国气象局、中国银行、中国残疾人联合会、行业协会(律师协会)、学校、国家学位委员会等。社会组织包括法人组织和非法人组织。《行政诉讼法》(2017)第2条第2款规定:"前款所称行政行为,包括法律、法规、规章授权的组织作出的行政行为。"

(三)行政主体与相关主体

对行政主体的正确认定具有直接的行政意义和诉讼意义,而厘清行政主体与相关主体的区别,将有助于辨别、认定和掌握行政主体。

1. 行政主体与行政法主体

行政主体与行政法主体,两者虽然只有一字之差,但无法等同。行政法主体,也称行政法律关系的主体(当事人),系指受行政法调整和支配的有关组织和个人。它们是行政法律关系的参与者、行政法权利的享受者、行政法义务的履行者和行政责任的承担者。从静态看,行政法主体包括:(1)国家行政组织;(2)国家其他组织;(3)企事业单位和社会团体;(4)公民;(5)在中国境内的外国组织和外国人(包括无国籍人)。从动态看,行政法主体由两部分组成,即处于管理一方的行政主体和处于被管理一方的行政相对人。因此,行政主体是行政法主体的一部分,而不是全部。**行政主体必定是行政法主体,但行政法主体未必就是行政主体**。行政主体仅指组织,不是指个人,而行政法主体包括了一定的个人(见图2-1)。

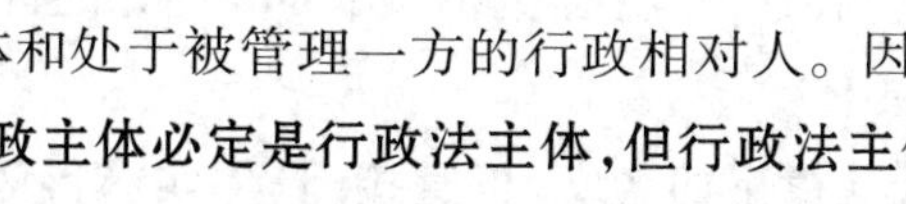

图2-1　行政法主体

区别行政主体与行政法主体的法律意义在于:有助于防止将行政主体与行政法主体相混同,有助于重视行政相对人的平等地位。

2. 行政主体与行政机关

行政机关是个静态概念,它是指国家权力机关、监察机关、审判机关、检察机关、军事机关以外的国家组织。而行政主体是个动态概念,它不是根据某个组织是否属于行政机关而定,而是根据该组织是否拥有独立的行政职权,并正在行使行政职权而定。在我国,由于大多行政主体由行政机关充任,以至于有时将行政机关与行政主体简单地等同起来。其实,完整而准确地说,行政机关与行政主体之间的关系应当是:(1)行政机关是行政主体的主要载体,但不是唯一的载体。行政主体主要由行政机关来充任，但并不只限于行政机关，行政机关以外的社会组织得到授权也可以成为行政主体（授权主体）。（2）**行政机关并不必然是行政主体**。行政机关从事不同性质的活动，参与不同的法律关系，便可以形成不同的法律身份。行政机关行使行政职权时，它是行政主体；从事民事活动时，它是民事主体；当在某一行政关系中处于被管理一方时，它又成了行政相对人（见图2－2）。

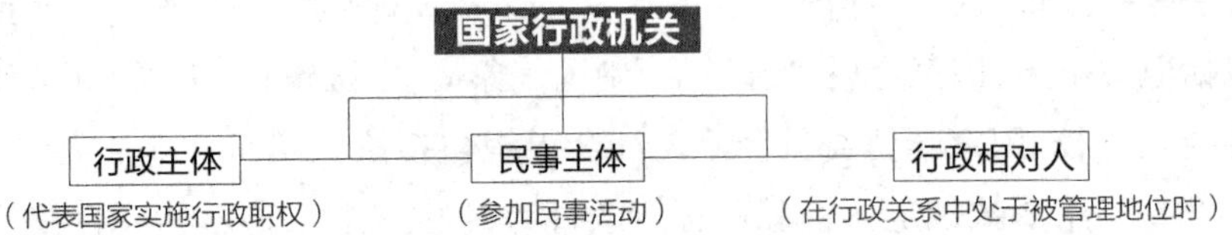

图2－2　国家行政机关

区别行政主体与行政机关的法律意义在于：（1）有助于消除简单地将行政主体与行政机关等同起来的做法；（2）有助于全面认识行政机关在不同法律关系中的不同法律身份，从而保障行政法、民法等法律规范的正确适用。

3. 行政主体与行为主体

行政职权包括行政权能与行为权能。一般情况下，行为权能从属于行政权能，由一个行政主体拥有并实施。行政主体实施行政职权，意味着它既行使行政权能，又行使行为权能。但在行政委托关系中，行政权能与行为权能会发生分离并分属于两个不同的主体。当一个行政机关委托社会团体行使某项行政职权时，委托方的行政机关其实是将自己的行为权能，而不是行政权能，转让给了被委托方的社会团体，社会团体以行政机关的名义实施该行为，行为后果由作为委托方的行政机关承受。在这一委托关系中，作为委托方的行政机关是行政主体，作为被委托方的社会团体便是行为主体。

可见，**行为主体系指虽无法律上的名义，但直接、具体实施行政行为的组织或个人**。行政主体与行为主体的关系是：它们会处于同一个行政委托之中，行为主体由行政主体派生，行为主体以行政主体的名义实施行为，行政主体对行为主体往往具有基于委托关系之上的监督权。行政主体与行为主体存在以下区别：（1）行政主体是拥有并实施行为权能的主体，而行为主体是拥有并实施行为权能的主体；（2）行政主体能以自己的名义行使行政职权，而行为主体只能以别人（行政主体）的名义行使行政职权；（3）行政主体应由自己来承担自己行为的后果，而行为主体则由他人，即行政主体，来承担自己行为的后果；（4）行政主体在行政诉讼中能作为被告参加诉讼，而行为主体不能成为行政诉讼中的被告。

区别行政主体与行为主体的法律意义在于：（1）有助于确认某种行政行为效果的归属，行政行为的效果由行政主体而不是行为主体承受。（2）有助于确认行政诉讼中的被告。

二、行政主体的类型和地位

(一)行政主体类型

1. 外部主体与内部主体

根据行政主体实施行政职权的范围,行政主体被划分为两大基本类型:外部行政主体与内部行政主体。前者有权按地域对社会上的相对人实施管理,如一级人民政府和其所属的具有对外管辖权的行政职能部门(如县、市公安局);后者则限于按隶属关系对内部相对人的管理,如政府机关事务管理局。当然,某些行政主体具有双重身份,它既是外部行政主体,又是内部行政主体。比如地方各级人民政府,它既有权对管辖地域内的社会相对人实施管理(作为外部行政主体),同时也有权对隶属于它的行政机构实施领导和监督(作为内部行政主体)。外部行政主体与内部行政主体的划分以外部行政与内部行政的划分为基础。由于行政法主要是公共行政法,因而在大多数情况下,行政主体限于外部行政主体。

外部行政主体与内部行政主体划分的意义在于:(1)有助于确定行政行为的有效性。内部行政主体不能进行外部行政行为,该行政行为不具有法律效力。(2)有助于确定行政诉讼中的被告。内部行政主体一般不能成为行政诉讼中的被告。

2. 职权主体与授权主体

根据行政职权的产生方式,行政主体又可被划分为职权行政主体与授权行政主体。从政治意义上说,“中华人民共和国的一切权力属于人民”,一切国家机关的职权都来自人民的授予,因而一切国家机关概属授权主体。但这种政治上的授权含义与法律上的授权含义有一定的差别。从行政法意义上说,行政机关天然具有行政主体的身份,宪法和法律直接把行政职权设定给了行政机关,行政机关从成立起就拥有了行政职权,行政职权伴随行政机关经历了从出生到死亡的全过程。因此,行政机关作为行政主体属于职权主体。但行政机关以外的社会组织则不同,其行政职权不是先天具有的,是后天通过行政授权才获得的。所以,经授权才获得行政主体资格的社会组织,称作授权主体。例如:中国银行属于“国营企业”,无行政职权,但它可以“根据国家授权,发行外币债券”,或“根据国家授权,参加国际金融会议”。当中国银行经授权从事上述活动时,它便成了授权行政主体。

职权主体与授权主体划分的意义在于:由于职权主体与授权主体的职权来源方式不同,因而对其行政行为合法性审查的角度也有所区别,对职权主体行为的合法性审查主要是审查其是否具有对应的法律依据,对授权主体行为的合法性审查应首先审查“授权关系”是否依法成立。

3. 单独主体与共同主体

每一个行政主体都是单独行政主体,但当两个以上的行政主体共同作出行政行为时,它们便形成了共同主体。在大多数情况下,一个行政主体作出一个行政行为,各自对自己的行为负责;但在联合执行等状态下,有时会出现两个以上的行政主体共同作出一个共同行为,它们就须共同对该行为负责,在行政诉讼中往往成为共同被告。

单独主体与共同主体的划分是以行政行为的相应划分即单独行政行为与共同行政行为为基础的。这种划分有助于正确认识和把握单独行政行为和共同行政行为、行政诉讼中的单一被告与共同被告的有关原理。

4. 本主体与派出主体

当一个行政组织与另一个行政组织之间具有派出关系时，前一个行政组织（设立派出机构的机关，如县公安局）为本主体，后一个行政组织（被设立的行政机构，如公安派出所）则为派出主体。派出主体由两类主体构成：一类是由一级人民政府派出的，如以前的行政公署和区公所、现在的某些经济开发区，称"（被）派出机关"；另一类是由政府职能部门派出的，如公安派出所，称"（被）派出机构"。

从行政实体法原理来看，本主体是独立的行政主体，但派出主体不是独立的行政主体。派出主体所作行为代表派出它的机关，其行为效果归属于派出它的本主体。在法律、法规和规章授权的条件下，派出主体才可以成为独立的行政主体，准确地说是授权主体。但从现行行政诉讼制度看，本主体和派出机关都可以作为行政诉讼的被告当事人，派出机构只有在得到授权的条件下，方可作为行政诉讼中的被告。

这种分类以行政组织中派出关系的存在为基础。掌握这种分类，有助于在行政派出关系中正确地认定行政主体的资格和进行责任的划分，还有助于行政诉讼被告的认定和诉讼后果的承担。

（二）行政主体地位

行政主体的地位可以表现在各个方面，但在这里限指法律地位。行政主体的法律地位，是行政主体在国家行政管理中权利、义务的综合体现。而权利和义务是法律关系的内容，法律关系以外的权利和义务是不存在的。因此，讨论行政主体的法律地位，势必要分析它"身在其中"的各种法律关系。

前文已述，行政主体就是依法代表国家实施行政行为的组织，因此它首先与国家构成了法律关系；其次，行政主体实施国家行政职权，表现为对行政相对人实施行政管理行为，因而它又与相对人构成了法律关系。行政主体正好处于两大法律关系的交接点（见图 2－3）。

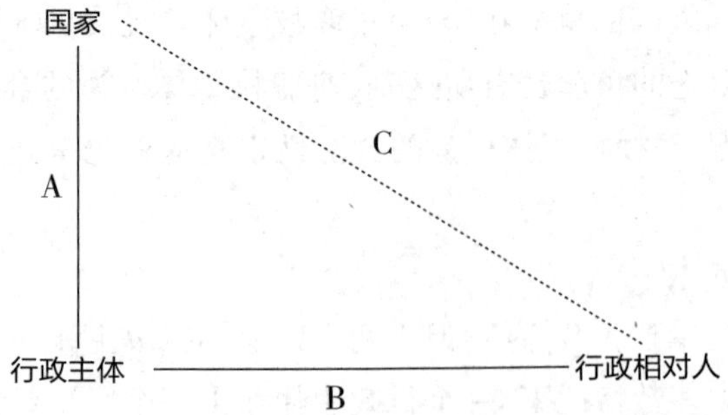

图 2－3　行政主体地位

行政主体之所以享有行政管理资格，能对相对人实施管理（B），是因为它得到了国家的授权，它依法代表了国家（A）；而行政主体对相对人的管理，反映了国家对相对人的管理（C）。由于国家对相对人的管理是以行政主体为“媒介”的，因此“C”用虚线。这就是说，B关系是依据A关系发生的，B关系又体现了C关系。

在图2－3中，与行政主体法律地位直接有关的，显然是A关系和B关系。下面分别加以讨论：

政权的主体是国家。国家统一而不可分，但政权的运行需要设置不同的国家机构来分工合作。国家通过宪法把行政权授予行政机关（后者从而享有了行政主体资格），行政主体有权也有义务代表国家实施国家行政管理活动。于是，国家与行政主体之间的法律关系便形成了。在这对关系中，国家赋予行政主体以一定的行政职权，同时规定行政主体履行相应的行政职责；国家为保障行政主体有效合法地实施国家行政权，完成行政目标，一方面向行政主体提供职务上的便利（行政优先权）和物质上的条件（行政受益权），另一方面对行政主体的行为是否符合国家的意志实施监督。而对行政主体来说，它一方面有义务依法履行国家所规定的职责，接受国家的监督；另一方面有权行使职权，并享受国家所赋予的行政优益权。

基于行政主体与国家之间的法律关系，行政主体与相对人形成了行政法律关系。在这对关系中，行政主体代表国家行使行政职权，并享受行政优益条件，相对人有服从和协助行政主体实施管理的义务；同时，相对人有监督行政主体依法行政以及在权益受到不法侵害时申请救济的权利，行政主体有依法行政、保护相对人合法权益不受侵害的责任。行政主体如果违反职责，应承担相应的行政责任。

从以上两大关系中不难发现，行政主体的法律地位始终与其行政职权、行政优益权、行政职责和行政责任有关。如果说行政职权和行政优益权是行政主体在国家行政管理中权利的体现，那么，行政职责和行政责任便是行政主体在国家行政管理中义务的体现。

三、行政主体的资格及认定

（一）确认行政主体资格的意义

行政主体的“资格”与“法律地位”是不可分割的。某组织具有行政主体的资格，它就享有行政主体的法律地位；享有行政主体法律地位的机关，也就具有行政主体的资格。一个组织是否具有行政主体的资格，直接决定了它的法律地位。行政主体资格的确认在行政法上具有直接的、重要的意义。

第一，确认行政主体的资格有助于确定行政行为的效力。行政行为实际上就是行政主体的行为，带着国家的强制力直接影响相对人的权利和义务。如果实施行为的组织不具有行政主体的资格，那么该组织的行为就不具有行政行为的效力，对相对人权利和义务的影响不为法律所承认。相对人对不享有行政主体资格的组织所实施的“行政行为”没有服从和协助的义务。

第二，确认行政主体的资格有助于确定行政诉讼的被告。我国行政诉讼的特点之一在于一概以行政主体为被告。因此，某一组织的行政主体资格决定了其是否能够作为行政诉讼被告的资格。被告资格以行政主体资格为前提。

（二）确认行政主体资格的方法

确认行政主体资格主要在于划清两条界线：(1)行政主体与非行政主体的界线；(2)内部行政主体与外部行政主体的界线。

行政主体与非行政主体之间的划分是基于这样一个原理：行政主体享有行政主体的法律地位，非行政主体不享有行政主体的法律地位。区别内部行政主体与外部行政主体的必要性，取决于“交错无效原则”：内部行政主体不得行使外部行政职权，外部行政主体不得行使内部行政职权；同时具有双重身份者例外。

无论划分哪条界线，一般都可以遵循以下确认方法：

一是按行政职权确认。是否享有行政职权或享有的是内部行政职权还是外部行政职权，是确认行政主体或行政主体类型的标准。寻找这种标准的方法在于核实行政职权的来源。对于职权主体，应该核实其产生职权的法律内容；对于授权主体，应该审查有权机关的授权行为是否存在以及授权的范围。

二是按行为性质确认。这一方法对于确认行政机关的法律身份尤其重要。因为行政机关既可以作为行政主体，也可以作为民事主体（机关法人），还可以作为行政相对人。不同的身份取决于其行为的不同性质：行政机关实施行政行为时，属于行政主体；从事民事活动时，则成为机关法人；在某一行政法律关系中从事相对人行为时，则成为行政相对人。因此，确认行政机关的行政主体身份，就在于其行为是否属于行政行为。

（三）在几种特殊情况下对行政主体的认定

第一，在行政职权的法律设定关系中的主体问题。行政主体产生行政职权有两种方式：一是设定，二是授权。前者表现为法律、法规对行政机关行政职权作出规定；后者表现为通过行政授权转移行政职权。前者是原始授权，后者是事后授权。在法律、法规对行政职权的设定关系中，被设定的组织必然享有行政主体的资格。

第二，在行政职权的法律授权关系中的主体问题。行政法上的授权即行政授权，是指拥有行政职权的行政主体，依据法律规定，通过法定程序，将自己的行政职权转让给另外的国家组织或社会组织的法律过程。在行政授权关系中，授出职权的行政主体为授权主体，接受授权的组织为被授权主体。完成授权行为之后，授权方仍为行政主体，被授权方也由此成为该法律关系中的行政主体。虽然授权方与被授权方都不失为行政主体，但区别在于：授权方是职权主体，被授权方是授权主体。

第三，在行政委托关系中的主体问题。行政委托系指一个行政主体在自己缺乏条件直接实施某个行政行为时，委托其他组织或个人以委托方的名义实施该行政行为，行为效果归属于委托方行政主体的法律制度；在这一关系中，前者称为行政委托人，它是行政主体；后者称为行政代理人,它不会因委托而享有行政主体的资格。行政委托的效果是形成行为主体而不是行政主体。在行政委托关系中,委托方是行政主体,被委托方是行为主体。

第四,在行政联合关系中的主体问题。当一个行政主体同另一个组织联合进行行政行为时,便形成了行政联合关系。行政联合关系有两类:一是一个行政主体与其他行政主体的联合,如市工商局与市税务局共同作出某个行政行为;二是一个行政主体与其他非行政主体的联合,如市环保局与某工会共同实施某个行政行为。在前一类关系中,联合各主体都是行政主体;在后一类关系中,非行政主体不会因与行政主体共同作出了某个行政行为而转为行政主体,除非它是授权主体。

第五,在行政派出关系中的主体问题。一个行政组织设立了一个派出组织(派出机关和派出机构),这个行政组织与它所设立的派出组织之间便构成了行政派出关系。在这种行政派出关系中,设立派出组织的行政组织是行政主体;被设立的派出组织不是行政主体,它的行为效果归属于设立它的行政组织(行政主体)。当法律、法规直接对派出组织设定某种行政职权,并且当该派出组织行使这种职权时,该派出组织此时是行政主体。

第六,临时行政机构的主体问题。国家行政机构有常设与临时之分。一般说来,常设的行政机构是由法律、法规直接设置的,而临时的行政机构是由行政机关临时设置的。临时行政机构一般不是行政主体,它与设置它的行政机关之间的关系按行政委托关系处理,设置临时机构的行政机关为委托人,被设置的临时机构为被委托人。如果法律、法规直接授权临时行政机构以某种行政职权,那么便按法律设定关系或法律授权关系处理,即当临时行政机构以自己的名义行使该职权时,便是行政主体。

第七,行政主体发生越权时的主体问题。在实践中有这样一种观点,认为行政主体只有在其行政职权范围内进行行政行为时,才是行政主体;当其超越权限实施行政行为时,便不再是行政主体。这是种误解。是否超越权限不是衡量行政主体是否成立的标准,只是确认该行政主体的行政行为是否违法的标准之一。行政主体超越权限,只是说明一个行政主体作出了一个违法的行政行为,但不能说该行政主体就因此变成非行政主体了。也就是说,一个行政主体越权行使行政职权时,不会因此而失去行政主体的资格,但可能会失去其行政行为的合法性和有效性。

第八,行政主体的内设机构对外行为时的主体问题。即一个行政主体的内设机构对外以自己的名义进行行政行为,它是否也拥有行政主体的资格。例如,某市公安局内的治安科对某公民作出治安处罚决定时,它是否拥有行政主体的资格。回答是否定的。行政主体的内设机构不具有行政主体的资格,按理不得以自己的名义对外作出行政行为;其以自己的名义对外行为时也不会使自己转变成行政主体。由于行政主体是其所属机关(上例中就是公安局),而不是它(科室)本身,因而其行为进入行政诉讼时,应以所属机关为被告,并由该机关承受行为的后果。

第九,作为相对人的行政机关的主体问题。这个问题是指,作为行政相对人的行政机关是否同时可以成为行政主体?回答是肯定的。因为行政主体是个动态概念,行政机关则是个静态概念。行政机关在不同的法律关系中可以以不同的法律身份出现,如行政主体、行政相对人和机关法人。当两个行政法律关系交织在一起的时候,某个行政机关既是行政主体,同时又是行政相对人,这是常有的事。

四、行政主体之间的关系及法律调整

行政主体之间的关系属于行政关系,确切地说,是内部行政关系,同样受行政法调整。这种关系可分为纵横两大类型。

(一)行政主体间的纵向关系

纵向关系是指以隶属关系为基础的行政主体之间的关系。简单地说,即指上下级行政主体之间的关系。纵向关系按性质划分又有两种:领导关系、指导关系。

在领导关系中,作为领导方的行政主体对被领导方的行政主体享有命令权、指挥权和监督权,前者可以直接改变或撤销后者的行为。反过来说,被领导方主体必须接受领导方主体的命令,服从后者的指挥,否则须承担失职的法律责任。根据我国宪法和有关组织法规定,上下级人民政府之间、各级人民政府与其所属行政机构之间,概属领导关系;上下级行政机构之间有一部分也属于领导关系。我国行政领导关系又有两种:一种是单一领导关系;另一种是双重领导关系,后者如公安机关既受本级人民政府领导,同时又须服从上级公安机关的命令。

在指导关系中作为指导方的行政主体对被指导方的行政主体享有指导权,但没有指挥命令权,前者无权直接改变和撤销后者的行为,后者拒绝服从前者的命令不引起法律责任,只涉及工作作风。我国上下级职能行政机构之间大多是行政指导关系。

领导关系与指导关系最根本的区别在于:**在领导关系中,领导方行政主体可以直接改变或撤销被领导方行政主体的行为;在指导关系中,指导方行政主体不能直接改变或撤销被指导方行政主体的行为**。

(二)行政主体间的横向关系

横向关系是指无隶属关系的行政主体之间的关系。两个主体无论是否处于同一等级,只要它们之间无隶属关系,概属横向关系,如上海市政府与天津市政府之间的关系、北京市公安局与浙江省宁波市公安局之间的关系。

在横向关系中,不存在领导或指导关系(正式的),但有行政委托关系和行政协助关系。

到此,我们可以将行政主体之间的纵向与横向关系归结如图 2 -4 所示。

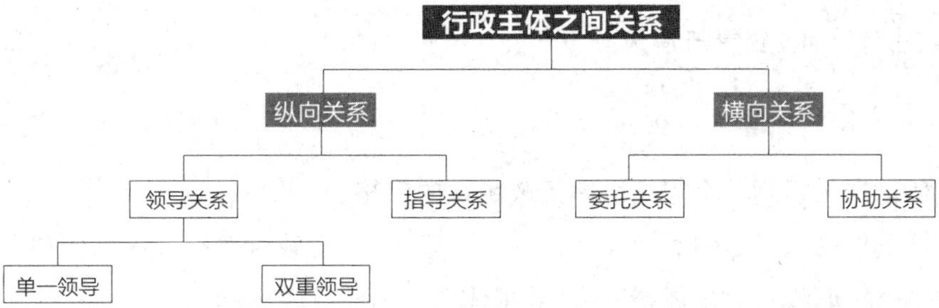

图 2－4 行政主体之间的关系

（三）行政主体间的纠纷及处理

行政主体之间的关系属于行政关系，它们之间的纠纷属于行政争议。行政主体间的纠纷，是指行政主体之间因执行公务所发生的各种行政争议，公务以外的争议不属行政主体间的纠纷。因为行政主体身份的确定是以其拥有行政职权而且行使行政职权为前提的。

行政主体间的行政争议，大多表现为行政权限的争议。行政权限争议的基本类型有两种：一种是积极的权限争议；另一种是消极的权限争议。前者表现为两个行政主体都认为自己对某事享有管辖权，从而发生职权冲突；后者表现为两个行政主体都认为自己对某事没有管辖职责，从而出现管辖上的“真空”（谁也不管）（见图 2－5）。

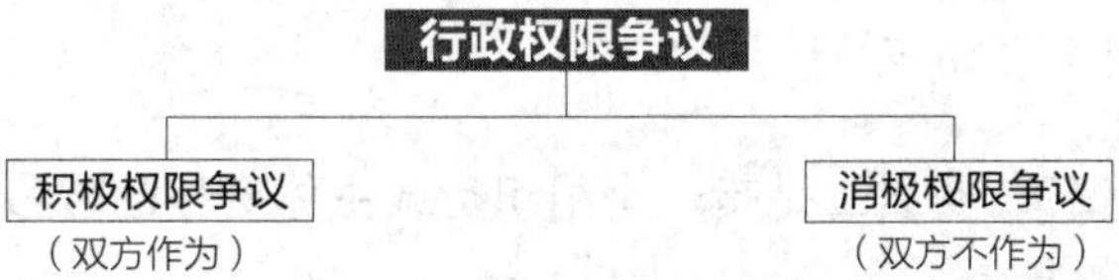

图 2－5 行政权限争议

行政主体纠纷属于内部行政争议，对它的解决方式不同于对外部行政争议的处理。这种纠纷由行政机关自己解决，不由司法机关裁判——这是各国行政法理论所主张和坚持的原则。理由是，这种纠纷基于内部行政关系而发生，不直接涉及社会相对人，对这种纠纷的处理纯属内部行政事务，不受司法审查。我国行政法理论不以行政机关与司法机关的分权原则为基础，但出于国家管理效率的考虑，同样坚持内部行政争议由行政机关自己处理的原则。我国的具体法则和行政诉讼制度均反映了这一规则。

我国处理内部行政争议采取以下三项规则：

第一规则，纵向领导关系中的争议。被领导主体有权越级向上一级行政主体报告，但在领导主体行为被依法撤销或改变之前，必须服从领导主体的决定。

第二规则，纵向指导关系中的争议。争议双方主体都应向各自所属的政府报告，由双方政府处理。双方政府意见有分歧的，按第一规则处理。

第三规则，横向关系中的争议。争议双方主体各自向自己的领导主体报告，最终由共同的上级领导主体处理。

五、行政主体产生、变更与消灭

(一)行政主体的产生

行政主体的产生系指一个组织取得行政主体的资格。

行政主体资格的取得是因类型而区别的。一般来说,行政法对行政主体资格取得的要求,授权行政主体严于职权行政主体,外部行政主体严于内部行政主体。

职权行政主体资格的取得,必须具备下列实质条件和程序条件:(1)其成立已获有关机关批准;(2)已由组织法或组织章程规定职责和权限;(3)已有法定编制并按编制配备人员;(4)已有独立的行政经费预算;(5)已设置办公地点和必要的办公条件;(6)已经政府公报公告其成立,公告应当包括的内容有:该组织成立时间,组织名称,组织的性质、级别、任务、职权、职责和权限,组织章程和印章,组织的办公地点和办公时间。

授权行政主体的资格依法律法规的授权行为而发生,在这一授权基础上还必须遵守以上的程序要求。

外部行政主体与内部行政主体资格的取得,其条件和程序大致相同,只是范围有别。如内部行政主体成立公告的范围可以小于外部行政主体成立公告的范围。但无论哪种主体的成立,公告的范围必须与其行政职权的范围相一致。

(二)行政主体的变更与消灭

行政主体的变更与消灭,实质上是指一个组织行政主体资格的转移与丧失。

资格转移取决于两种情况:一是行政主体分解,即一个行政主体分解为两个以上的主体。二是行政主体合并,即两个以上的行政主体合并为一个行政主体。无论哪种情况,原行政主体资格依然有效,但由变更后的新主体承受。例如,某行政主体已作出决定对某公民发放救济金,但未发出决定之前该行政主体被合并到另一个行政主体之中,该决定在未依法定程序变更或撤销前仍然有效,新行政主体应该履行该行政决定。

资格丧失主要取决于该行政主体被撤销或解散。行政主体被撤销或解散后,原主体虽然丧失了原来的资格,但在它享有资格期间所实施的行为效果由解散它的机关或法定承接机关承受。

第二节 行 政 人

行政主体是一种组织,而不是个人,但作为组织的行政主体的行政行为始终是通过个人来实现的。这种依法代表行政主体实施行政行为的个人,便是行政人。

一、行政人的基本概念

(一)行政人的概念和特征

“行政人”使用于经济学和管理学之中,但行政法学上的“**行政人”特指依法代表国家,并以行政主体的名义,实施行政行为,其行为效果归属于行政主体的公务人员**。行政人具有以下法律特征:

第一,行政人是个人而不是组织。这一特征使行政人同行政主体相区别。行政主体只是组织,而不是个人。正是行政主体的“组织”特征和行政人的“个人”特征,使行政主体与行政人不可分离。离开行政人,行政主体便无法通过一个“中介体”实施其行政行为;离开行政主体,行政人的任何行为便失去法律基础和法律归宿。

第二,行政人是实施行政行为的个人。行政人必然是个人,但个人未必是行政人,只有当他依法实施行政行为时才是行政人。如一般公民不是行政人,但当一位公务员依法代表国家实施某项行政行为时,他便是行政人。

第三,行政人实施行政行为必须也只能以行政主体的名义进行。行政人之所以只能以行政主体而不是以个人自己的名义实施行政行为,是因为其与行政主体之间是职务代表关系。如果某个人只能以个人名义,而不能以他所代表的行政主体的名义,实施行政行为,那么他只能成为自然人而不是行政人。

第四,行政人实施行政行为所引起的效果由所属行政主体承受。这表现在:行政人实施的行政行为所给予公民的权利和利益能够约束行政主体,行政主体必须对行政人的行为“认账”;行政人实施行政行为所引起的赔偿责任由行政主体承担;行政人实施行政行为所引起的行政诉讼后果由行政主体承受。

(二)行政人的载体和范围

我国的**行政人主要由国家公务员担任**。**公务员是行政人的主要载体**。根据1993年的《国家公务员暂行条例》(已失效)第3条规定,国家公务员系指各级国家行政机关中除工勤人员以外的工作人员。2005年制定、2018年修订的《公务员法》又将公务员的范围从国家行政机关扩大至所有党政司法机关。也就是说,所有党政司法机关内纳入国家行政编制、由国家财政负担工资福利的工作人员都属于公务员的范围,不仅包括行政机关工作人员,还包括权力机关、监察机关、司法机关和党群部门的在编人员。公务员包括领导职务公务员和非领导职务公务员(包括综合管理类、专业技术类、行政执法类和国务院增设的其他类别)。2020年中共中央组织部发布了《公务员范围规定》。根据该规定第4条规定,公务员范围应当包括下列机关中除工勤人员以外的工作人员:(1)中国共产党各级机关;(2)各级人民代表大会及其常务委员会机关;(3)各级行政机关;(4)中国人民政治协商会议各级委员会机关;(5)各级监察机关;(6)各级审判机关;(7)各级检察机关;(8)各民主党派和工商联的各级机关。

但是,**行政人的载体不只限于公务员**,还有大量的非公务员,如之前的联防队人员和现在的城管人员，也在行使执法权。

（三）行政人的相关区别

1. 行政人与行政主体

行政人与行政主体是相互依赖不可分离的两个主体。**行政主体的行为都是通过行政人来传递的**。但二者之间的依赖性并不影响其差异。行政人与行政主体之间的区别是明显的：(1)行政主体是一种组织，而行政人是个人；(2)行政主体是独立的行政法律关系的当事人，而行政人不具有独立的行政法律关系当事人的地位，其只是行政主体这种当事人的代表人。行政主体和行政人并不是两个并列的当事人，二者之间是一种天然的代表关系。

2. 行政人与国家公务员

行政人与公务员的关系完全承受了行政主体与行政机关之间的关系。行政人与公务员的关系非常密切，政府部门的公务员是行政人的主要载体。二者之间存在明显的差异，不能等同：(1)**公务员是行政人的主要载体，但并不是所有公务员都能成为行政人的载体**。一般而言，只有政府部门的公务员或者社团组织中得到行政授权的公务员能够成为行政人的载体，党组织成员、监察官、法官和检察官等不是行政人。(2)**行政人主要由公务员，特别是政府部门的公务员担任，但并不只限于公务员**。在现行制度中，除了公务员，还有大量社会成员得到行政授权或行政委托后成为行政人，如城管人员等。(3)**即便是政府部门的公务员，也不一定就是行政人**。行政人是个法学概念，公务员则是个法律概念。行政人是个动态概念，依行为而认定；而公务员是个静态概念，依编制而确定。公务员进行不同的行为，参与不同的法律关系，会有不同的法律身份：当其依法代表国家并以行政主体的名义实施行政行为时，是行政人；当其从事民事活动时，是自然人；当其在一种行政法律关系中处于被管理地位时，是行政相对人。可见，行政人仅是公务员的一种法律身份而已（见图2－6）。

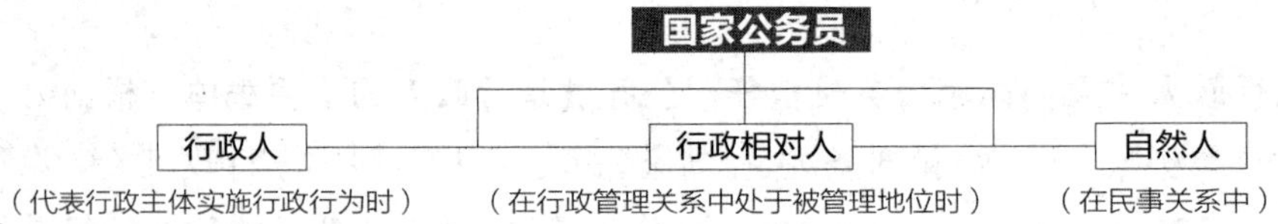

图2－6　不同关系中国家公务员的身份

鉴于目前国家公务员概念的综合性，为了完善公务员职位分类，2016年中共中央办公厅、国务院办公厅制定发布了《行政执法类公务员管理规定（试行）》，其中第2条规定："本规定所称行政执法类公务员，是指依照法律、法规对行政相对人直接履行行政许可、行政处罚、行政强制、行政征收、行政收费、行政检查等执法职责的公务员，其职责具有执行性、强制性。"依此，行政法学上"行政人"的概念在范围上更接近于"行政执法类公务员"。但是，上述"公务员"与"行政人"之间的逻辑关系依旧无法突破。

3. 行政人与行为主体

行为主体是指以行政主体的名义具体而直接地实施行政行为的组织和个人，它是行为权

能而不是行政权能的承受者。从一定意义上说，行政人都是行为主体。行政人属于行为主体的范畴，但行为主体不一定是行政人，因为行为主体可以是个人，也可以是组织，而行政人只能是个人。

二、行政人的法律地位

行政人的法律地位，系指行政人在各种行政法律关系中的权利和义务的综合体现。讨论行政人的法律地位，必须把行政人置于其所处的各种行政法律关系之中。

（一）两大法律关系

国家通过法律实施社会管理；法律将行政职权设定给行政主体；行政主体实施行政职权，与行政相对人发生关系，又是通过行政人的活动实现的。行政人成为行政主体与相对人发生关系的媒介，同样成为两大法律关系的交叉点（见图2－7）。

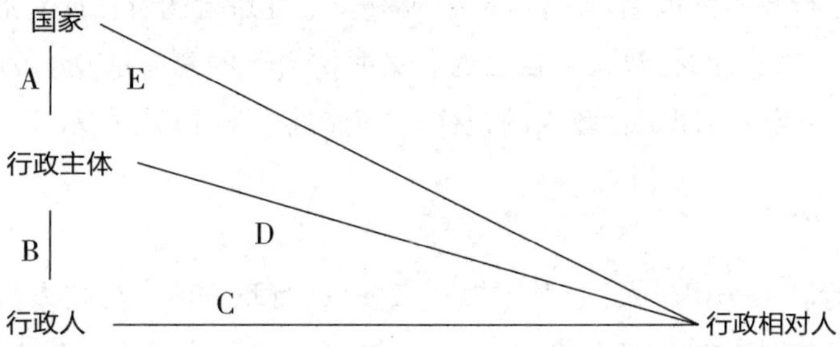

图2－7　不同主体之间的法律关系

行政人以行政主体的名义并按其意志活动，构成了B关系。行政人之所以会与行政主体构成B关系，是因为行政主体得到了国家的授权，即由于A关系的存在。行政人代理行政主体所实施的活动，表现为对相对人的管理，构成了C关系，C关系体现了D关系，归根结底则反映了E关系。

在图2－7显示的五大法律关系（A、B、C、D、E）中，与行政人直接相关的是B和C两大关系。下面将分别讨论。

（二）第一大关系（B）

首先讨论行政主体与行政人的关系，这是行政人与相对人发生关系的前提。

行政主体与行政人的法律关系不是经双方主体协商形成的，而是“法定”的，这种关系一度被行政法学称作“特别权力关系”。这种关系基于以下事实发生：(1)某公民按法律程序进入国家公务员的队伍，在一定行政主体中担任了职务，从而享有并行使职权。(2)某行政机关以外的具有管理公共事务职能的社会组织得到了法律法规的授权而成为行政主体，该单位内的工作人员可以成为行政人。(3)非公务员公民经行政机关委托而享有行使职权的资格，并依法行使该职权。

行政主体与行政人的关系一经构成,便发生以下内容:

第一,行政主体的职权、职责、权限和优益权一概溯及行政人。也就是说,行政主体的职权成了行政人的职权,行政主体的优益权同时成了行政人的当然权利,行政主体的职责和权限同样约束行政人。

第二,行政人在分享行政主体的职权、优益权和分担行政主体的职责、权限时,行政主体有权对分享和分担"物"实行"再分配"。例如:行政主体对行政人的职责权限作进一步的划分;行政人不仅不能超越所属行政主体的权限,而且同样不能超越机关内部行政人与行政人之间的权限划分。

第三,行政人实施行政管理活动,在形式上必须以行政主体的名义,在实质上必须按行政主体的意志进行;行政人在这种形式和实质条件下所作的行为所引起的法律效果,由行政主体承受。

第四,行政主体对行政人的违法行为承担连带责任。具体方法是:先由行政主体对相对人承担赔偿责任,然后行政主体根据行政人的过错程度,追究后者的责任或对后者行使求偿权。

第五,行政主体有权要求行政人以自己的名义并按自己的意志活动。为保障做到这一点,行政主体可以在法律范围内规定行政人的纪律,并实施监督权和奖惩权。

(三)第二大关系(C)

第二大关系(行政人—相对人)是基于第一大关系(行政主体—行政人)而产生的。这种关系是单方形成的,与相对人的意志无关。例如,尽管某企业对税务人员的纳税监督十分反感,但税务人员是依法行使纳税监督权,两者之间的监督关系不为相对人的态度所左右。这正是行政关系的法律特征。行政人与相对人的关系表现为下列内容:

第一,行政人有权以行政主体的名义对相对人实施管理,并依法采取各种强制手段;同时,行政人有义务履行职责,保护相对人的合法权益,接受相对人的监督。

第二,相对人有服从和协助行政人所实施的国家行政管理活动的义务,同时享有建议、批评、控告、申诉、复议和诉讼的权利。

三、行政人的资格及认定

(一)确认行政人资格的意义

行政人资格的确认,如同对行政主体资格的确认,在行政法上具有重要意义。具体来说,它表现为下列四个方面:

第一,对行为效力的意义。主体合法是行政行为有效要件之一,而且是前提性要件。行政行为必须由合法的行政主体通过合法的行政人作出,无行政人资格的人代表行政主体作出的行政行为不具有法律拘束力,即行政人的资格直接关系到行政主体行政行为的合法性。因此,对行政人资格的确认,有助于对行政行为法律效力的确认。

第二,对行政主体的意义。行政人行为的法律效果由行政主体承受;行政主体对行政人的过错行为承担连带责任。这一规则反过来可以说:行政主体不承受非行政人的行为效果,同时也不对非行政人的过错行为承担连带责任。因此,对行政人资格的确认,有助于确认行政主体的责任。

第三,对相对人的意义。行政人有权直接对相对人实施行政管理和监督,相对人有服从和协助的义务;无行政人资格的人对相对人实施上述管理和监督,相对人有权拒绝。显然,确认行政人资格,有助于确定相对人的具体权利和义务,有助于维护相对人的合法权益不受非法侵害。

第四,对诉讼的意义。行政人的行为实质上是行政主体的行为,因此行政人的行为可以成为相对人提起行政诉讼的客体,但非行政人的行为与行政诉讼不发生直接联系。换句话说,行政人行为所引起的诉讼是行政诉讼,而自然人民事行为所引起的诉讼不是行政诉讼(一般为民事诉讼)。对行政人资格的确认,有助于确定诉讼性质。

(二)确认行政人资格的方法

确认行政人资格主要在于划清两条界限:(1)行政人与自然人之间的界限;(2)行政人与相对人之间的界限。

1. 行政人与自然人

正确划分行政人与自然人具有非常重要的理论与行政、司法实践上的意义,主要表现如下:

(1)行为性质。行政人的行为属于行政行为,具有国家强制性;自然人的行为属于民事行为,不具有国家强制性。

(2)责任归属。行政人行为所引起的效果归属于其所属行政主体,行政主体对行政人的行为负连带责任;自然人行为所引起的效果归属于自然人自己,行政主体对自然人的行为不负连带责任。

(3)诉讼性质。其他组织或个人对行政人行为不服提起诉讼属行政诉讼,并以行政主体而非行政人个人为被告;其他组织或个人对自然人行为不服提起诉讼属民事诉讼,并以自然人自己为被告。

那么,如何有效地区分一个人的行政人身份和自然人身份呢?一个直接的规则是行为决定身份而不是身份决定行为。这就是说,某个人的法律身份是行政人还是自然人,取决于他进行的是什么行为。一个人进行行政行为时,其法律身份是行政人;此外,其法律身份便是自然人。

2. 行政人与相对人

区别行政人与相对人两种不同的法律身份,其意义与区别行政人与自然人是相同的,因为相对人的法律地位与自然人的法律地位相同。然而,区分行政人与相对人的标准与区分行政人与自然人的标准是不同的。这里有两种情况需要分别说明:

第一种情况是,行政人与相对人处于行政法律关系的两端。这种情况下的区分标准只要看行为人是处于管理一方还是被管理一方:处于管理一方的个人是行政人,处于被管理一方的个人便是相对人。例如:工商行政管理员张某代表其所属的工商部门对公民李某违反工商行政管理的行为进行处罚,在这一行政法律关系中,张某是行政人,李某则是相对人。

第二种情况是,一个人处于两种行政法律关系的交叉点,他既是行政人,又是相对人。在这种情况下,区分一个人的行政人身份和相对人身份的关键在于:把交叉的两大法律关系分离开来,然后按第一种情况作分别认定。例如:税务人员张某去某地对个体户李某征税,路途中因违反交通规则而受到交通警察王某的处罚。这里发生了两大法律关系的交叉,前者是征税管理关系,后者是交通管理关系。张某在征税管理关系中是行政人,但他在交通管理关系中是相对人。

四、行政人之间的关系及法律调整

(一)承受行政主体的关系

从实质意义上说,行政人的法律地位在于承受了行政主体的法律地位。行政主体之间的关系随之也由行政人承受:纵向行政主体之间的领导关系或指导关系表现为上下级行政人之间的领导或指导关系;横向行政主体之间的委托和协助关系同样表现为横向行政人之间的委托和协作关系。行政主体之间的关系一概适用行政人之间的关系。

(二)行政主体内部的关系

正如国家需要把行政权“定位”给行政主体一样,行政主体需要把自己的职权和职责“分配”给具体的行政人。这种“再分配”造成了行政人之间在职权、职责上的差异,从而形成了行政人之间的各种关系。行政主体内部行政人之间的关系发生在行政首长、行政副职和一般人员之间。

五、行政人资格的取得和丧失

(一)行政人资格的法律意义

行政人资格与行政人法律地位密不可分。某人具有行政人资格,必然处于行政人的法律地位;某人处于行政人的法律地位之上,表明他具有行政人的资格。某个公民一旦获得了行政人的资格,就意味着他:(1)可以行使所属行政主体的职权,享受行政优益权;(2)必须履行行政主体的职责,遵守其权限;(3)可以也应该以行政主体的名义实施管理,严格服从主体的意志,接受其监督;(4)其行政行为的效果归属于行政主体,行政主体对该行政人的行为负责。

(二)行政人资格的取得

行政人享受行政人的法律地位始于其资格的取得。自然人成为行政人,或者说自然人获取行政人的资格,有三条基本途径。

第一,自然人进入政府公务员的队伍。政府公务员是在国家行政组织中行使国家行政权力、执行国家公务的人员。他们执行公务时享受行政人的法律地位。公务员的行政职权并非来自有权机关的授权,而是基于他所处职位、所承担职务而依法产生。因此,以这种途径获得资格的行政人称为职权行政人。

第二,自然人进入行政机关以外的具有管理公共事务职能的社会组织工作,而该组织得到法律法规的授权而成为行政主体。

第三,自然人得到行政机关的委托。未进入国家公务员队伍的自然人,经行政机关委托,也可以行使行政职权(以所授职权为限),并因而享受行政人的法律地位。这种自然人享有的行政职权,不是基于他的职务产生,而是来自行政机关的委托,因此,以这种途径获取资格的行政人称为委托行政人。

自然人成为行政人,无论是职权行政人、授权行政人还是委托行政人,都必须符合以下三个法律条件:

首先,自然人必须是我国公民。自然人成为行政人,便意味着他有权以国家代表的身份实施行政管理权;而实施行政管理权反映了我国政权的具体运用,属于我国的内部事务,我国以外的任何国家、组织和个人都无权干预,这是我国主权独立而完整的体现。因此,这种管理权只能由具有中华人民共和国国籍的人来行使,外国人不得行使(法律特许者例外)。《公务员法》(2018)和《国籍法》(1980)的有关规定都表达了这一意思。

其次,自然人必须年满18周岁以上。根据我国宪法和选举法的规定,我国年满18周岁的公民始有选举权和被选举权。这说明,18周岁以上的公民才有担任国家职务的年龄资格。因此从原则上说,18周岁以上的公民才可以被赋予行政人的资格(紧急授权例外)。当然,18周岁是一般职务的最低年龄要求,不排除特殊职务有特殊的年龄要求。例如,《宪法》(2018)第79条第2款规定,担任国家主席和副主席的公民必须年满45周岁以上。

最后,自然人必须有行为能力。行为能力是指能够以自己的行为从事法律活动,从而使法律关系产生、变更或消灭的资格。无行为能力人(如精神病患者)无论以什么途径都不得取得行政人资格。

除此之外,还有两个禁止条件值得一提:一是被剥夺政治权利的人不能被赋予行政人的资格,因为行政人所实施的行政管理权本身就属于政治权利。二是被判处管制、徒刑或宣告缓刑的人不得具有行政人资格。

(三)行政人资格的丧失

行政人资格的丧失是指原来享有行政人资格的公民由于一定的法律事实使其失去职权、职责等内容,不再享有行政人的法律地位。资格的丧失取决于以下的法律事实:(1)行政职务被撤销或免除;(2)行政人死亡或失去行为能力;(3)行政职权的授权关系或委托关系被解除。

第三节 行政相对人

行政法律关系中代表国家实施行政管理一方的当事人是行政主体，行政主体的行政行为是通过行政人实施的；行政法律关系中与行政主体相对应的另一方当事人便是行政相对人。

一、行政相对人的基本概念

（一）行政相对人的概念和特征

行政相对人，系指在某一行政法律关系中处于与行政主体相对应地位的另一方当事人，也是行政行为直接针对并直接受行政行为约束的公民、法人或者其他组织。例如：在治安管理关系中，公安机关是行政主体，治安管理关系中的另一方当事人，即个人、法人或者其他组织就是行政相对人；在税收关系中，税务机关为行政主体，负有纳税义务的组织或个人为行政相对人。行政相对人具有下列法律特征：

第一，行政相对人是行政法律关系中的当事人。作为当事人，它是行政法律关系的主体，是行政法上权利与义务的享受者和承担者。没有行政相对人，行政法律关系无以构成。行政相对人中的“人”与“行政人”不同，其是指“当事人”，而不是指“个人”，因而它可以是组织（组织相对人），也可以是个人（个人相对人）。

第二，行政相对人是与行政主体相对应的另一方当事人。在（外部）行政法律关系中，发动行政行为的一方当事人是行政主体，承受行政行为效果的另一方当事人则是行政相对人。相对人顾名思义就是指与行政主体相对应的另一方当事人，其具有“相对性”。行政主体确定了，相对人也就随之被确定。

第三，行政相对人是行政行为直接针对并受行政行为直接约束的当事人。行政相对人必须是行政行为的对象，并直接承受该行政行为的处分后果。如在行政处罚中，他就是被处罚人，在行政许可中，他就是被许可人。受到行政行为间接影响的当事人可以成为行政相关人，但不是行政相对人。

第四，行政相对人的载体是公民、法人或者其他组织，也包括外国组织和外国人。行政相对人既是行政法律关系的主体，也是国家行政管理的对象，体现了中国行政法的约束范围。中国的公民、法人和其他组织，外国组织和外国人，都可以成为行政相对人的载体，这是中国主权原则的体现和要求。如果说行政主体和行政人只能由中国组织和中国人担任，那么，行政相对人则必须包括外国人和外国组织。

第五，行政相对人在行政诉讼中处于原告地位。如果说行政主体在行政诉讼中只能作被告，那么，行政相对人在行政诉讼中只能作为原告（或者第三人）。因此，行政法学中有关行政相对人的理论，将成为行政诉讼法学中有关原告资格的理论基础。

(二)几个相近关系

1. 行政相对人与公民、法人或者其他组织

尽管《行政诉讼法》已有一个条款用到了“行政行为的相对人”，但更多的法律还是将其表述为“公民、法人或者其他组织”。为此，我们在大量的场合将“行政相对人”与“公民、法人或者其他组织”打通使用，不会导致法律和理论上的问题，可以不必计较。但是严格地说，“行政相对人”与“公民、法人或者其他组织”不能等同，二者之间还是有区别的。因为一是“公民、法人或者其他组织”仅仅是“行政相对人”的载体，二者之间是一种法律主体与该主体的承载者之间的关系，如同行政主体与行政机关之间的关系；二是“公民、法人或者其他组织”既可以成为行政相对人的载体，同样也可以成为民事主体的载体。

2. 行政相对人与行政诉讼原告

行政实体法中的行政主体、行政相对人与行政诉讼法中的被告、原告具有一定的对应关系。一般而言，**正如行政主体在行政诉讼中作为被告一样，行政相对人在行政诉讼中则作为原告**。但是，不能简单地将行政相对人与行政诉讼原告等同起来。因为，**行政诉讼原告并不只限于行政相对人，行政相关人也可以成为原告；而且，行政相对人并不只能作为原告，其还存在作为第三人的可能性**。

二、行政相对人的分类

(一)内部相对人与外部相对人

行政相对人首先可以划分为内部相对人和外部相对人。相对人的内外划分取决于其与行政主体基本类型的对应性：**与内部行政主体相对应的当事人属内部相对人，与外部行政主体相对应的当事人便属外部相对人**。前者如行政机关与派出机关之间的关系；后者如行政机关与其所监管的企业之间的关系。

这种划分的意义是基于两大行政法原理：一是内部相对人不能成为外部行政行为的对象；二是内部相对人不能构成行政诉讼中的原告。

(二)组织类相对人与个人类相对人

在外部相对人中，根据当事人的组织状态，还可以把行政相对人划分为组织类相对人和个人类相对人。国家行政机关、其他国家机关、企事业单位、社会团体、在中国境内的外国组织、其他非法人组织等属于组织相对人；我国公民、在中国境内的外国人(含无国籍人)属于个人相对人。

作这种划分的意义是基于：某些行政主体的行政行为同行政相对人有一定的对应性，如行政拘留只适用个人相对人，而不适用组织相对人。组织相对人和个人相对人在行政诉讼中均可作为原告。

(三)法人类相对人与非法人类相对人

法人类相对人系指具有法人资格的组织成为行政相对人,包括有法人资格的国家行政机关、其他国家机关、企业事业单位、社会团体以及在中国境内的具有法人资格的外国组织等;非法人类相对人系指不具有法人资格的组织和个人(任何个人都不具有法人资格),包括不具有法人资格的中国组织和不具有中国法人资格的外国组织、中国公民、外国公民和无国籍人等。

这种划分的意义是基于:我国大多行政法律规范既适用法人相对人,也适用非法人相对人,但某些行政法律规范只适用法人相对人,或只适用非法人相对人。

(四)营利性法人与非营利性法人

我国《民法典》将法人区分为营利性法人与非营利性法人。《民法典》(2020)第 76 条规定:"以取得利润并分配给股东等出资人为目的成立的法人,为营利法人。营利法人包括有限责任公司、股份有限公司和其他企业法人等。"第 87 条规定:"为公益目的或者其他非营利目的成立,不向出资人、设立人或者会员分配所取得利润的法人,为非营利法人。非营利法人包括事业单位、社会团体、基金会、社会服务机构等。"

营利性法人与非营利性法人作为行政相对人在行政诉讼地位上没有区别,但行政实体法对它们所规定的权利与义务有时会有区别。如《民办教育促进法》(2018)第 19 条规定,民办学校的举办者可以自主选择设立非营利性或者营利性民办学校。非营利性民办学校的举办者不得取得办学收益,学校的办学结余全部用于办学;而营利性民办学校的举办者可以取得办学收益。

(五)国内行政相对人与国外行政相对人

基于当事人的涉外因素,行政相对人还可以划分为国内相对人与国外相对人。前者指中国的各种组织和公民,后者指在中国境内的外国组织和外国人。在中国登记注册的外资企业和中外合资企业属于中国法人,故以国内相对人对待。这种划分的意义是基于:一是总体上,行政法律规范既约束国内相对人,也约束国外相对人,但某些特别的规定只适用国内相对人,或只适用国外相对人。二是国内相对人和国外相对人在行政诉讼中均享有原告的法律地位,然而国外相对人另受我国《行政诉讼法》第九章所确立的"平等""同等""对等""委托中国律师诉讼"等原则的约束。

三、行政相对人的范围

在我国,可以成为行政相对人的组织和个人有公民、法人、其他组织、外国组织和外国人。这些都可以作为行政相对人的载体。

（一）公民

公民，是指具有一国国籍，并享受该国法律所规定的权利，同时履行该国法律所规定的义务的自然人。我国法律中所规定的公民，是特指我国公民，是具有中华人民共和国国籍的自然人。《宪法》(2018)第33条规定："凡具有中华人民共和国国籍的人都是中华人民共和国公民。中华人民共和国公民在法律面前一律平等。国家尊重和保障人权。任何公民享有宪法和法律规定的权利，同时必须履行宪法和法律规定的义务。"这就是说，公民的认定标准是由宪法直接规定的；公民的法律地位是由宪法和有关法律直接规定的。

（二）法人

法人是指依法成立的，具有民事权利能力和民事行为能力，能以自己的名义独立享有民事权利和承担民事义务的组织。法人既是基本的民事主体，同时也是行政法律关系中行政相对人的载体。

法人首先可以分为一般法人与特别法人。一般法人包括营利法人与非营利法人。营利法人是指以取得利润并分配给其股东等出资人为目的成立的法人，主要包括有限责任公司、股份有限公司和其他企业法人等；非营利法人是指以公益目的或者其他非营利目的成立，不向其出资人、设立人或者会员分配所取得利润的法人，主要包括事业单位、社会团体、基金会、社会服务机构等。特别法人系指在设立、变更、终止等方面具有特殊性，难以归为营利法人与非营利法人之内的其他法人，包括机关法人、农村集体经济组织法人、城镇农村的合作经济组织法人、基层群众性自治组织法人（村民委员会、居民委员会）（见图2－8）。

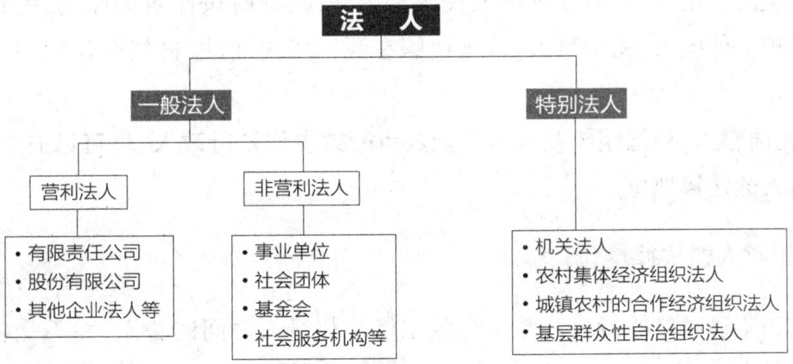

图2－8　法人的类型

上述无论哪一类法人，都可以在特定的行政法律关系中成为行政相对人。

（三）其他组织

"其他组织"是指不具有法人资格但可以自己的名义从事法律活动的组织，也称非法人组织。行政法上的"其他组织"与民法上的"非法人组织"在范围上相同。《民法典》(2020)第102

条规定："非法人组织是不具有法人资格，但是能够依法以自己的名义从事民事活动的组织。非法人组织包括个人独资企业、合伙企业、不具有法人资格的专业服务机构等。"与法人不同的是，非法人组织是指不具有法人资格但可以以自己的名义进行民事活动的组织，亦称非法人团体。"其他组织"或称"非法人组织"都具有以下几个法律特点：(1)虽不具有法人资格，但能够以自己的名义从事民事活动；(2)依法成立；(3)有一定的组织机构；(4)有一定的财产或经费；(5)不具有独立承担民事责任的能力。其民事责任和行政责任由其出资人或者设立人承担连带责任。

这类组织包括：(1)个人独资企业。个人独资企业是指依法在中国境内设立，由一个自然人投资，财产为投资人个人所有，投资人以其个人财产对企业债务承担无限责任的经营实体。(2)合伙企业。合伙企业是指自然人、法人和其他组织依照该法在中国境内设立的普通合伙企业和有限合伙企业。(3)不具有法人资格的专业服务机构。这些机构主要是指律师事务所、会计师事务所、资产评估机构等。这类机构一般采用合伙制，不具有法人资格，所从事的活动为提供法律和财会专业服务等。这类组织虽然不具有法人资格，但也有可能成为行政相对人，可以以当事人身份在行政法律关系中享受行政法权利和承担行政法义务。

(四)外国人、无国籍人和外国组织

外国人系指具有外国国籍的人。无国籍人是指不具有任何国籍的人。外国组织系指在国外设立登记的法人组织和非法人组织。

我国《宪法》(2018)第32条第1款规定："中华人民共和国保护在中国境内的外国人的合法权利和利益，在中国境内的外国人必须遵守中华人民共和国的法律。"外国人、无国籍人、外国组织在我国境内活动，必须遵守中华人民共和国法律，同时按照对等原则，受到中华人民共和国法律的保护。外国人、无国籍人、外国组织在我国境内活动，自然会与我国行政机关构成行政法律关系。

外国人、无国籍人、外国组织在我国不能成为行政主体及行政人，但可以成为行政相对人，享受行政相对人的法律地位。

四、行政相对人的法律地位

作为行政法调整对象的行政关系是行政主体与相对人之间的关系，而不是相对人与相对人之间的关系。因此，探讨相对人的法律地位应以行政主体与相对人之间的关系为研究对象。相对人的法律地位是指相对人在行政法律关系中享受权利与承担义务的综合体现。

(一)行政权利与行政义务

"权利与义务"是所有法律的中轴线，一切法律制度都围绕权利与义务而展开。一切法律关系实质上是一种权利与义务关系。**权利与义务落实到行政法主体身上，就转化为行政主体的行政职权与行政职责和行政相对人的行政权利与行政义务**(见图2-9)。

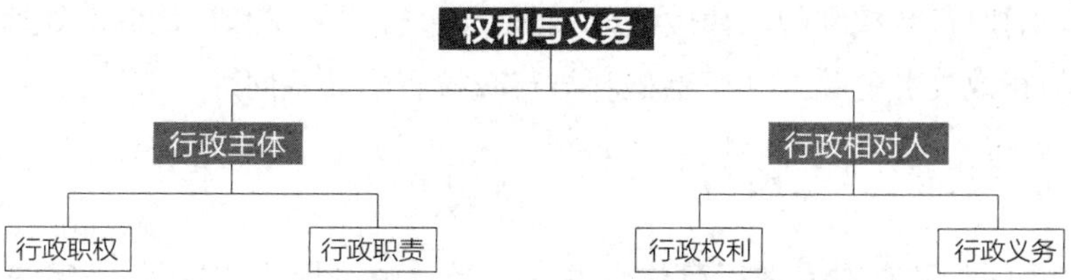

图 2-9 权利与义务

民事主体的民事权利与行政相对人在行政法上的权利几乎是重合的,无法说人身权、财产权就是民事权利而不是行政权利,或者在承认它们共享同一权利时又对它们之间的区别感到彷徨。其实,民事主体存在民法上的权利与义务,即民事权利与民事义务;行政相对人也存在行政法上的权利与义务,即行政权利与行政义务。民事主体的民事权利与行政相对人的行政权利都属于"权利"而不是"权力"。但是,民事权利属于"私权"(私法上的权利),行政权利属于"公权"(公法上的权利)。"私权"与"公权"还是有区别的。

所有权利与义务都是依法设定且必须依法设定。这是法治国家法治原则的要求和体现。准确而完整地说,是法设定了权利形成、变更或消灭的规则,法律主体的法律行为促成了权利形成、变更或消灭的结果。

宪法和法律为自然人、法人或其他组织设定了一些基础性权利,这些基础性权利为所有法律部门和法律关系中的当事人所共享。这些基础性权利就是由宪法和法律所直接设定的公民的基本权利以及法人或其他组织所享有的主要权利,包括人身权、财产权、政治权、经济权、社会权和文化权等。因此不能说人身权、财产权只是民事权利而不是行政权利,或者相反。但是,这些基础性权利在不同部门法及其法律关系中根据不同部门法的不同规则形成了不同的权利,这些权利的特点表现为其所针对的义务人不同,以及不同部门法对权利的保护方式不同。仅就民法与行政法而言,民法将基础权利转化成民事权利,行政法则将基础权利转化为行政权利。**民事权利是针对他人而言的权利,行政权利是针对国家和政府而言的权利**(见图 2-10)。

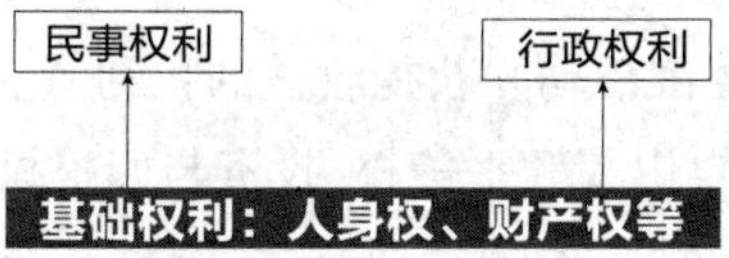

图 2-10 基础权利、民事权利、行政权利

归纳起来说,民事权利与行政权利的区别是:

第一,民事权利由民事法律规范设定和保护,是受民法保护的权利;行政权利由行政法规范设定和保护,是受行政法保护的权利。

第二,民事权利是相对于平等关系中的其他民事主体而言,旨在排除其他平等主体的民事行为的侵害;行政权利是相对于管理方的行政主体而言,旨在排除行政主体行政职权的侵害。

第三,对民事权利的法律救济更多的是通过自我协商解决,自我解决不成的,适用仲裁和民事诉讼解决。而对行政权利的法律救济,主要是通过行政复议和行政诉讼处理。

民事义务与行政义务的关系和民事权利与行政权利的关系同理。

(二)行政相对人的行政权利

行政权利,是指行政相对人在行政法上享有并受行政法保护的权利,是宪法和法律赋予当事人的基础权利在行政管理领域中的具体化,以及为保护基础权利而派生的权利。行政相对人的行政权利与其行政义务不可分离,同时与行政主体的行政职责相对应。

行政权利包括两大类:一是基础权利;二是为保护基础权利而派生的权利。

1. 基础权利

基础权利是指由宪法和法律直接设定给公民、法人或者其他组织的基本权利。这些权利受到了民法、行政法和刑法不同方式的保护。例如,公民的人身自由权,是由宪法直接设定的基本权利。如果公民的人身自由权受到另一公民的不法限制,前者就可提起民事侵权之诉,通过民法保护自己的人身自由权;如果公民的人身自由权受到行政机关的不法侵害,他就受到行政法的保护,可以通过行政复议和行政诉讼来阻却行政行为的不法侵害;如果有人非法拘禁公民构成犯罪的,公民的人身自由权就会受到刑法的保护,国家就会通过刑事诉讼程序追究侵害人的刑事责任。正因为基础权利都受到行政法的保护,所以这些权利同时构成行政相对人的行政权利。这些权利应当包括:

(1)人身权,指公民以人的生命和自由为核心的、不具有直接财产内容的权利,包括人格权和身份权。人格权又包括生命权、身体权、健康权、姓名权、肖像权、名誉权、荣誉权、隐私权、婚姻自主权等权利。身份权包括配偶权、亲权、亲属权、监护权等权利。

(2)财产权,指以财产利益为内容、直接体现财产利益并可以以金钱计算价值的权利,包括物权、债权、继承权、知识产权、投资性权利和其他财产性民事权利。

(3)政治权,指公民从事和参与国家管理活动的资格和自由的总称,也称参政权或民主权,中国主要包括选举与被选举权,担任国家公职的权利,言论、出版、集会、结社、游行、示威等权利。

(4)经济权,指从事和参与经济活动并获得收益的权利,包括生产、经营、销售、交换和消费等活动,包括生产、经营、交易的自由权和平等权,投资与回报权等权利。

(5)社会权,指公民依照法律规定作为社会基本成员,从社会获得基本生活条件和得到自身发展的权利。与人身权、财产权等不同,社会权的实现更依赖于国家的积极作为。社会权包括劳动与休息权、受教育权、住宅权、环境权、社会保障权、通信自由与秘密权、政府信息知情权等,此外还有妇女、儿童、老年人、残疾人等特殊人群的平等保护权。

(6)文化权,指公民从事和参加科学研究、文化创作,以及在精神上或物质上享受人类文化成果的权利。文化权利主要是精神权,包括科学研究权、文学艺术创作权、参加和享受文化生活权等。

2. 派生权利

派生权利是指为形成和保护基础权利而在行政法律关系中延伸的权利。派生权利主要包括:

(1)行政受益权,指公民、法人或者其他组织因经过行政行为而生成了权利和利益。例如,经过行政许可而获得被许可的权利、经行政确认(产权登记)而获得产权、经行政给付而得到受益(获得社会保障方面的利益)等。

(2)行政保护权,指公民、法人或者其他组织的基础权利如果受到他人的不法侵害,有获得国家行政的合法、正当、平等保护的权利。例如,妻子遭遇家暴,可以报警,国家行政权力必须干预。

(3)对行政的参与权,指公民、法人或者其他组织可以依法参与国家行政管理活动的权利。例如,参与政府的行政决策,对行政机关及其工作人员行使监督权,在行政处罚等行政程序中享有陈述、申辩和听证的权利。

(4)对无效行政行为的抵抗权。所谓无效行政行为,是指由行政主体作出的重大且明显违法、自始就没有法律效力的行政行为。例如,没有行政主体资格、导致刑事犯罪和明显的无权行为,对于这些行为,公民、法人或者其他组织有权抵制。

(5)行政补偿权。出于公共利益的需要,国家对公民、法人或者其他组织的财产进行征收征用的,必须依法予以补偿。在征收征用的状态下,被征收征用人具有获得补偿的权利。

(6)行政赔偿权。行政主体的行政行为违法给当事人造成损害的,当事人有获得行政赔偿的权利。

(7)纠纷调处权。公民、法人或者其他组织之间发生民事纠纷的,当事人可以向有关行政机关申请行政调解或者行政裁决。

(8)行政复议和诉讼权。公民、法人或者其他组织对行政主体的行政行为不服的,可以依法申请行政复议或者提起行政诉讼。

(三)行政相对人的行政义务

在法治世界里没有无权利的义务,同样也没有无义务的权利。**行政相对人在行政法上享受一定的权利,即行政权利,同时也必须履行行政法上的义务,即行政义务**。行政相对人的行政义务主要有:(1)遵守行政法律秩序。行政法通过对社会关系的调整形成了行政法律秩序,如交通秩序、教学秩序等。相对人有义务遵守这些行政法律秩序,否则应接受行政主体的处罚。(2)服从行政命令。行政主体的管理意志通过各种行政命令表现出来,相对人必须服从行政主体的命令。遇行政命令不当或不合法时,在通过法律程序改变或撤销之前,相对人不能拒不执行。(3)协助行政管理。行政主体从事国家行政管理活动事关公共利益和国家利益。相较之下,相对人的利益是渺小的。因此,相对人有协助行政管理的义务,即对行政主体及其行政人的行为加以配合。(4)行政法上的其他义务。

行政相对人的行政权利和行政义务均是法定的,必须由法律、法规和规章设定。规章以下的其他规范性文件只能落实法律、法规和规章设定的权利和义务，而不能直接创设相对人的权利与义务。

五、行政相对人身份认定

（一）确定行政相对人身份的意义

面对一个组织或个人，确认其是否属于行政相对人，既是一项困难的工作，又是一项重要的工作。确认行政相对人身份，其法律意义主要有以下两个方面。

第一，确认行政相对人身份，有助于确认行政行为的合法性。行政主体的行政行为是否合法、是否具有法律效力，受到多种因素的约束。其中一种因素必须考虑，即行政行为与行政相对人的对应性，即一定的行政行为只能针对一定的行政相对人。例如，驱逐出境的行政行为只适用外国行政相对人，而不适用国内行政相对人，而且是个人相对人而不是组织相对人；行政拘留处罚只能适用个人相对人，而不适用组织相对人。当然，行政行为与行政相对人的对应性有强有弱。当行政行为与行政相对人具有较强的对应性时，如果特定的行政行为没有针对特定的行政相对人，那么该行政行为便会因不合法而影响其效力。

第二，确认行政相对人身份，有助于确认一个组织或个人在行政诉讼中的原告资格。行政诉讼法理论必须以行政实体法理论为基础。如果说，行政诉讼法学中认定被告资格的理论基础是行政法学中有关行政主体的理论，那么，行政诉讼法学中认定原告资格的理论则以行政法学中行政相对人的有关理论为基础。所以，如何确认行政相对人的身份，直接关系到如何认定行政诉讼的原告。

（二）认定行政相对人身份的方法

认定行政相对人身份的方法并不复杂，不用看相对人的承担者是谁，而要看其在某一个行政法律关系中是作为国家行政权力的实施者，还是作为行政权力的被实施者出现。前者是行政主体，后者是相对人。然而，鉴于实践中和认识上的复杂情况，讨论下列四个关系颇有必要。

1. 行政相对人与行政相关人

行政相对人是行政行为直接针对并直接承受行政行为处分后果的当事人，而行政相关人是指虽然不是行政行为的直接对象，但与行政行为同样具有利害关系的公民、法人或者其他组织。行政相对人与行政相关人都是行政行为的利害关系人，但前者是直接利害关系人，后者是间接利害关系人。

《行政诉讼法》（2017）第25条第1款规定，行政相关人虽然不是行政相对人，但它同样可以成为行政诉讼的原告或者第三人。

2. 行政相对人与法人

法人源于民法上的一个基本概念，系指“具有民事权利能力和民事行为能力，依法独立享有民事权利和承担民事义务的组织”。在行政相对人与法人的关系上，应掌握以下三点：

（1）法人是行政相对人的一种载体。行政相对人可以由法人担任，也可以由非法人（个人和非法人组织)担任。法人类相对人是行政相对人的一种类别。

(2)法人与行政相对人之间不能画等号。法人并非绝对为行政相对人。法人既能成为行政相对人的载体,同样也能成为民事主体的载体,法人在一定条件下还能成为行政主体的载体,即当法人得到法律、法规授权的时候。

(3)法人组织只能以法人名义为相对人,法人的内部机构不能以相对人身份参与法律关系。

3. 行政相对人与国家机关

国家机关包括国家行政机关和其他国家机关。在行政相对人与国家机关之间的关系上,主要在于明确两点:

(1)国家行政机关是行政主体的主要载体,但其也可以行政相对人的身份出现。当国家行政机关以行政相对人身份出现时,它在行政诉讼中亦可作为原告。

(2)其他国家机关一般不会构成行政法律关系的当事人(行政主体和行政相对人),但当其从事非职权行为时,亦可成为行政相对人。

4. 行政相对人与国家公务员

传统的行政法学理论将公务员置于行政法律关系中的管理一方,因而很难看清行政相对人与国家公务员之间的联系。国家公务员具有三种不同的法律身份,即行政人、行政相对人和自然人。国家公务员是行政人的主要载体,但在一定条件下亦可作为行政相对人。

引例分析

《城乡规划法》(2019)第68条涉及三个主体及行为:(1)城乡规划主管部门,它可作出责令当事人停止建设或者限期拆除的决定。这是一个行政决定,性质上属于要求当事人纠正违法的行政命令行为。(2)建设工程所在地的县级以上地方人民政府,它可以责成有关部门采取查封施工现场、强制拆除等措施。这里的"责成"行为属于行政强制执行的内部安排,总体上属于行政强制执行行为,是对城乡规划主管部门责令当事人停止建设或者限期拆除决定的执行。(3)县级以上地方人民政府的有关部门,它是具体实施行政强制执行的主体。因为县级以上地方人民政府阻止当事人违法建设或者拆除违法建筑,都需由具体工作部门实施。

在上述关系中,城乡规划主管部门属于作出责令当事人停止建设或者限期拆除的决定的行政主体;建设工程所在地的县级以上地方人民政府属于执行城乡规划主管部门上述决定的行政强制执行机关,是行政强制执行中的行政主体;按县级以上地方人民政府指令实施拆除等行为的工作部门是行政强制执行中的具体实施部门,在法律上属于行为主体而不是行政主体,其行为效果归属于县级以上地方人民政府,但其以自己名义实施强制执行的除外。

复习思考题

1. 什么是行政主体?行政机关是否必然是行政主体?
2. 什么是行为主体?其与行政主体是什么关系?
3. 什么公务员?公务员是否必然是行政人?
4. 什么是行政相对人?其与行政相关人是什么关系?

第三章 行 政 职 权

|引 例|

松花江作为吉林省的母亲河,串联起吉林省境内 80% 的河湖系统,相关流域生态系统保护十分重要。吉林省德惠市朝阳乡辖区内某荒地垃圾就地堆放,形成两处大规模垃圾堆放场,截至 2017 年已存在 10 余年。该垃圾堆放场未作防渗漏、防扬散及无害化处理,常年散发刺鼻气味,影响松花江水质安全和行洪安全。当地检察机关认为,根据当时《环境保护法》《固体废物污染环境防治法》以及住房城乡建设部、中央农办等 10 部门《关于全面推进农村垃圾治理的指导意见》(建村〔2015〕170 号)等相关规定,德惠市朝阳乡人民政府对本行政区域环境保护负有监督管理职责,对违法堆放的垃圾有责任进行清运处理,便依据《行政诉讼法》(2017)第 25 条第 4 款规定提起公益诉讼,要求朝阳乡政府履行清运垃圾职责。但朝阳乡政府认为,垃圾堆放场属于松花江河道管理范围,监管主体是水利行政机关,其依法不应承担对涉案垃圾堆放场的监管职责。有关法院在审理中也认为,本案垃圾是德惠市朝阳乡区域的生活垃圾,该垃圾堆放场位于松花江国堤内,属于松花江河道管理范围,其监管职责应当由有关行政主管部门行使,朝阳乡政府只对该事项负有治理职责,但不具有监管之责。《行政诉讼法》(2017)第 25 条第 4 款规定的"监督管理职责"应当是指监管之职,不包括治理职责……你对本案中的"监督管理职责"是如何理解的?

第一节 行政职权概述

行政职权是行政法学的中心概念,是行政法学研究的出发点和落脚点。**行政法的使命在于保障行政主体行使行政职权的合法性和正当性**。行政职权也是判断行政行为是否合法的第一要件。

一、行政职权的概念和特征

行政职权是国家行政权的转化形式。国家行政权落实到具体的行政机关时便转化为具体的行政职权。因此,行政职权是国家行政权的具体化。

从行政法学意义上说,**行政职权,是指行政主体管理国家事务和社会事务,对公民、法人或者其他组织发生法律影响的权能**。行政职权具有以下法律特征:

第一,法定性。任何一个组织的行政职权都是依法设定的,而不是自我设定的。换句话说,行政主体拥有行政职权必须通过合法途径获得,否则行政职权便不能成立。行政主体取得行政职权有三种合法途径:设定、授权和委托。

第二,国家意志性。行政职权是国家意志的体现,而不是某一行政机关或公务员个人意志的体现。虽然行政职权在行使中,行政职权的实施者可能参与一定的个人意志,但行政职权本身的内容始终是国家意志的体现。正因如此,行政职权的行使以国家强制力为保障,行政职权违法所引起的是国家赔偿而不是个人赔偿。

第三,专属性。行政职权的归属,在主体上具有专属性。行政职权只属于行政主体,相对人不具有行政职权。

第四,支配性。行政职权表现为行政主体对行政相对人具有一定的支配力;行政职权的支配力又表现为行政规范对相对人具有约束力,通过各种行政行为可以为相对人设定义务、形成和处分权利。

第五,不可处分性。行政职权与民事权利不同,它具有不可处分性,即不能任意转让、放弃、赠与等。行政职权被依法设定后,不得随意授权和委托。

第六,优益性。行政主体行使行政职权时,均依法享有行政优先权和行政受益权。在任何一个行政法律关系中,实施行政职权的主体,相对于行政相对人而言,均处于优益的法律地位,这是基于公共利益的需要。

二、行政职权的结构

行政职权是个多维结构。

(一)行政主管权、行政管辖权、行政决定权

行政职权是行政主管权、行政管辖权、行政决定权的组合。任何一项行政职权,都涉及主管范围、管辖范围和决定范围。**行政主管、行政管辖和行政决定,是行政职权的三大内容要素**。行政职权是通过行政主管权、行政管辖权和行政决定权体现出来的。

行政主管,系指由宪法和法律所划定的行政主体对某类事项所拥有的管理范围。简单地说,主管权就是对事权的支配范围,旨在解决行政机关与权力机关、监察机关、司法机关、军事机关等其他国家机关之间的权力划分。

行政管辖,系指行政主体对某一行政事项依法所拥有的专有管理范围。如果说行政主管旨在解决行政主体与其他主体、国家行政权与其他国家权力之间的分工,那么,行政管辖则在于解决行政机关之间的权力分工,决定某一行政事项由哪一地和哪一级的行政机关处理。和诉讼管辖一样,行政管辖同样包括地域管辖、级别管辖和专属管辖。

从行政行为过程考察,行政行为一般经历"行政调查—行政决定—对决定的执行"三个阶段,尽管行政行为可能由一个行政机关完成,也可能由几个行政机关完成。这种意义上的行政决定是狭义的,排除了为形成决定提供服务的行政调查和对生效行政决定的强制执行。但是,由于这里的**"行政决定"是指行政主体针对行政法律关系形成、变更、消灭所作的意思表示**,因此,这里的行政决定权应当作广义理解,特指行政主体依法作出某种行政行为的权力,表现为

作出行政许可决定、行政处罚决定、行政征收征用决定等一切意思表示的权力(见图3-1)。

图3-1 行政职权之一

虽然行政主管权、行政管辖权、行政决定权共同构成了行政职权,但三者并非并列关系。行政主管权和行政管辖权只是解决国家机关或行政机关之间的管理分工问题,并未对相对人的权利和义务直接作出处分。它们是行政决定权的前提,无此前提,行政决定不可能发生。**行政决定权是整个行政职权的核心**,它与行政相对人直接发生关系,直接处分相对人的权利与义务。**行政主管权、行政管辖权是回答和解决由谁处理的问题,而行政决定权是回答和解决如何处理的问题;超越行政主管权、行政管辖权是行政越权行为,而超越行政决定权会导致多种违法,特别是适用法律错误**。当然,习惯上我们所述的行政职权往往是指行政决定权,即指某行政主体可以作出行政处罚、行政许可、行政给付和行政裁决等决定的权力。

(二)行政权能与行为权能

民法学上民事主体的民事权利有权利能力与行为能力之说,行政法学上行政主体的行政职权也有行政权能与行为权能之说。**行政权能与行为权能主要体现在行政决定权之中**(见图3-2)。

图3-2 行政决定权

行政权能,系指行政主体基于设定和授权而形成的可以以自己的名义作出行政决定,并由自己为该行为承担责任的法律资格。公安机关依据《治安管理处罚法》可以直接对当事人作出有关治安处罚,就意味着公安机关拥有治安处罚的行政权能。

行为权能,系指行为主体基于行政委托而产生的以委托方的行政主体名义作出行政决定,其行为后果由其所代理的行政主体承担的法律资格。例如,《国有土地上房屋征收与补偿条例》(2011)第5条规定,房屋征收部门可以委托房屋征收实施单位承担房屋征收与补偿的具体工作。基于这一委托关系,房屋征收实施单位便拥有了实施房屋征收的行为权能,但它不具有行政权能。

如果说行政权能旨在解决一个主体的权力能力问题,那么,行为权能旨在解决一个主体的行为能力问题。相应地,**行政权能决定了行政主体的归属,行为权能决定了行为主体的归属**。即如果一个组织只有行政权能但没有行为权能,它依然可以成为行政主体;但相反,如果一个组织只有行为权能但没有行政权能,那么,它充其量只能成为行为主体而不能成为行政主体。

简单地说，**行政权能决定了行政主体，行为权能只能决定行为主体**。行政主体与行为主体之间最大的区别是：行政主体以自己的名义实施行政行为并承受该行为的法律后果，在行政诉讼中作为独立的当事人（被告），而行为主体是以别人（委托人）的名义实施行政行为并由别人承受该行为的法律后果，在行政诉讼中不能作为诉讼被告（在一定条件下可以成为第三人）。

一般情况下，一个拥有行政职权的主体，往往既拥有行政权能，又拥有行为权能。或者说，拥有行政权能的组织同时也拥有行为权能，行政权能与行为权能往往统一于一个行政职权主体之中。但在行政委托关系中，行为权能便与行政权能相分离。作为委托方的行政主体所拥有的是行政权能，作为代理方的行为主体所拥有的是行为权能（见图3－3）。

图3－3 行政职权之二

（三）行政职权的标的：行政事项

行政职权的标的，是指行政职权所作用的对象，即行政事项。从行政事项的角度确立和划分职权，往往被称作“事权”。**事权是所有职权划分的基础**。行政事项作为国家划分行政职权的考量因素，由三个要素构成：主体、行为和事务（见图3－4）。

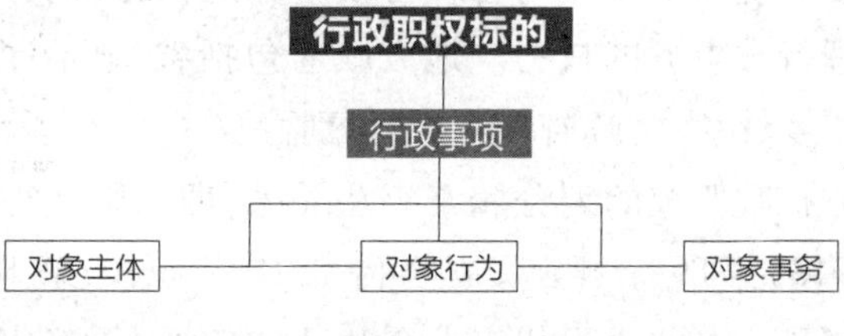

图3－4 行政职权标的

主体，系指作为行政职权作用对象的主体，包括公民、法人或者其他组织。行政职权的对象主体可以等同于行政相对人。国家某些行政职权的设立和权限划定是以对象主体为标准的。例如，中华全国妇女联合会和地方各级妇女联合会依照法律授权和中华全国妇女联合会章程规定，行使有关旨在维护各族各界妇女的利益的职权，其以“妇女”为对象主体。同样，中国残疾人联合会及其地方组织依照法律、法规、章程规定或者接受政府委托，开展残疾人工作，动员社会力量，发展残疾人事业，为此所体现的部门行政职权以对象主体“残疾人”为限。

行为，系指作为行政职权作用对象的行为，也就是行政相对人的行为。同样，国家有的行政职权的设立和权限划定是以对象行为为标准的。例如，政府建设行政主管部门依据《建筑法》（2019）及相关法的规定，对有关组织和个人的建筑活动行使监督管理职权，包括建筑许可、建筑安全生产管理、建筑工程质量管理、对违反建筑管理的行为进行处罚等，就是以特定的对象行为“建筑行为”为标准的。

事务，系指作为行政职权作用对象的事务，如外交、税务、交通等事务。我国有些行政职权的设立和权限划定是以对象事务为标准的。例如，根据《税收征收管理法》（2015）规定，税收的征收管理权归属于税务机关，而这一职权的确立便是以对象事务“税收征收”为标准的。

（四）行政决定权的结构

行政决定权是行政主体通过行政行为直接影响特定行政相对人，以相对人的权利、义务为内容直接形成、变更或消灭某种行政法律关系的权力。这种权力总是通过行政行为表现出来，具体包括行政命令权、行政证明权、行政确认权、行政给付权、行政裁决权、行政许可权、行政处罚权、行政强制权、行政征收和行政征用权等。而这些职权都体现为行政主体的行政权能和行为权能。

三、行政职权的分类

以上关于行政职权的结构，其实也是一种分类研究。行政职权结构也可以决定行政职权类型，如行政主管权、行政管辖权、行政决定权；行政权能与行为权能；主体的事权、行为的事权、事务的事权等。这里对行政职权的分类是在职权结构分析的基础上，补充其他的分类形式。

（一）中央行政职权与地方行政职权

中央行政职权是指国务院及工作部门管理行政事务的权力；地方行政职权是指地方各级人民政府及工作部门管理行政事务的权力。地方政府包括省、自治区、直辖市、自治州、县、自治县、市、市辖区、乡、民族乡、镇人民政府，还包括特别行政区政府（香港和澳门）。

中央行政职权与地方行政职权的划分属于宪法关系，即原则上得由宪法和宪法性法律直接规定。我国《宪法》（2018）第 89 条规定了国务院的 18 项职权，第 107 条规定了地方人民政府的职权。在此基础上，《地方各级人民代表大会和地方各级人民政府组织法》（2022）进一步将其具体化，该法第 73 条确立了县级以上的地方各级人民政府的 11 项职权，第 76 条又规定了乡级政府的 7 项职权。

另外，根据中共中央《关于全面深化改革若干重大问题的决定》（2013）的规定，国防、外交、国家安全、关系全国统一市场的规则和管理等作为中央事权；部分社会保障、跨区域重大项目建设维护等作为中央和地方共同事权；区域性公共服务作为地方事权。

2016 年，国务院发布了《关于推进中央与地方财政事权与支出责任划分改革的指导意见》（国发〔2016〕49 号），通过对财政事权的划分推进了行政事权的科学划分。

中央行政职权与地方行政职权划分的意义在于：地方政府行使中央事权会构成行政越权。

（二）政府职权与部门职权

按照宪法和地方组织法所设置的行政机构体系，我国的行政机关是由各级人民政府及所属工作部门组成。各级人民政府依次为:(1)国务院;(2)省、直辖市、自治区人民政府;(3)县、市、市辖区、自治州、自治县人民政府;(4)乡、民族乡、镇人民政府。国务院的部、委和直属机构属于国务院的工作部门;厅局属于省级人民政府的工作部门……县级以上的人民政府都有工作部门。

各级人民政府的职权由宪法和地方组织法设定。《宪法》(2018)第89条规定的国务院的18项职权和《地方各级人民代表大会和地方各级人民政府组织法》(2022)第73条规定的县级以上的地方各级人民政府的11项职权,都属于政府职权。

人民政府职能部门的职权由宪法和宪法性法律以及其他管理性法律作出规定。《宪法》(2018)第90条和第91条规定了各部、各委员会的职权,特别是国家审计机关的职权。《地方各级人民代表大会和地方各级人民政府组织法》(2022)第83条规定了地方政府工作部门的法律地位。另外,一些专门领域的管理性法律,也对人民政府职能部门的特定职权作出规定,如《土地管理法》(2019)第74条将某些对违反土地管理行为的处罚权设定给"县级以上人民政府自然资源主管部门"。

政府职权与部门职权的分类意义在于:这种分类为研讨政府是否有权行使部门职权、上级政府工作部门是否有权行使下级政府工作部门职权,提供了概念基础。

(三)设定职权、授予职权和委托职权

行政职权的来源有三种方式:一是法律授权,也可称法的设定;二是行政授权;三是行政委托。据此,依据职权的来源方式,可将行政职权划分为:(1)基于法律授权而产生的职权(设定职权);(2)基于行政授权而产生的职权(授让职权);(3)基于行政委托而产生的职权(委托职权)。这种职权分类的意义在于:

第一,有助于我们把握职权来源的合法性和有效性。对于设定职权,要注意把握"设定法"是否够格。例如,根据《行政处罚法》的有关规定,对于罚款权,行政规章也可设定;但对于行政机关的行政强制执行权,根据《行政强制法》的有关规定,必须由法律设定。对于授让职权,要注意把握"授权法"是否够格。根据中国现行制度的惯例,"授权法"一般被限于法律、法规,规章不得授权。委托职权不是直接依据"设定法"或者"授权法"产生,而是基于行政委托关系产生,当然,这并不排斥有关行政机关实施行政委托必须有法的明文许可。

第二,有助于把握不同职权在内容上的差异性。虽然行政职权可以基于法律授权、行政授权和行政委托而产生,但是由这三种途径产生的行政职权之间在性质上和内容上是有差异的:经法律授权和行政授权所产生的行政职权是包括行政权能与行为权能在内的,具有行政职权的完整性;而经行政委托产生的行政职权只限于行为权能,无以形成行政权能。

(四)类别职权与事项职权

行政职权首先表现为某一行政机关所主管的工作类别,但这些不同类别的工作又是通过具体的行为去体现和落实的。例如,《宪法》(2018)第107条第1款规定:"县级以上地方各级

人民政府依照法律规定的权限,管理本行政区域内的经济、教育、科学、文化、卫生、体育事业、城乡建设事业和财政、民政、公安、民族事务、司法行政、计划生育等行政工作,发布决定和命令,任免、培训、考核和奖惩行政工作人员。"根据该款规定,县级以上地方各级人民政府所拥有的对经济、教育、科学、文化、卫生等领域的管理权,这类行政职权就属于类别职权。《宪法》(2018)第107条第3款规定:"省、直辖市的人民政府决定乡、民族乡、镇的建置和区域划分。"这类权力属于事项职权。

又如《国有土地上房屋征收与补偿条例》(2011)第4条规定:"市、县级人民政府负责本行政区域的房屋征收与补偿工作。市、县级人民政府确定的房屋征收部门(以下称房屋征收部门)组织实施本行政区域的房屋征收与补偿工作。市、县级人民政府有关部门应当依照本条例的规定和本级人民政府规定的职责分工,互相配合,保障房屋征收与补偿工作的顺利进行。"这里所表述的都是类别职权。该条例第26条第1款规定:"房屋征收部门与被征收人在征收补偿方案确定的签约期限内达不成补偿协议,或者被征收房屋所有权人不明确的,由房屋征收部门报请作出房屋征收决定的市、县级人民政府依照本条例的规定,按照征收补偿方案作出补偿决定,并在房屋征收范围内予以公告。"这就属于对事项职权的表述。

应当说,类别职权,系指行政机关依法所拥有的某一类管理权,它是行政主管权和行政管辖权的反映;事项职权,系指行政机关依法所拥有的对某一类事项的处理权,这是行政决定权的反映。

类别职权与事项职权的分类与以下规则相关:(1)类别职权主要是解决行政主体资格问题,而事项职权主要是解决行政权限问题;(2)类别职权主要由宪法、组织法和有关法律规定,事项职权主要由具体管理法规作出规定;(3)法律授权可以适用类别职权和事项职权,但行政授权与行政委托主要适用事项职权;(4)事项职权必须以类别职权为基础并服从类别职权,行政授权和行政委托不得超越类别职权范围。

(五)一般职权与专属职权

这是基于行政职权实施者的专有性而作的一种分类。如果一种职权纵向具有覆盖性,横向不具有排他性,那么它就是一般职权。所谓纵向的覆盖性,系指同类机关的上下级之间都拥有该类职权;在权限上,下级拥有的权限上级必然有,上级拥有的权限下级未必有。所谓横向不具有排他性,系指不同地域的同类机关之间不排斥同类职权。例如,治安管理权,市县公安局、省公安厅和公安部之间具有覆盖性;一个省的公安厅所拥有的治安管理权并不排斥另一个省的公安厅同样拥有治安管理权。因此,治安管理权属于一般职权。相反,如果一种职权纵向不具有覆盖性,横向具有排他性,那么它就是专属职权。由《行政处罚法》(2021)所规定的公安机关专属行使的限制人身自由的行政处罚权、由《商标法》(2019)所设定的商标评审委员会对商标争议的裁决权等,都属于不可逾越的专属职权。

一般职权与专属职权的分类理论,将构成行政权限和行政越权理论的基础。

（六）明示职权与隐含职权

这是基于行政职权的表示方式所作的一种分类。**明示职权系指行政主体所拥有的并为法所明文列示的行政职权**。如公安机关的行政拘留权为《治安管理处罚法》所明示。**隐含职权系指虽无法规明文列示，但基于它与前项明示职权的逻辑关系和包含关系，为行政主体所实际拥有的行政职权**。例如，一个行政主体若有行政强制执行的明示职权，那么它必然拥有中止强制执行的隐含职权；一个行政机关拥有行政处罚的明示权，那么它必然同时拥有责令被处罚者纠正其违法行为的隐含职权。

由于明示职权与隐含职权之间客观上存在一种不可分离的逻辑关系，所以当一个行政主体拥有某种明示职权时，它必然同时拥有一定的被前项职权所包含的隐含职权。可在实际执法中，人们只注意明示职权，而忽视隐含职权，这对行政主体有效地发挥管理职能是不利的。

（七）行政羁束权与行政裁量权

行政职权从一定的意义上说，是行政主体依据事实与法律，针对管辖事务所作的一种裁量，而裁量有羁束裁量和自由裁量之分。据此，便出现了羁束裁量权（行政羁束权）与自由裁量权（行政裁量权）的分类。

行政羁束权系指在法对具体事务的决定有明确严格规定的条件下，行政主体毫无选择余地地作出特定行政行为的权力。如《个人所得税法》（2018）第 3 条规定："个人所得税的税率：（一）综合所得，适用百分之三至百分之四十五的超额累进税率（税率表附后）；（二）经营所得，适用百分之五至百分之三十五的超额累进税率（税率表附后）；（三）利息、股息、红利所得，财产租赁所得，财产转让所得和偶然所得，适用比例税率，税率为百分之二十。"税务机关征收个人所得税，便是行使行政羁束权，因为税务机关没有选择的余地。

相反，**在法对某种行政行为没有明确严格规定的条件下，或虽有明确规定，但保留了行政行为的一定幅度，行政主体据此在一定幅度内自由决意作出某种行政行为的职权，便是行政裁量权**。如《治安管理处罚法》（2012）第 23 条规定，对扰乱公共秩序的行为，可处警告或者 200 元以下罚款；情节较重的，处 5 日以上 10 日以下拘留，可以并处 500 元以下罚款。这里，公安机关在 5—10 日的拘留幅度内决定几日的拘留，便是行政裁量权的例证。

行政羁束权主要涉及合法性问题，行政裁量权则主要涉及合理性问题。羁束裁量权违反合法性原则构成行政违法，自由裁量权违反合理性原则构成行政不当。但现代行政法认为，自由裁量权在下述两种情况下同样会构成行政违法：（1）超越自由裁量权限；（2）滥用自由裁量权。

（八）平常权力与紧急权力

紧急权力是指有关行政机关在应急状态中为应对突发事件，或者在紧急状态、战争状态中，依据宪法和有关法律采取有关措施的权力。紧急权力之外的就是平常权力。

平常权力与紧急权力的划分有助于明确：(1)平常权力作为行政职权，受行政法的规制，但紧急权力并不全属于行政职权的范畴，并不全受行政法的调整；(2)紧急权力中政府机关在应急状态中对突发事件的处置权属于行政职权，属于行政法调整范围，但应当属于特别行政法调整；(3)有关机关在紧急状态和战争状态中的紧急权力，不属于行政职权，而属于国家的特别权力，不受行政法调整，而受宪法和有关法律支配。

四、行政优益权

(一)行政职权与行政优益权的关系

行政优益权是与行政职权相伴随的一种行政法上的权利。为保障国家行政职权的有效行使，国家赋予行政主体及行政人职务上和物质上的优益条件。行政主体及其行政人依法享受这些优益条件的资格便是行政优益权。**行政优益权由行政优先权和行政受益权构成**(见图3-5)。前者为职务上的优益权，后者为物质上的优益权。

图3-5 行政优益权

行政优益权虽然不属于行政职权，但它与行政职权密切相关。行政优益权以行政职权为基础，无行政职权的主体便无行政优益权；行政优益权是为行政职权服务的，是行政职权的保障条件。

但是，行政职权与行政优益权完全是两种不同的权力范畴。它们之间的区别主要在于：

第一，主体不同。行政职权的主体就是行政主体，因而行政职权只归属于组织而不归属于个人；享受行政优益权的主体可以是行政主体(组织)，也可以是行政人(个人)。

第二，处分性程度不同。行政主体对行政职权是不能放弃的，否则便是行政失职；行政主体及行政人可以放弃行政优益权(如某执行公务的车辆放弃优先通过权)，只要不影响行政职权的有效行使即可。

(二)行政优先权

行政优先权，是指行政主体及行政人在行使职权时依法所享有的优越条件。其基本内容包括：

第一，获得社会协助权。行政主体及行政人从事公务时，有关机关、个人均有协助的义务。如《人民警察法》(2012)第34条规定："人民警察依法执行职务，公民和组织应当给予支持和协助……"

第二，优先通过、使用权。优先通过权，是指行政主体及行政人在执行职务时享有优先通行的权利。如《消防法》(2021)第47条规定:"消防车、消防艇前往执行火灾扑救或者应急救援任务,在确保安全的前提下,不受行驶速度、行驶路线、行驶方向和指挥信号的限制,其他车辆、船舶以及行人应当让行,不得穿插超越;收费公路、桥梁免收车辆通行费。交通管理指挥人员应当保证消防车、消防艇迅速通行。赶赴火灾现场或者应急救援现场的消防人员和调集的消防装备、物资,需要铁路、水路或者航空运输的,有关单位应当优先运输。"

第三,人身特别保护权。这一权利是指从事公务时的人员的人身权受到法律的特别保护。我国《刑法》和《治安管理处罚法》对此均有体现。如《人民警察法》(2012)第5条规定:"人民警察依法执行职务,受法律保护。"公务人员人身特别保护权的确立是基于这样的考虑:公务人员依法执行公务,难免会得罪个别人,有时会遭到威胁和报复;公务人员如果没有人身上的安全感,就无法为国家服务,无法有效地执行职务。

行政优先权的享受必须符合三个条件:(1)主体必须是行政主体及行政人,不是行政相对人;(2)行政主体及行政人只有在行使职权、从事公务时确为实现行政目标所需要,方能享受该权利;(3)所享受的优先条件为法律所特许。

(三)行政受益权

行政受益权,是指国家为保证行政主体有物质能力行使行政职权而向其提供的物质条件;行政主体享受这些条件的资格便是行政受益权。行政受益权是行政主体从国家所享受到的权益,而不是由相对人提供的。因此,行政受益权与行政优先权不同,行政受益权仅体现其与国家的关系,而不体现其与相对人之间的关系。行政受益权的内容表现为国家向行政主体提供行政经费、办公条件、交通工具等。根据《公务员法》(2018)第11条和第15条规定,国家必须为公务员提供工资、福利、保险和工作条件。

行政受益权不能与民法中的"受益权"相混淆。后者是指民事主体基于对财产的所有权而享有该财产所带来的利益,前者是基于国家的特别权力关系而发生。

第二节　行政职责与权限

一、行政职责

(一)行政职责的概念和特征

任何法律关系中的当事人,都处于权利与义务的"纽带"之中。或者说,任何一个法律关系中的当事人,都是权利与义务的"结合体"。行政法律关系中的情况与此相同,无论行政主体还是行政相对人,都既有行政法上的权利,也有行政法上的义务。这里略有区别的是,**权利在行政主体身上转化为行政职权和行政优益权,义务在行政主体身上则转化为行政职责和行政责**

任(见图3－6)。

图3－6 行政主体的权利与义务

行政职责系指行政主体及其行政人在行使行政职权过程中依法必须承担的义务。行政职责具有四大法律特征:

第一,义务性。行政职责是行政法上的义务在行政主体及其行政人身上的体现和转化形式。它是与权利相对应的内容和范畴。

第二,法定性。行政职责是行政主体及行政人在实施行政管理中必须履行的进行一定作为与不作为的义务,但这种义务是"法定"的,而不是"人定"的。也就是说,行政职责同行政机关自定的纪律是不同的。因而,违反行政职责的法律后果是承担行政责任,而不是承担纪律责任。

第三,强制性。行政职责的义务性和法定性决定了行政职责具有强制性。行政主体及行政人在行政管理中必须履行行政职责,否则会被强制要求承担行政责任。

第四,同行政职权的不可分割性。既然行政职权是行政法权利的转化形式,行政职责是行政法义务的转化形式,那么,法律上权利与义务的一致性同样会在行政职权与行政职责的关系上得到反映。任何组织和个人享有行政职权,必然同时负有行政职责;没有无职权的职责,也没有无职责的职权;行政职责随行政职权的产生、变更或消灭而相应变化。

(二)行政职责的基本内容

行政职责的内容具有多样性。正如不同行政主体具有不同行政职权一样,不同行政主体亦有不同的行政职责。这取决于行政主体的地位、任务以及法律对其职权的设定。然而,行政主体还是存在一些带有共性的行政职责:(1)履行职务,不失职;(2)遵守权限,不越权;(3)正确使用裁量权,不滥用职权;(4)正确适用法律、法规,避免适法错误;(5)重事实和证据;(6)遵守法定程序,防止程序违法;(7)遵循合理原则,防止行政不当。

行政职责的核心是"合法行政"和"合理行政"。

(三)行政职责与行政职权的关系

行政职权属于权利范畴,行政职责则属义务范畴。有行政职权必然同时有行政职责,**法律不允许存在无行政职权的行政职责,也不允许存在无行政职责的行政职权**,这是权利义务统一性的高度体现,也是行政职权与行政职责的不可分割性。

行政职权与行政职责不仅具有不可分割性,而且还具有密切的对应性。如果说行政职权与行政职责的不可分割性是一个“质”的关系,那么,它们之间的对应性便是一种“量”的关系。行政职权与行政职责的对应性表现在:有多少行政职权,便必然而且也应该有多少行政职责;反之亦然。

二、行政权限

任何行政职权都是有限制、有边界的,行政权限是行政职权的边界。

(一)行政权限的概念和特征

行政权限系指行政主体行使行政职权时所不能逾越的法定范围和界限,是行政主体与其他法律主体、行政主体与行政主体之间分工关系的反映。

任何行政职权的行使都被附于各种条件,其中就有范围上的限定。**行政权限就是行政职权的限度**。行政主体行使职权超越该“限度”,便构成行政越权。

行政权限与行政职权密不可分。无行政职权便无行政权限,行政权限只能是行政职权的最外界限。但行政职权与行政权限不是同一个概念,前者是本概念,后者是派生概念。

行政权限不是指合法条件的限制。一个合法有效的行政行为,必须符合四个方面的条件:一是职权,即要求职权来源合法,并在行使中不逾越权限;二是事实,即要求作出某种行政行为必须有充分的事实根据,表现为行政证据的真实性和充分性;三是依据,即要求作出某种行政行为必须具备规范依据,特别是法律依据;四是程序,即要求作出某种行政行为必须符合法定程序或者正当程序。违反上述行政行为合法要件或者要件中的某一项,都构成行政违法,但不全构成行政越权。行政权限只是衡量行政行为是否违法的标准之一,因而不能将行政权限等同于行政行为的合法要件。

行政权限主要法律特征在于:

第一,法定性。职权法定是现代法治的基本要求。行政权限是伴随行政职权依法设定的,行政主体及行政人均不得擅自改变。

第二,义务性。行政权限是义务而不是权利的范畴。不得超越行政权限是每个行政主体及行政人的法定职责。

第三,依附性。行政权限与行政职权存在依附关系,前者依附于后者。行政权限随着行政职权的产生而产生,又随着行政职权的变化而变化。行政法上不会存在行政职权以外的行政权限。

(二)行政主管权限和行政管辖权限

行政主管权、行政管辖权、行政决定权是行政职权的基本构造。但就行政权限而言,行政主管权和行政管辖权构成了行政权限制度,行政决定权不会发生权限问题,只会发生法律适用问题。

行政主管,系指由宪法和法律所划定的行政主体对某类事项所拥有的管理范围。**行政主**

管既是职权，也是权限。行政主管的法律特征是：

第一，行政主管旨在解决行政机关与其他国家机关之间的分工，而不是解决行政机关之间的分工。这正是行政主管与行政管辖的区别。

第二，行政主管的范围由宪法和法律设定，法规和规章不得设定行政主管的范围。

行政管辖系指行政主体对某一行政事项依法拥有的专有管理范围。行政管辖在于解决行政机关之间的权力分工。与行政主管一样的是，**行政管辖既是职权，也是权限**。

行政主管旨在解决行政机关的外部分工，即行政机关与权力机关、司法机关等其他国家机关之间的权限划分；行政管辖则是解决行政机关的内部分工，即一类行政机关与另一类行政机关，以及一个行政机关与另一个行政机关之间的权限划分。行政主管权限是行政管辖权限的前提，因为行政管辖仅仅是解决行政主管权限范围内的行政权限划分问题，并不超越行政主管范围（见图3－7）。

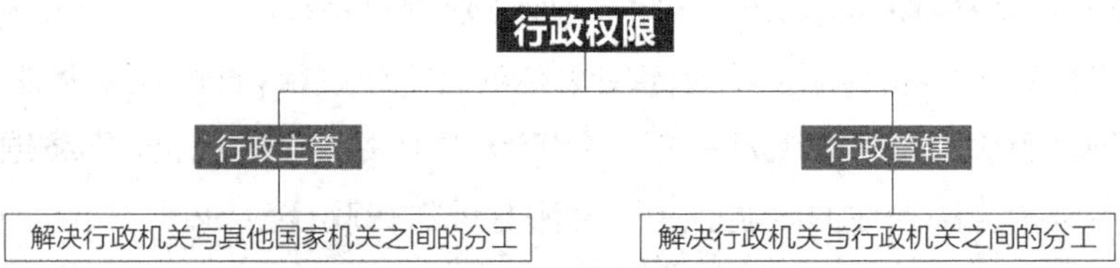

图3－7　行政权限

行政管辖由事项管辖、层级管辖、地域管辖和专属管辖组成。

事项管辖，是指依据不同事项在不同类别行政机关之间的一种分工。事项管辖的法律特征有两项：(1)以事项类别为划分标准，如对于土地资源的管理权属于县级以上人民政府的土地行政主管部门，而对于水资源的管理权则属于县级以上人民政府自然资源主管部门。(2)以不同类别的行政机关为划分主体。即事项管辖是解决这一类行政机关与另一类行政机关之间的分工问题，而不是解决这一个行政机关与另一个行政机关之间的分工问题。这里的类别又包括两类：一是政府与工作部门之间的分工，如县人民政府与县土地管理局之间的分工。二是政府不同部门之间的分工，如公安部门与国家安全部门、税务管理部门与规划管理部门之间的分工。

层级管辖，是指不同层级的同类行政机关对同类事项权的分工。所谓同类行政机关，包括两种类型：一种是各级人民政府之间的关系，从国务院到乡镇人民政府，即从中央人民政府到地方各级人民政府之间，都属于同类行政机关；另一种是各工作部门之间的关系，如公安部、公安厅、公安局等也属于同类行政机关。此外，行政机关之间都属于不同类行政机关之间的关系。所谓同类事项权，例如，国务院对征地的审批权与省政府对征地的审批权，这里“对征地的审批权”就属于同类事项权；如果是对水资源的管理与对土地资源的管理，便属于不同类的事项权了。层级管辖的法律特征是：(1)层级管辖发生在同类行政机关之间，包括人民政府之间和同类部门（公安部、公安厅、公安局）之间；(2)层级管辖发生在不同层级的行政机关之间，国务院与某省人民政府之间就属于不同层级，某省人民政府与某直辖市人民政府之间就不属于不同层级,而是同一层级;(3)层级管辖发生在同类事项权之间,如果是不同的事项权,那就属于事项管辖权问题了。

地域管辖,是指不同地域的同类行政机关之间对同类事权的分工。例如,某地公安局与另一地公安局之间对治安案件管辖的分工,便属于地域管辖。地域管辖的法律特征是:(1)地域管辖发生在同类行政机关之间,不同类行政机关之间便属于事项管辖了;(2)地域管辖发生在同一层级的行政机关之间,不同层级行政机关之间不发生地域管辖问题;(3)地域管辖发生在同类事项权之间。

专属管辖,系指法律和法规将某一事项的管理权特别设定给某一个行政机关,使该行政机关对该事务具有专属性和排他性。专属管辖的法律特征有:(1)专属管辖适用某一特定事项,不适用概括性事项;(2)专属管辖适用某一个行政机关,而不是某一类行政机关;(3)专属管辖权由法律和法规设定,规章及行政规定无权设定。对照以上特征,《商标法》(2019)第五章(注册商标争议的裁定)规定国家商标评审委员会对注册商标争议的裁定权、《专利法》(2020)第41条规定国务院专利行政部门对当事人专利申请的复审权等,都属于专属管辖。

无论是事项管辖、层级管辖、地域管辖,还是专属管辖,**设定行政管辖的依据法应当限于法律和法规**。行政机关实施行政行为超越行政管辖权限,属于行政越权行为。

(三)行政权限的分类

从不同的角度,可以对行政权限作不同的分类;对行政权限分类的结果,便形成行政权限的各种类型。

1. 纵向权限与横向权限

从行政隶属关系角度对行政权限进行分类,便有纵向权限与横向权限之分。

纵向权限系指有上下行政隶属关系的行政主体之间的权限划分,主要表现为层级权限,如省人民政府与国务院之间的权限划分、公安部与公安厅之间的权限划分等。纵向权限具有下列法律特征:(1)纵向权限的行政主体之间具有上下级的行政隶属关系,而这种行政隶属关系既可以是上下级的领导关系,也可以是上下级的指导关系。如省人民政府与市人民政府、省公安厅与市县公安局之间的关系,便是行政隶属关系。行政隶属关系以外的权限不属于纵向权限。(2)纵向权限为同类事项权,而非异类事项权。在纵向权限中,上下级行政主体所拥有的职权是同类权。(3)纵向权限为递减权,而非等量权。即在纵向权限中,从上到下的各级行政主体之间,其权限呈递减趋向,即下一级行政主体的权限比上一级行政主体的权限小。这不仅是客观现象,同时也是必须遵守的行政法上的一项法则。

横向权限系指没有行政隶属关系的行政主体之间的权限划分,如公安局、工商局和海关之间的权限划分。横向权限主要表现为事项管辖权和地域管辖权。横向权限具有与纵向权限显然不同的法律特征:(1)行政权限主体之间没有上下级的行政隶属关系。只要没有行政隶属关系,无论权限主体之间是否处于同一级别,它们之间的权限均属横向权限,如某省工商行政管理局与另一省内的某一县的工商行政管理局之间的权限。(2)横向权限可以是同类权,也可以是非同类权。例如，两个市公安局之间的公安权限划分，属同类权的划分；而同一个市内的公安局与工商行政管理局之间的权限划分，则属非同类权的划分。(3)横向权限之间没有递减或递增的关系。横向权限主体之间的职权可以是等量的，也可以是不等量的；可以是递增的，也可以是递减的；只要是依法设定的都可以。

2. 层级权限与地域权限

层级权限是层级管辖的划分依据，大体有下列确定标准：(1)行政相对人的地位与级别。一般说来，行政相对人的地位和级别越高，所设定的管辖主体也就越高，反之亦然。(2)对社会公共利益的影响程度。一般说来，对社会公共利益影响较大的事务，由较高层次的行政主体管辖；相反，便由较低的行政主体管辖。(3)对相对人权利义务的影响程度。对相对人的权利义务影响大的，由较高层次的行政主体管辖；对相对人的权利义务影响小的，则由较低层次的行政主体管辖。(4)标的物的价值。标的物的价值较大的，由较高层次的行政主体管辖；标的物的价值较小的，由较低层次的行政主体管辖。(5)涉外因素。具有涉外因素的事务由较高层次的行政主体管辖，不具有涉外因素的事务则由较低层次的行政主体管辖。

地域管辖的划分主要依据下列因素：(1)不动产相关或与土地相关的权利义务或法律事实，由该不动产或该土地所在地行政主体管辖。例如，同土地、水域、森林、草原和房屋等有关的事务，即由其所在地行政主管部门管辖。(2)由相对人所在地行政主体管辖。公民、法人和其他社会组织都有其所在地。公民的所在地包括住所地和居所地。公民的住所地，是指公民的户籍所在地或经常居住地；公民的居所地，是指公民的临时居住地。某些事务由公民住所地行政主体管辖，如申请营业执照、居民身份证等；某些事务由居所地行政主体管辖，如申请暂住证等。法人和其他社会组织以其机关所在地为其住所地或所在地，所在地行政主体对其享有管辖权。法人和其他社会组织的分支机构所在地行政主体，对该分支机构也享有一定的地域管辖权。(3)由相对人的行为地行政主体管辖。例如，机动车违反《道路交通安全法》造成交通事故的，由该违法行为地公安机关交通管理部门管辖。有时还应将行为地区分为行为实施地、经过地和结果发生地，这时，就会产生两个或两个以上的行政主体对某一事务都有地域管辖权的问题。

3. 平常权限与紧急权限

这是基于平常权力与紧急权力划分而滋生的一对范畴。这对权限的划分意义与前述职权的划分意义是相通的。

(四)行政权限争议及其处理

1. 行政权限争议

行政主体之间就权限划分和行使所发生的争议，乃是行政权限争议。行政权限争议有两个特点：一是行政权限争议发生在行政主体之间，不发生在行政主体与行政相对人之间；二是这种争议的焦点是关于行政职权的划分问题。行政权限争议有两类：

第一类是纵向权限争议与横向权限争议。上下级有行政隶属关系的行政主体之间的权限争议属于前者;无行政隶属关系的行政主体之间的权限争议,便属后者。

第二类是积极权限争议与消极权限争议。当两个行政主体都主张自己对某一事务享有行政管辖权,从而出现管理"重叠"时,这类争议为积极权限争议;相反,当两个行政主体都主张自己对某一事务不享有管辖权从而拒绝管理,出现管理"真空"时,这类争议为消极权限争议。

导致行政权限争议的原因是多种多样的,其中最主要的有两个方面:一是客观上对行政权限划分不合理;二是行政主体主观上对行政权限的态度,如果行使职权为利益所驱动,行政权限争议便不可避免。

2. 对行政权限争议的处理

从世界各国行政法律制度上考察,解决行政权限争议的途径主要有三条:

第一,议会途径,即由议会作为中间人裁决行政机关之间的权限争议。英国议会便具有这一功能。

第二,司法途径,即由法院作为中间人裁决行政机关之间的权限争议。日本行政诉讼中的"机关诉讼"便是指法院裁决行政机关之间权限争议的司法制度。

第三,行政途径,即由行政机关(一般为共同的上级行政机关)自身作为中间人裁决行政机关之间的权限争议。这是一种普遍的做法,为许多国家的行政程序法所确认。

我国目前还没有一个专门的法律或法规对行政机关之间的权限争议作出规范,但根据我国的体制和实践中的做法,针对纵向权限争议,按下级服从上级原则处理;针对横向权限争议,一般奉行两项原则:**一是最先立案管辖原则**。如果两个机关都具有管辖权,那么原则上"谁先立案,就谁管辖"。如《行政处罚法》(2021)第25条第1款规定:"两个以上行政机关都有管辖权的,由最先立案的行政机关管辖。"**二是共同上级机关裁决原则**。两个机关对管辖权发生争议,应当报请共同上级机关裁决。如《行政处罚法》(2021)第25条第2款规定:"对管辖发生争议的,应当协商解决,协商不成的,报请共同的上一级行政机关指定管辖;也可以直接由共同的上一级行政机关指定管辖。"又如《审计法》(2021)第31条第2款规定:"审计机关之间对审计管辖范围有争议的,由其共同的上级审计机关确定。"

第三节　法律授权——职权的产生

一、法律授权与行政职权的产生

授权的基础含义是指特定主体通过一定程序赋予某些组织和个人一定的权力。法律授权是指特定主体通过法律将一定的权力赋予某些组织或个人。**授权的原始含义是"赋权",法律授权的原始含义是指"法律赋权",即"法律赋予权力"的行为过程和制度**。

对公权力,从"授权"到"法律授权",乃是人类法治文明的发展成果,反映了国家权力产生的历史轨迹。对于国家公权力的产生方式,人类社会经历了**"职权神定—职权人定—职权法**

定”的漫长演进过程，反映了国家对社会治理模式的“**神治—人治—法治**”之历史发展轨迹，体现了人类法治文明的进步。我国作为一个社会主义民主和法治的国家，人民是国家的主人，是国家的主权者。任何国家机构的权力，都必须由人民通过宪法和法律授予。“**法无授权不可为**。”不经过人民的法律授权，任何国家机构的权力都将成为无源之水、无本之木。而人民的授权就是经过由人民代表组成的人民代表大会的立法来实现的，这就自然形成了公权力由法律授予的要求和原则。

国家的公权力包括立法权、行政权、监察权、审判权、检察权、军事管理权等。仅就行政职权而言，法律授权乃是国家行政权力的产生方式，是宪法和法律对国家行政权力架构和体系的设计，是人民通过宪法和法律对国家行政机关的初始赋权活动。**行政职权作为国家权力的组成部分，必须由法律授予，这是人民主权和依法治国的要求和体现**。

法律对行政职权的授予，也就是法律对行政职权的设定，是国家权力的“一级市场”，是由人民通过宪法和法律对国家行政机关的第一次赋权。我国《宪法》《国务院组织法》《地方各级人民代表大会和地方各级人民政府组织法》，赋予国务院和地方各级人民政府以行政管理权。此外，《行政许可法》《行政处罚法》《行政强制法》等法律把行政许可、行政处罚权和行政强制权授予一定的行政机关，凡此种种，都属于法律授权，是法律对行政职权的赋予。从这种意义上说，**法律授权是行政职权产生的法定方式**。

二、对公权的赋权与对私权的赋权

从原始含义上说，**法律授权就是法律赋权**。**赋权的结果是从无到有，使被赋权者从无权力到有权力**。从范围上看，法律授权应当包括对公权的赋权与对私权的赋权（见图3-8）。

图3-8 法律授权

“公权”是“公权力”的简称，是指国家机关为了公共利益，代表国家管理社会的权力。笼统地讲，公权就是国家管理权。在“三权分立”的国家，公权是指立法权、行政权和司法权。在我国，公权主要包括立法权、行政权、监察权、审判权、检察权、军事管理权等（见图3-9）。

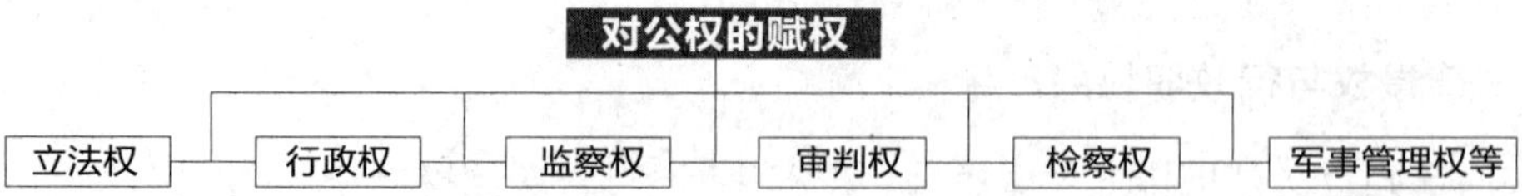

图3-9 对公权的赋权

“私权”是“私权利”的简称，是指公民、法人或者其他组织所拥有并受法律保护的权利，包括人身权、财产权、政治权、经济权和社会权等。

公权力必须经法律授权产生和存在。“职权法定”原则要求公权力做到“法无授权不可为”。私权利虽然奉行“法无禁止皆可为”,但如果公民、法人或者其他组织的私权利经法律授权从自然权利变成法律权利之后,行政相对人的私权会受到国家和法律的保护。因此,法律授权对公权和私权都是必要的。

三、对行政职权授权的类型

鉴于本书本章的任务,这里限于讨论对作为公权之行政职权的授权。这种授权具有广泛性,而且呈现很多类型。

对行政职权授权的类型,是根据一定的授权标准进行分类的结果。法律对行政职权的授权类型主要有:对行政机关的授权与对社会组织的授权;类别授权与事项授权;具体授权与抽象授权;直接授权与间接授权;个别授权与普遍授权。

(一)对行政机关的授权与对社会组织的授权

从国家机构的分工以及国家与社会的关系而言,作为政府部门的行政机关自然负有对社会管理和服务的职责,社会组织只是被管理和被服务的对象。在行政法律关系中,前者属于行政主体,后者属于行政相对人。但在民主与法治、职权法定的原则下,行政机关管理社会的职权也不是天生具有或者自我赋予的,它必须由人民通过法律进行授权。人民通过法律将行政职权赋予行政机关,行政机关才具有行政主体的资格和地位。这就是法律对行政机关的授权。

自20世纪以来,让社会组织来参与国家管理已成为现代国家治理的一个特点和趋向。政务外包、政府购买服务、私法主体行使公权力等现象越来越普遍。政府管理社会必须经过法律授权,社会组织要作为行政主体管理社会就更须经过法律授权。

“人民”作为国家的“主权者”和“所有人”,有权通过法律将行政权力授权给政府,同样也有权力将一定的行政权力授权给社会组织;行政机关只有通过人民的法律授权才能获得行政职权,社会组织更应当通过人民的法律授权才能获得行政职权。这样,**对行政权力的法律授权就出现了两大类型:法律对行政机关的授权与法律对社会组织的授权**。前者如《地方各级人民代表大会和地方各级人民政府组织法》(2022)第73条,将11项行政职权赋予县级以上的地方各级人民政府;后者如《妇女权益保障法》(2022)第6条赋予妇女联合会和工会、共青团等以维护妇女权益的职责,《教育法》(2021)第22条规定:“国家实行学业证书制度。经国家批准设立或者认可的学校及其他教育机构按照国家有关规定,颁发学历证书或者其他学业证书。”

对这两类法律授权的认知(见图3-10)有助于我们认识和理解:(1)一切行政职权都是人民通过法律授权才生成的。行政机关的行政职权必须经法律授权,社会组织的行政职权更应经法律授权。(2)行政机关经法律授权后就获得行政主体资格,社会组织经法律授权也可以成为行政主体。(3)法律对行政机关的授权应当具有普遍性,法律对社会组织的授权应当限于个别性。

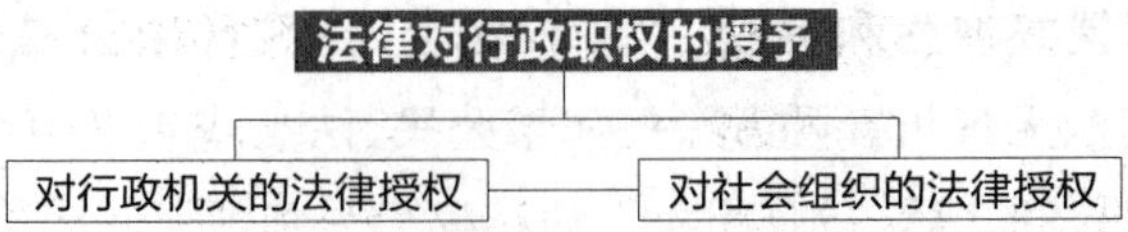

图 3－10　法律对行政职权的授予

目前中国《行政诉讼法》上的“授权”主要是指“法律对社会组织的授权”。

(二)类别授权与事项授权

当考察法律如何对行政机关进行授权时,会发现存在两种不同的授权方式,即类别授权与事项授权。

类别授权与事项授权的划分取决于行政职权的划分。前一章我们曾将行政职权划分为类别职权与事项授权。**类别职权是指行政机关依法所拥有的某一类管理权,它是行政主管权和行政管辖权的反映;事项职权,系指行政机关依法所拥有的对某一类事项的处理权,这是行政决定权的反映**。以此为基础,**法律授权可以划分为类别授权与事项授权**。前者如《宪法》(2018)第 89 条授予国务院具有领导和管理经济工作和城乡建设、生态文明建设;领导和管理教育、科学、文化、卫生、体育和计划生育工作;领导和管理民政、公安、司法行政等工作;领导和管理国防建设事业;领导和管理民族事务,保障少数民族的平等权利和民族自治地方的自治权利等方面的权力。后者如《治安管理处罚法》,是对公安机关具体实施治安处罚权的授予。

区别这两类授权的意义在于:(1)类别授权主要是解决行政主体资格问题,而事项授权主要是解决行政权限问题;(2)类别授权主要由宪法、组织法和有关法律作为授权形式,事项授权主要由具体管理法规作为授权形式;(3)法律授权可以适用类别职权和事项职权,但行政授权与行政委托主要适用事项职权;(4)事项授权必须以类别授权为基础并服从类别授权。行政授权和行政委托不得超越事项职权范围,更不得超越类别职权的范围。

(三)具体授权与抽象授权

法律授权某类或某个行政机关行使某种具体权力的,称为具体授权。法律授权没有指明某类或某个行政机关行使某一权力的,就是抽象授权。

《食品安全法》(2021)第 110 条规定:“县级以上人民政府食品安全监督管理部门履行食品安全监督管理职责,有权采取下列措施,对生产经营者遵守本法的情况进行监督检查:(一)进入生产经营场所实施现场检查;(二)对生产经营的食品、食品添加剂、食品相关产品进行抽样检验;(三)查阅、复制有关合同、票据、账簿以及其他有关资料;(四)查封、扣押有证据证明不符合食品安全标准或者有证据证明存在安全隐患以及用于违法生产经营的食品、食品添加剂、食品相关产品;(五)查封违法从事生产经营活动的场所。”这里主体和行为都是明确的,因而属于法律的具体授权。种类授权与事项授权都属于具体授权。但以前有过类似的表述是:“……有关部门可以处罚”。这种表述就是抽象授权。

这种授权分类的意义在于贯彻一项法则:授权必须是具体的,法治不允许抽象授权。因为抽象授权没有法律上的直接意义。

(四)直接授权与间接授权

这是依据被授权主体是否依授权行为直接拥有所授职权所作的一种分类。一般而言,凡法律授权都是直接授权,法律授权发生之后,被授权主体就直接获得了所授职权。但在现实中可能会有这种情况,法律对某主体授权时,为其设置了获得这种权力的前置条件,或者规定必须依据另外一个法律才可行使该权力,这种授权就成为间接授权。**在直接授权中,被授权主体可以直接依据该授权法律行使权力,无须通过其他法律转换;但在间接授权中,被授权主体应当依据另外一种法律的转换方能行使所授权力**。

例如,《行政处罚法》(2021)第72条第1款第1项规定:"当事人逾期不履行行政处罚决定的,作出行政处罚决定的行政机关可以采取下列措施:(一)到期不缴纳罚款的,每日按罚款数额的百分之三加处罚款,加处罚款的数额不得超出罚款的数额……"这属于直接授权。因为任何作出行政处罚决定的行政机关都可以直接依据该规定,对到期不缴纳罚款的当事人,每日按罚款数额的3%加处罚款。但《行政强制法》(2011)第34条规定:"行政机关依法作出行政决定后,当事人在行政机关决定的期限内不履行义务的,具有行政强制执行权的行政机关依照本章规定强制执行。"第13条规定:"行政强制执行由法律设定。法律没有规定行政机关强制执行的,作出行政决定的行政机关应当申请人民法院强制执行。"这些表达都是间接授权,而不是直接授权。因为行政机关并不依据上述规定直接获得强制执行权,只有在其他法律规定某行政机关对某事务具有强制执行权时,行政机关才具有行政强制执行权。

直接授权与间接授权这一分类,有助于把握授权法、授权行为与被授权主体之间的法律距离,认识和把握被授权主体行使所授职权的时机,最终确定被授权主体所作行政行为的合法性和有效性。执法机关要特别注意区分法律中的直接授权规范与间接授权规范,不要直接依据间接授权规范,或者只是依据间接授权规范而直接作出执法行为,以避免造成"缺乏法律依据"之问题。

(五)个别授权与普遍授权

这是依据被授权主体是否具有普遍性所作的一种分类。**法律将某一行政职权授予一类或几类组织,属于普遍授权;法律只是将某职权授予某一特定主体,属于个别授权**。

例如,《行政处罚法》(2021)第19条规定:"法律、法规授权的具有管理公共事务职能的组织可以在法定授权范围内实施行政处罚。"这种授权的结果是使一类组织获得行政职权,因而属于普遍授权。又如,《城乡规划法》(2019)第64条规定:"未取得建设工程规划许可证或者未按照建设工程规划许可证的规定进行建设的,由县级以上地方人民政府城乡规划主管部门责令停止建设;尚可采取改正措施消除对规划实施的影响的,限期改正,处建设工程造价百分之五以上百分之十以下的罚款;无法采取改正措施消除影响的,限期拆除,不能拆除的,没收实物或者违法收入,可以并处建设工程造价百分之十以下的罚款。"该规定将这方面的行政处罚权赋予“县级以上地方人民政府城乡规划主管部门”,而这类机关并不指特定的某一个,因而是普遍授权。但是,《海南自由贸易港法》(2021)为海南自由贸易港的管理机关规定了一些具体的行政职权,由于被授权人为特定的海南自由贸易港,就属于个别授权。

这一分类有助于认识和把握行政授权的法律效果:普遍授权会使一类组织成为某一法律关系中的行政主体;个别授权只是导致一个组织或者几个特定的组织成为某一法律关系中的行政主体。

四、法律授权与授权法律

法律授权是人民通过法律对行政机关进行赋权,授予行政职权。那么,这里**进行授权的“法律”就是“授权法律”**(以下简称“授权法”)。这一“授权法”的范围应当包括哪些呢?

进行法律授权中的“法律”应当从广义理解,包括宪法、法律、行政法规、地方性法规和规章,也就是限于《立法法》所调整的“法”的范围。规范性文件不得进行法律授权。但是,尽管如此,也并不意味着任何“法”(宪法、法律、行政法规、地方性法规和规章)都可以授予行政职权。“授权法”与“行政职权”之间具有一定的对应关系。

根据我国的宪制体系和立法原理,“授权法”与“行政职权”之间存在如下的对应关系:

第一,宪法及宪法相关法。各级人民政府的基本权力由宪法及宪法相关法授权,如《宪法》(2018)第89、107、119条,《国务院组织法》(1982)第3、10条,以及《地方各级人民代表大会和地方各级人民政府组织法》(2022)第73、76条等,都对各级人民政府及工作部门的行政职权进行了直接的授权。行政机关与其他国家机关之间的职权分工,也都由宪法授权。

第二,法律。涉及法律保留事项和公民基本权利的行政职权,以及法律明文规定必须由法律设定的行政职权,由法律授权。

第三,行政法规。为落实宪法所规定的国务院的职权以及为执行法律需设定的行政职权,由行政法规授予。

第四,地方性法规。为执行法律和行政法规,管理地方性事务的行政职权,地方性法规可以在宪法、法律和行政法规的框架内进行一定程度的授权。

第五,规章。规章原则上不得设定行政机关的行政职权,否则会有自己为自己授权之嫌。但为落实法律和法规所规定的职权,在不违反立法设定权力规则的前提下,可以进行极小范围内的授权。

五、法律授权与法律设定

自1996年的《行政处罚法》首次使用“设定”这一概念以来,“设定”一词接着被使用于《行政许可法》和《行政强制法》等诸多法律,“法律设定”这一概念也随之形成,得到较大范围的使用。

如果从《行政处罚法》《行政许可法》《行政强制法》的立场来解释“法律设定”,那么,“法律设定”不是直接指对行政职权的设定。《行政处罚法》中的“设定”是指法律对处罚种类的创设;《行政许可法》中的“设定”是指法律对许可事项范围的划定;《行政强制法》中的“设定”是指法律对行政强制措施和行政强制手段的确立。这些“设定”要解决的是“行为”和“事项”,而不是“权力”。所以,《行政处罚法》《行政许可法》《行政强制法》中的“设定”不宜被分别解读为“对行政处罚权的设定”“对行政许可权的设定”“对行政强制权的设定”。

当然,**法律设定也可以指法律对行政职权的设定**。从这一意义上说,法律设定可以和法律授权等同,都是指将行政职权赋权给某组织,使该组织从无到有,由此获得行政职权,成为符合资格的行政主体。在这一层面上,**法律授权、法律赋权、法律设定不过是表达的不同而已**。

六、法律授权的基础架构

可以用图 3－11 归纳法律授权的基础架构。法律授权的基础架构也就是原始架构。

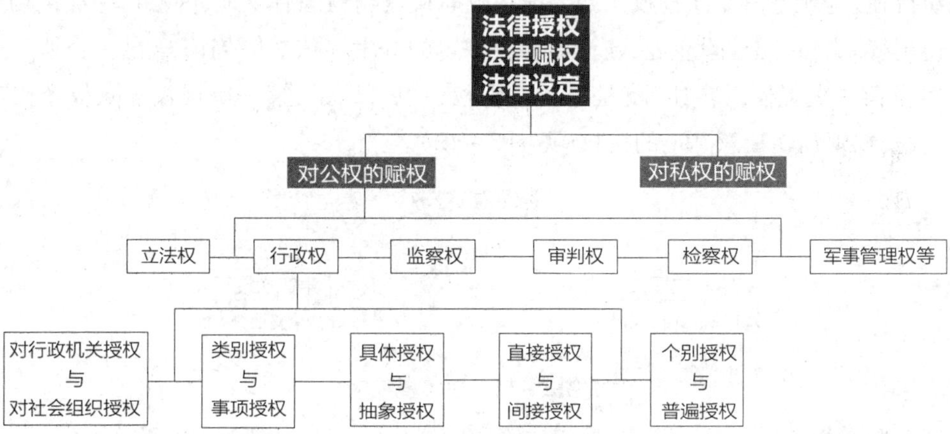

图 3－11　法律授权的基础架构

第四节　行政授权——职权的转让

如果说法律授权是行政职权的产生方式,那么,行政授权是行政职权的调整方式,是某组织依法获得行政职权之后,对行政职权的适度转让。

一、第一次授权与第二次授权

要讲清什么是行政授权,最好从“第一次授权与第二次授权”这对范畴入手。

“职权法定”原则不仅要求行政机关的行政职权经法律授权获得,不经法律授权,行政机关便无行政职权;而且要求获得授权的主体必须自己行使该职权,被授权者不得像对待民事权利那样对行政职权进行自由处分和转让,必须自己拥有和自己行使。按照这一原理,对于经法律授权所获得的行政职权,如果被授权者觉得自己无条件行使,需要改由另一主体行使,被授权者应当将所授职权还回，由法律重新对另一机关进行授权。这种做法虽然贯彻了“职权法定”的法治原则，但明显影响行政效率。于是，人们在法律制度中探讨和创设了一种方法：法律在授权中提前设计好一个机制，在法律允许的前提下，当某一被授权主体获得行政职权之后，发现自己无法行使(如缺乏条件和能力等)该职权，或者由另一组织来行使这一权力更符合客观规律或实际需要，出于国家管理效率的考虑，该主体可以通过法定程序将自己的职权转让给另一组织。如果将职权的“转让”也称作“授权”的话，就出现了两次授权。**原始的法律授权就是第一次授权，事后依法调整权力配置，就是第二次授权**。

前文所述的法律授权就是第一次授权。**第一次授权就是法律赋权，是法律对行政机关的原始授权，是人民通过法律将行政职权授予行政机关；该行政机关在经过法律授权获得行政职权之后，出于国家管理效率的需要，在法律许可的前提下，通过法定程序将自己的职权转让给另一组织行使，这就是第二次授权**。如果把行政职权比喻为国有土地，国家在一级市场里将国家土地使用权“出让”给建设企业，建设企业经一定的开发又依法“转让”给另一企业。这里的“出让”就是第一次授权，“转让”就是第二次授权。也可以说，第一次授权是赋权意义上的授权，第二次授权则是转让意义上的授权(见图3－12)。

图3－12　法律授权

从行政职权的流程上看，第一次授权与第二次授权的关系如图3－13所示：

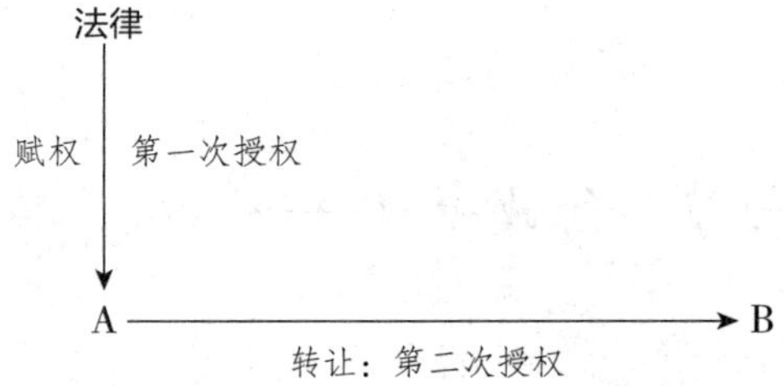

图3－13　第一次授权与第二次授权的关系

法律通过法律授权赋予行政机关A以行政职权。行政机关A获得行政职权之后，在法律许可并出于国家管理需要的条件下，通过法定程序将自己的职权转让另外的组织B。前一个过程是第一次授权，后一个过程便是第二次授权。

例如，《宪法》(2018)第89条赋予国务院18项职权，特别是《土地管理法》(2019)第35条和第46条，将农用土地转为建设用地以及将对农用土地的征收权设定给了国务院，这些其实是第一次授权。国务院又依据《海南自由贸易港法》(2021)第48条第1款规定，将由国务院审批的农用地转为建设用地和土地征收事项等职权下放(转让)给了海南省人民政府。从此之后，这些权力不再由国务院行使，而是由海南省人民政府行使。这就是第二次授权。再如，《审计法》（2021）第18条规定："审计机关对本级各部门（含直属单位）和下级政府预算的执行情况和决算以及其他财政收支情况，进行审计监督。"这属于《审计法》对审计机关审计职权的原始授权，显然属于第一次授权。然后，审计机关依据《审计法》（2021）第10条和第31条规定，对派出机关或下级审计机关进行的授权就是转让意义上的授权，属于第二次授权。

区分第一次授权与第二次授权对于正确认知我国行政法上的"授权"特别有帮助。我国行政法上的行政授权就是转让意义上的授权，属于第二次授权，但在表述上常常和第一次授权混同。

二、行政授权的定位

行政授权，是指行政机关经法律授权获得行政职权之后，由于行政管理活动的繁杂性、专业性、技术性，有的行政机关现有的人力物力资源难以满足行政管理的实际需要，或者由于客观情况的变化，需要把自己的一些职权调配给其他组织行使，行政机关将自己已获得的行政职权转让给别的组织。这种法律制度被称作行政授权。而**这种授权显然不是赋权意义上的授权，而是转让意义上的授权，并不发生于第一次授权，而发生于以第一次授权为基础的第二次授权之中**。这种意义上的行政授权具有下列法律特征：

第一，行政授权的主体是行政主体，而不是立法主体，一般是行政机关。不是行政主体，就不会有行政职权；自己没有行政职权，就不会发生给别人授权之事。这正好与行政职权的法律设定相区别。因为法律设定（法律授权）的主体是立法机关（制法机关），而行政授权的主体是行政机关。如果一个机关既是制法机关，又是行政主体，这种身份的重合是允许的，只不过当该机关进行行政授权时，具有多种身份而已（既是行政主体，又是制法主体）。换言之，行政授权的主体可以有多种身份，但必须具有行政主体的基本身份。

第二，行政授权的对象可以是行政机关，也可以是其他组织。在现行法律制度中，行政授权既有授给行政机关的，也有授给"具有管理公共事务职能的社会组织"的。

第三，行政授权的客体是行政职权，包括行政权能和行为权能。授权客体可以是行政职权的全部，也可以是行政职权的一部分。行政授权中的"行政性"主要体现在客体上，是指对行政职权的授权，而不是指对其他国家权力的授权。这正好与立法授权、司法授权等相区别。

第四，行政授权行为表现为职权的事后转让。行政授权不是指法律对职权的初次赋权、原始赋权或第一次授权，而是指被初次赋权（设定）、第一次授权后，被赋权者将自己的职权调配给别的组织的行为。所以，这里的行政授权是第二次及以后的赋权行为。这一点正好与行政职权的设定相区别。设定是原始赋权；授权是事后转让权力，具有职权转移的特点。授权之后，授权主体一般不同时行使已授出的职权。因为行政授权就是在某行政主体自己无法或不便行使行政职权，而需要转让给另一个可以行使或适宜行使职权的组织的情况下，由法律所设定的一种职权调配制度。

第五，行政授权的效果是导致被授权组织成为新的行政主体。行政授权关系依法成立之后,被授权组织无论是行政机关还是社会组织,都将成为这一法律关系中的行政主体。被授权组织可以自己的名义实施所授行政职权,并对行为后果承担责任,在行政诉讼中可以成为被告当事人。这一点正与行政委托相区别,行政委托不会导致新行政主体的产生。

理解行政授权,最关键的是要掌握两点:一是行政职权的转让。行政授权是转让意义上的授权而不是赋权意义上的授权,是第二次授权而不是第一次授权,转让的是行政职权而不是其他职权。二是法律的明文许可。在"职权法定"原则支配下,法律将行政职权赋予某行政主体(第一次授权)之后,该行政主体无权擅自将该权力转让,但在法律明文许可并通过严格的法定程序后,该权力是可以被转让(第二次授权)的,但范围受到严格控制。

三、行政授权的类别

(一)对行政机关的授权与对社会组织的授权

如上所述,在我国法律授权(第一次授权)中存在对行政机关的授权与对社会组织的授权,**在行政授权(第二次授权)中同样存在对行政机关的授权与对社会组织的授权**。当然,行政授权是指职权转让意义上的授权。

在行政授权中,对行政机关的授权表现为一个行政机关对下级行政机关,或者行政机关对其工作部门和内部机构、派出机构的授权。后者一般表现为一个行政机关对具有管理公共事务职能的社会组织所进行的授权,包括学校、企业、社会团体等。

至于到底应当将行政职权转让给行政机关还是社会组织,完全取决于"授权法"如何规定,并非由授权主体自己选择。

这一分类有助于全面认识和把握我国行政授权的范围,特别是有助于确认行政主体的范围。

(二)通过法律法规的授权与通过行政行为的授权

这是依据授权方式的不同所作的分类。传统观点认为,行政授权就是指法律法规对行政职权的授权,而且将是否通过法律法规授权作为区别行政授权与行政委托的标准。其实这是片面的。在我国现行行政授权法律制度中,行政授权的方式既包括通过法律法规的授权,也包括通过行政行为的授权。还必须指出的是,现实中不少所谓"法律法规授权"其实是法律法规对行政职权的"设定"(第一次授权),因为这时的授权不具有行政职权的"转让性"。

需要注意的是,在法律授权(第一次授权)中,授权主体是人民,授权方式是通过宪法、法律和法规,不存在非法律法规的授权,但**在行政授权中,授权主体是行政主体,授权方式有的通过法律法规,有的则通过行政行为**。

这一分类有助于认识和把握行政授权的根本特征以及行政授权与行政委托的区别,都不在于"是否通过法律法规",而在于行政主体是否转让自己的行政职权。

四、行政授权的前提和方式

(一)行政授权的前提

行政职权是一项严肃的制度,并非任何行政主体都可随意进行。**行政授权存在前提:一是出于行政管理的需要;二是为法律所许可。**

所谓行政管理的需要,就是公共利益的需要。具体指行政管理的实际需求与行政职权的原始配置出现了一些脱节,具有行政职权的主体不具备行使该职权的条件,或者行使该职权成本过高,但具备条件和迫切需要行使该职权的组织又没有该职权,比如有的地方出现了"管得着的看不见""看得见的管不着"的情况,为此就需要对原始的权力配置作出调整,这就出现了行政授权。

但是,单凭行政管理的需要还不够,更重要的是必须为法律所许可。行政主体要发动行政授权,就必须有法律依据。只有在有法律明文规定的条件下,行政主体才能依据法律规定实施授权;没有允许授权的法律规定,行政机关不得实施行政授权。

明文规定可以授权的法律规定,乃是行政机关实施行政授权的法律依据,因而也被称为"授权依据法"。前面多次引用的《海南自由贸易港法》(2021)第7条和第48条就是典型的"授权依据法"。有了这一规定,国务院才可以将某些职权直接授给海南省人民政府。又如《土地管理法》(2019)第44条第4款规定:"在土地利用总体规划确定的城市和村庄、集镇建设用地规模范围外,将永久基本农田以外的农用地转为建设用地的,由国务院或者国务院授权的省、自治区、直辖市人民政府批准。"接着,国务院《关于授权和委托用地审批权的决定》(国发〔2020〕4号)规定"将国务院可以授权的永久基本农田以外的农用地转为建设用地审批事项授权各省、自治区、直辖市人民政府批准"。在这一授权关系中,《土地管理法》就是"授权依据法"。有了这一依据法,国务院才可通过国发〔2020〕4号文进行授权。

(二)行政授权的方式

行政授权是一种行为,必须通过一定的行为方式来进行。在我国现行法律制度中,行政授权是通过两种形式来进行的:一是通过法律、法规和规章授权,可简称为"法规授权";二是通过行政行为授权,可简称为"行为授权"。"法规授权"是一种广义的"立法行为","行为授权"则是一种"内部行政行为"(见图3-14)。

图3-14 行政授权

1. 法规授权

说行政授权包括法律、法规和规章的授权，这是不精准的，原因是将法律授权（第一次授权）与行政授权（第二次授权）混为一谈了。**法律授权或许可以通过宪法、法律、法规和规章授权，但行政授权只能通过行政法规和行政规章授权**。因为，行政授权中的授权主体限于行政主体，如果承认可以通过法律和地方性法规进行行政授权，那等于承认全国人大及其常委会、地方人大及其常委会是行政主体了。将国家权力机关视作国家行政机关，这会导致一个宪法性错误。所以，行政授权中的法规授权，应当仅仅是指通过行政法规和行政规章的授权。

必须指出，这里的"法规授权"与《行政诉讼法》中的"法规授权"不是同一件事。《行政诉讼法》中的"授权"，是指法律、法规和规章对社会组织的授权，属于职权产生过程中的一种法律授权方式，而这里所述的"法规授权"是作为职权转让意义上的"行政授权"中的一种转让形式。换言之，《行政诉讼法》中的"授权"属于法律授权中的"第一次授权"，这里的"授权"则属于法律授权中的第二次授权。

2. 行为授权

认为中国行政授权方式只有一种，即"法规授权"（通过法律、法规和规章的授权），这绝对是一种误解。在现行法律制度和实践做法中，恰恰还存在一种不是通过"法规"而是通过"行政行为"所实施的授权，即"行为授权"。

相对于"法规授权"而言，"行为授权"是指行政机关通过行政行为的方式，准确地说，是通过内部行政行为的方式，将自己的行政职权授予另外一个组织。例如，《引渡法》（2000）第52条规定："根据本法规定是否引渡由国务院决定的，国务院在必要时，得授权国务院有关部门决定。"国务院这种情形下的授权，显然不会通过一个行政法规，而是通过一个授权决定实施的。又如，住房和城乡建设部制定的《市政公用事业特许经营管理办法》（2015）第4条第3款规定："直辖市、市、县人民政府市政公用事业主管部门依据人民政府的授权（以下简称主管部门），负责本行政区域内的市政公用事业特许经营的具体实施。"国家发展和改革委员会发布的《基础设施和公用事业特许经营管理办法》（2015）第14条规定："县级以上人民政府应当授权有关部门或单位作为实施机构负责特许经营项目有关实施工作，并明确具体授权范围。"这两个办法中所涉"授权"都是行为授权，而不是法规授权。

（三）授权方式的选择和救济

既然行政授权存在两种授权方式，那么，行政机关实施行政授权时，应如何选择这两种不同的授权方式呢？这不应当取决于行政机关的意向，而是取决于"授权依据法"和"授权管理法"的规定。**法律、法规和规章对授权方式有明确要求的，按要求办；没有要求的，作为授权方的行政机关可以根据授权的具体情况酌选一定的方式**。

行政授权作为一种行为，其性质因形式而异。通过法规的授权，其实是一种立法（制法）行为，受《立法法》而不是行政法调整。如果法规授权不合法，不得申请行政复议或者提起行政诉讼解决，可以适用合宪性审查和合法性审查处理；通过行政行为的授权，其实是一种内部行政行为，如果行为授权不合法，当事人不得直接针对该授权行为申请行政复议或提起行政诉讼，但可以在诉讼中对被授权主体是否具备行政主体资格进行质疑，以便人民法院在确认被告资格时延伸审查这一授权关系的合法性和效力。

五、行政授权的规则和效果

行政机关要实施授权，不仅要出于行政管理的需要并为法律所许可（具有“授权依据法”），而且还必须符合授权规则。行政授权规则的内容，包括但不限于下列几项：

第一，不授无权之权。行政授权是授权主体（一般是行政机关）将自己所拥有的行政职权通过法定程序和形式授予被授权主体。授权的客体是行政职权。从“质”上讲，授权主体不得将自己所不拥有的职权授予被授权主体；从“量”上讲，授权主体所授出的职权可以等于或小于自己的职权，但不得大于自己所拥有的职权。

第二，授权公开。由于授权的结果是形成新的行政主体，因而其结果必须公开。不公开授权结果，被授权主体不得与行政相对人发生行政关系。

第三，所授职权不得再授权。这也称为“一次性授权原则”，是指授权主体将职权授予被授权主体之后，被授权主体不得将这一权力再次授予另外的主体。这一原则以“人民主权”和“职权法定”为基础。一切公权力来自人民通过法律的赋予，各个国家机关被法律设定权力之后，原则上不得变动；只有在极个别的情况下，出于公共利益的需要，并以法律允许为前提，才出现了授权。但是，这一授权发生之后，被授权主体不得进行二次授权，否则就违背了法律设定和前轮授权的本意。

行政授权法律关系依法成立之后，行政授权会引起一系列的法律效果。这些效果表现为对三个主体的影响。

一是对授权主体的影响。授权主体将自己的职权授予被授权主体之后，自己并未失去原有的行政职权，也不会失去行政主体的资格，但原则上不再行使或者很少行使原有职权了。如果授权之后，授权主体行使原有职权的情况没有变化，那就失去了授权的目的和意义。授权发生之后，授权主体会从自己行使职权转变为监督被授权主体行使所授职权。

二是对被授权主体的影响。在行政授权中，被授权主体可以是下级行政机关，也可以是社会组织。无论是行政机关还是社会组织，被授权主体原来是否为行政主体，行政授权发生之后，被授权主体就会成为授权所针对法律关系中的行政主体，可以自己的名义实施所授职权，并对自己的行为承担责任，在行政诉讼中可以成为独立的被告当事人。

三是对行政相对人的影响。行政授权发生后，行政相对人与被授权主体之间的关系可以完全视为行政相对人与授权主体之间的关系。在授权所对应的法律关系中，被授权主体与相对人之间的权利义务关系完全承受授权主体与相对人之间的原有权利义务关系。

六、授权依据法、授权法和授权管理法

在行政授权中，有三个概念都和“法”有关。**行政授权必须有法律依据，没有法律依据就不**

得进行行政授权,作为行政授权法律依据的"法"就是"授权依据法";行政授权有两类:一是法规授权,二是行为授权。在法规授权中,行政机关通过行政法规或规章进行授权的,这些作为授权形式的法就是"授权法"。为了规范行政授权,有关法对如何进行授权作出规定,为行政授权设定了程序和规则,这些用以规范如何授权的法,就是"授权管理法"。

(一)授权依据法

在行政授权中,无论是法规授权还是行为授权,行政主体要实施行政授权,将自己的职权转让给别的机关或组织,就必须有法律依据。没有法律的允许就不得实施行政授权。**为行政主体实施行政授权提供依据的法律,就是授权依据法**。如《海南自由贸易港法》(2021)就是典型授权依据法。正是有了这一法律规定(第 7 条和第 48 条),才使国务院对海南省人民政府的授权、国务院有关部门对海南省人民政府有关部门的授权有了法律依据。另外,前面已经提到的《土地管理法》(2019)第 44 条第 4 款、国务院《关于授权和委托用地审批权的决定》(国发〔2020〕4 号)等都属于授权依据法。

界定授权依据法还必须解决一个问题:哪些"法"可以成为授权依据法?换言之,什么"法"可以对行政授权作出许可?对此,**必须坚持"授权法与设定法相一致"原则**。该原则要求:某项职权由某类法设定,那么就由某类法作出授权许可。比如,某项职权是由宪法设定的,那么,允许对该职权进行授权也得由宪法规定;某项职权是由法律设定的,那么,允许对该职权进行授权也得由法律规定;某项职权是由行政法规设定的,那么,允许对该职权进行授权也得由行政法规规定。更准确地说,设定法的同位法和上位法可以作为授权依据法,但设定法的下位法不得成为授权依据法。还有一个底线是:规章和其他规范性文件不得作为授权依据法,依据是《立法法》(2023)的第 91 条第 2 款和第 93 条第 6 款,没有法律法规依据,行政规章不得增加自身权力和减损自身职责,不得减损相对人权利和增加相对人义务。

(二)授权法

在有了授权依据法的前提下,行政主体方可实施行政授权。行政主体实施行政授权可通过两种方式:一种是通过法规进行授权,另一种是通过行为进行授权。通过法规进行授权的,法规就成为授权的一种方式。这种作为授权方式的法规,就是"授权法"。**行政授权并不一定存在授权法,但在法规授权中就一定存在授权法。**

授权依据法与授权法必须加以区别。继续以上述《海南自由贸易港法》(2021)为例。该法第 48 条第 1 款规定:"国务院可以根据海南自由贸易港建设的需要,授权海南省人民政府审批由国务院审批的农用地转为建设用地和土地征收事项;授权海南省人民政府在不突破海南省国土空间规划明确的生态保护红线、永久基本农田面积、耕地和林地保有量、建设用地总规模等重要指标并确保质量不降低的前提下,按照国家规定的条件,对全省耕地、永久基本农田、林地、建设用地布局调整进行审批。"这就为国务院对海南省人民政府的授权提供了法律依据。现假设国务院以此为依据,制定了一个行政法规,通过这个行政法规将《海南自由贸易港法》

(2021)第48条第1款中规定的“农用地转为建设用地和土地征收事项”的审批权授予海南省人民政府。在这种场景中,《海南自由贸易港法》的有关规定就是授权依据法,国务院的“行政法规”就是授权法。

经比较可以发现,**授权依据法是行政授权的“法律依据”,授权法是行政授权的“法律形式”;授权依据法是实施行政授权的前提,授权法则属于行政授权行为本身;授权依据法是解决行政主体“是否可以授权”的问题,而授权法是解决行政主体“如何进行授权”的问题**。两者泾渭分明。

(三)授权管理法

授权是对原始权力设定的事后调整,是一项严肃的法律行为和法律制度。我国有关法律法规对如何授权作出了许多规定和要求,如授权必须公开、授予职权不得进行再次授权(禁止二次授权)等。对如何授权进行规定的法律规范就是授权管理法,它是一种针对授权行为的规制法。如《行政处罚法》(2021)第24条规定,当省、自治区、直辖市将县级人民政府部门的行政处罚权交由乡镇人民政府、街道办事处行使时,必须定期组织评估,决定应当公布,还要建立考核制度等。这些就属于授权管理法规范。如果单独制定一个“行政授权条例”,或者在“行政程序法”中对行政授权的规则作出规定,这些都属于授权管理法。

授权管理法的“法”之范围,根据“职权法定”和“法律保留”原则,必须限于法律和法规,规章和其他规范性文件不得创设授权管理法规范。

在理论上或实务中都要防止将授权管理法误作授权依据法或授权法使用。

第五节　行政委托——职权的代理

一、行政委托的概念和特征

某一组织被赋予行政职权以后,便成为行政主体。**行政主体原则上应该亲自行使职权**。但当某些行政主体因条件限制无法亲自行使职权,需要由其他组织或人员代理其行使职权时,行政委托制度便应运而生。**如果说设定和授权都旨在解决某一组织的行政权能,那么行政委托旨在解决某一组织的行为权能**。

在我国的行政法理上,**行政委托,是指出于管理上的需要,某一行政主体(委托人)委托另一组织及个人(被委托人)以委托人的名义代行职权或其他事务,其行为效果归属于委托人的法律制度**。行政委托作为一种行为和法律制度,具有下列法律特征:

第一,在行政委托法律关系中,委托方必然为行政主体。非行政主体不能成为行政委托法律关系中的委托方当事人。因为,行政委托是拥有行政职权的组织(行政主体)将自己所拥有的行政职权中的行为权能转移由另一组织或个人代为行使。委托方不是行政主体,就意味着其没有行政职权,就会失去行政委托的基础。

第二,在行政委托法律关系中,被委托方既可以是行政机关,也可以是非行政机关;既可以是组织,也可以是个人,除非法律法规另有特别限定。

第三,行政委托的客体是行为权能,而不是行政权能,所以,行政委托不会导致行政职权(准确地说这里是行政权能)的转移,只会导致行为权能的转移。另外,委托不得委托类别职权,只可委托事项职权。

第四,行政委托关系是一种平等的协商关系,不具有强制性。行政委托通过委托方与被委托方的行政协议方式实施,不通过"法律法规"形式实施。

第五,在行政委托关系中,被委托人只能以委托方的名义实施行政行为,而且行为效果归属于委托方。

第六,行政委托的法律效果是设定行为主体,而不设定行政主体。所以在行政诉讼中,只能以委托方为被告,而不以被委托方为被告。

二、行政委托的合法有效要件

行政委托必须依法设立,否则不具有法律效力。**行政委托必须符合一定的条件并遵循一定的规则才是合法有效的**。有效的行政委托必须具备的条件,便是行政委托的有效要件。行政委托的有效要件如下。

第一,行政委托必须有明文的法律依据。这个要件是指行政委托须以法律的明文许可为前提;**没有法律依据,行政机关就不得实施委托**。可见,法律许可行政委托是行政主体实施行政委托的前提。这同样是"职权法定"原则的要求。行政主体对于自己所拥有的行政职权,无论是想转让给别的组织(行政授权),抑或让别的组织或者个人代行(行政委托),都必须有明文的法律依据。这一点,行政委托与行政授权是一样的。

我国有不少法律法规规定了行政委托。例如,《行政许可法》(2019)第 24 条、《行政处罚法》(2021)第 21 条第 1 款、《残疾人保障法》(2018)第 8 条第 2 款、《税收征收管理法》(2015)第 29 条、《护照法》(2006)第 4 条、《测绘法》(2017)第 42 条等。

第二,行政委托必须有合法的行政职权基础。**行政委托不仅要求委托方是行政主体,而且还要求作为委托方的行政主体合法拥有可作委托的职权基础**。这一职权基础包含下列几层意思:一是委托方必须合法地拥有对应的行政权能。前文已述,行政委托的客体是行为权能,而不是行政权能,而行为权能以行政权能为前提和基础。如果某一行政主体不拥有行政权能,那么其就不拥有以此为基础的行为权能,正如某一行政主体不拥有行政处罚的行政权能的话,其就无法将行政处罚的行为权能委托给其他组织。二是经委托而转移的权限应当等于或少于委托方所拥有的权限。假设某一行政主体拥有 20 元至 3 万元的罚款权,它就不能委托其他组织行使 4 万元的罚款权,因为这超过了其本身所拥有的权限量。

第三,被委托人必须符合一定的条件。**行政委托是行政主体在法律明文许可的前提下,通过法定程序将行政职权委托给另一组织或个人行使的法律制度**。行政主体的行政委托行为是

否有效,不仅在于须有法律的明文许可,而且还在于被委托人须符合一定的条件。关于被委托人的条件,应当注意把握以下三点:

一是被委托人可以是组织,也可以是个人。但法律明确规定是组织的,则必须是组织。我国《国家赔偿法》(2012)是承认对个人的委托关系的。相反,许多现行法律,如《行政许可法》(2019)第24条、《行政处罚法》(2021)第20条、《残疾人保障法》(2018)第8条、《循环经济促进法》(2018)第11条等,都将被委托人列为组织。

二是被委托人可以是行政机关,也可以是行政机关以外的社会组织或个人,根据具体法的要求而定。《行政许可法》(2019)第24条和《烟草专卖法》(2015)第16条都将被委托人列为行政机关;但《行政处罚法》(2021)第20条和第21条将被委托人列为"管理公共事务的事业组织"。

三是如果被委托人是行政机关以外的社会组织,它还须具备一定的条件。如根据《行政处罚法》(2021)第21条的规定,行政处罚委托中的被委托人必须是依法成立的管理公共事务的事业组织,而且还应有熟悉有关法律、法规、规章和业务的工作人员,如果对违法行为需要进行技术检查或者技术鉴定的,应当有条件组织进行相应的技术检查或者技术鉴定。

第四,行政委托必须形成委托文件并予公开。**行政委托是要式行为,原则上必须形成书面的委托文件,除非是紧急状态并由紧急状态法作特别规定**。行政委托文件可以是委托方与被委托方之间签订的委托协议,也可以是委托方形成的委托文件。无论是委托协议还是委托文件,都必须包括并表明下列内容:委托方与被委托方的名称、地址、性质、法定代表人等信息;委托行使的职权内容与权限,如行政处罚的实施、行政许可证的颁发等;委托期限,即委托关系成立与消灭的时间与条件;法律责任,即委托期间双方当事人的权利与义务关系;其他,即明确其他双方约定的内容或法律规定的内容。无论是委托协议还是委托文件,都必须通过一种便于让公众知晓的方式公开。委托协议或委托文件不公开的,该行政委托关系不成立。

三、行政委托的法定规则

行政委托的规则与行政委托的有效条件虽有联系,但侧重点是不同的。行政委托的有效条件构成行政委托规则的基础,但前者重在解决行政委托关系的效力,后者重在解决行政委托关系中双方当事人的行为规则。行政委托的法定规则主要有下列几项。

第一,被委托人以委托人名义实施委托行为,行为效果归属于委托主体。在行政委托关系中,被委托人必须以委托方行政主体的名义进行所委托的行为,在委托权限范围的行为后果由委托方行政主体承受,包括担任行政诉讼的被告等。现实中,有的被委托组织在从事所委托行为时,仍然以自己的名义进行,这不影响对行政委托关系的认定。

第二,被委托人不得超越委托权限从事委托行为,否则应当自行承担委托范围外的责任。被委托人的委托行为基于行政委托而发生,所以,被委托人必须在委托权限范围内从事受托行为。如果被委托人超越委托权限从事受托行为,其行政行为构成越权并由被委托人自行承担越权责任。

第三,被委托人不得对受托行为进行再委托。被委托职权不得再行委托,也称"一次性委托规则"。该规则要求,一个主体接受另一个主体委托后,不得将所受权限再行委托给其他主体。行政委托是一种合同行为,从合同法原理上讲,被委托人未经委托方同意,是不能再行委托的。

第四,委托方有权对被委托方的受托行为进行监督。在委托关系中,被委托方的行政职权(行为权能)来自委托方行政机关的委托;被委托方须以委托方的名义进行行为并对行为后果承担责任,为此,委托方行政机关自然有权对被委托方行使受托行为进行监督。

四、行政委托与行政授权

行政委托与行政授权是行政职权被依法设定之后,出于行政管理的需要,在法律许可的前提下,对职权进行事后调整的两种形式,但它们之间存在严格的区别(见表3-1):

第一,转移的行政职权内容不同。行政授权与行政委托都是行政职权转移的方式,通过授权或委托,本该由A组织行使的职权现由B组织来行使。但区别在于:授权是转移"行政权能"(附带行为权能),而委托只是转移"行为权能"(不包括行政权能)。

第二,所处法律关系不同。一般而言,授权发生在纵向关系中,是"上级"对"下级"的授权,不能反之,因而,授权具有强制性,由授权方主体的单方意志决定;而委托发生在横向关系中,委托方与被委托方不是上下级,不具有命令与被命令的关系,所以委托不具有强制性,需委托方与被委托方协商一致达到合意后才能成立。

第三,行为性质不同。授权和委托本身就是一种行为,但是二者作为行为的性质是不同的。授权有法规授权与行为授权之分,法规授权是一种"立法行为"(受《立法法》规制),行为授权是一种"内部行政行为";而委托是一种行政协议行为。

第四,法律地位不同。授权是行政权能的转移,其结果会导致被授权组织成为某一法律关系中的行政主体;而委托只是行为权能的转移,其结果只会导致被委托方成为某一法律关系中的行为主体,而不是行政主体。由此就决定了在授权关系中,被授权人实施行政行为以自己的名义进行,而且行为的效果归属于自己,在行政诉讼中可以成为被告当事人;而在行政委托关系中,被委托方实施行政行为不得以自己的名义而只能以委托机关的名义进行,该行政行为的效果自然也归属于委托机关,发生诉讼,被委托方一般以第三人而不以被告身份出现。

表3-1 行政授权与行政委托之比较

比较项目	行政授权	行政委托
主动方主体	授权主体:行政主体	委托主体:行政主体
被动方主体	被授权方:行政机关、社会组织。必须是组织,不得为个人	被委托方:行政机关、社会组织、个人,既可以是组织,也可以是个人
法律许可	必须有法律法规规章的依据才能授权	必须有法律法规规章的依据才能委托
职权转移内容	行政权能和行为权能同时转移	只发生行为权能的转移
所处法律关系	纵向法律关系,上级对下级的授权	横向法律关系,行政主体对不具有隶属关系的组织或个人的委托

续表

比较项目	行政授权	行政委托
行为性质和形式	通过立法行为（法律法规规章）和内部行政行为（行政决定和决议）授权，授权是具有强制性的单方行为	通过行政协议进行委托，委托是不具有强制性的双方行为
行为效果	使被授权方成为行政主体	使被委托方成为行为主体
行为名义和责任	被授权方以自己的名义进行行为，并对行为后果承担责任	被委托方以委托方名义进行行为，行为效果归属于委托方
在行政诉讼中的地位	由被授权方成为行政诉讼被告	由委托方成为行政诉讼被告

第六节 行政协作——职权的合作

如果说“法律授权”是行政职权的产生方式，“行政授权”和“行政委托”是行政职权的调整方式，那么，“行政协助”则是行政职权的合作方式。

一、行政协助的概念和特征

从广义上说，行政协助系指有关组织和个人对一个行政主体行使行政职权进行法律上的协助，包括行政机关之间的协助、司法机关对行政机关的协助以及社会组织和个人对行政机关的协助。此处所讲为狭义上协助，这种**行政协助系指行政主体在实施行政职权过程中，基于本身的条件和公务上的需要，其他行政主体配合其实施同一行政行为或共同行政行为的法律制度**。这种行政协助具有下列法律特征：

第一，行政协助发生在行政主体之间。一个行政主体为另一个行政主体实施行政行为而提供协助性的行政行为，方属行政协助。行政主体以外的社会组织和个人协助行政主体实施行政行为，不属于行政协助，而属于社会协助。

第二，行政协助是两个以上的行政主体实施同一个行政行为或一个共同行政行为，而不是实施两个以上的行政行为。行政协助行为是请求协助的行政主体之行政行为的补充行为，或是其行为的组成部分。

第三，在行政协助法律关系中，行政协助主体与被协助主体共同对其行为负责，因而在行政诉讼中，它们或者是作为共同行政诉讼的被告，或者是各自作为自身行为的被告出现。

二、可以请求行政协助的情形

有下列情形之一的，行政主体可依法请求有关行政主体提供行政协助：(1)由于法律上的原因，行政主体无法自行执行公务的。(2)由于事实上的原因，特别是缺乏履行公务所必需的工作人员或机构时，行政主体无法自行执行公务的。(3)行政主体执行公务还需要有一定的事实材料，而该事实材料又不得由其自行调查的。(4)行政主体执行公务所必要的文件或其他证据为被请求行政主体占有的。(5)行政主体执行公务显然比被请求行政主体协助办理需付出更多费用的。

三、不得予以和可以不予以行政协助的情形

有下列情形之一的，被请求行政主体不得予以行政协助：(1)基于法律上的原因，被请求行政主体不得作此行为的。(2)职务协助将损害国家利益的。(3)被请求行政主体对事实的经过，根据法律或依其性质应当保密的，不得予以提供文件或卷宗以及答复询问的。

在下列情形下，被请求行政主体可以不予行政协助：(1)被请求行政主体以外的行政主体完全能够以更简单或更低廉的费用完成该协助行为的。(2)被请求行政主体必须付出巨额的费用才能完成该协助行为的。(3)被请求行政主体如果实施该协助行为，其自身的职务将受重大危害的。

四、行政协助与行政委托

最易与行政协助混淆的是行政委托。行政协助与行政委托的发动方主体是相同的，都是行政主体，但行为的性质及在诉讼中的地位是不同的。具体区别在：

第一，行政协助发生在行政主体之间，而行政委托可以发生在行政主体之间，也可以发生在行政主体与其他组织或个人之间。

第二，在行政协助关系中，协助主体与被协助主体均以各自独立的名义进行行为，或以共同主体的名义实施共同行政行为，而且各自对自己的行为负责或共同对它们的共同行政行为负责；而在行政委托关系中，被委托主体是以委托主体的名义进行行为的，而行为效果归属于委托主体。

| 引例分析 |

行政职权与行政职责相辅相成，并且都必须依法设定。《行政诉讼法》(2017)第25条第4款规定："人民检察院在履行职责中发现生态环境和资源保护、食品药品安全、国有财产保护、国有土地使用权出让等领域负有监督管理职责的行政机关违法行使职权或者不作为，致使国家利益或者社会公共利益受到侵害的，应当向行政机关提出检察建议，督促其依法履行职责。行政机关不依法履行职责的，人民检察院依法向人民法院提起诉讼。"本案发生当时的《环境保护法》《固体废物污染环境防治法》等法律法规直接规定所在地乡人民政府对本行政区域环境保护负有监督管理职责，对违法堆放的垃圾有责任进行清运处理。《行政诉讼法》第25条第4款中的"监督管理职责"，不仅包括行政机关对违法行为的行政处罚职责，也包括行政机关为避免公益损害持续或扩大，依据法律法规规章等规定，运用公共权力、使用公共资金等对受损公益进行恢复等综合性治理职责。所以，乡政府对本行政区域环境保护负有监督管理职责并不以是否具有行政处罚权为前提(参见最高人民检察院指导性案例第162号)。

复习思考题

1. 什么是行政职权？它与行政职责、行政权限是什么关系？
2. 行政权能与行为权能有何区别？它们对行政主体与行为主体有何影响？
3. 行政主管权、行政管辖权、行政决定权之间是什么关系？
4. 我国现行法律制度中，“授权”有哪几种含义？你主张如何定位？
5. 行政授权和委托制度存在的理论基础是什么？它们之间有何区别？

第四章　行政行为基本理论

引　例

焦某某因无中生有地举报查扣其车辆的执勤交通民警酒后执法，被公安机关给予治安罚款 200 元的行政处罚。该行政处罚决定生效后，公安机关重新查处，重新裁决给予焦某某治安拘留 10 日的行政处罚。焦某某对第二个处罚决定不服申请复议，复议机关以事实不清为由撤销了该处罚决定，要求被申请人重新裁决。公安机关在相同的事实基础上，把对原告治安拘留 10 日改成了治安拘留 15 日。焦某某对此再次申请行政复议，复议机关维持了拘留 15 日的处罚决定，为此，焦某某提起了行政诉讼。从行政行为基本理论视角看，你认为公安机关的三次裁决是否合法？

第一节　行 政 活 动

行政法的任务是保障行政行为的合法性和合理性。因而，行政行为理论是整个行政法学理论的核心板块。而要讲“行政行为”，必须从它的上位概念“行政活动”讲起。

一、行政活动的概念

“行政活动”是国家活动的一部分，是指各级人民政府从事国家和社会管理的国家活动。行政活动既区别于社会管理，也区别于国家的其他活动，如立法活动、监察活动、司法活动和军事指挥活动等。国家行政活动的特征在于：

第一，行政活动是一种国家活动，而不是社会活动。它是由国家机关而不是社会组织从事的管理活动。

第二，行政活动是由从中央到地方各级人民政府从事的管理活动。即行政活动的主体是恒定的，限于各级人民政府，或者说行政机关。由国家权力机关、监察机关、人民法院、人民检察院、军事指挥机关从事的活动不属于行政活动。

第三，行政活动以国家行政权的存在为基础，是实施行政权的活动。当一个国家的行政权与国家的其他权力混合，即尚未单列时，行政活动不可能发生。行政活动是国家行政权的实施活动。

第四，行政活动的对象是对国家事务和社会事务的管理。政府既是国家管理的主体，也是社会管理的主体。

二、行政活动的结构

行政活动，是国家行政机关实施国家和社会管理的各种手段和方式，分为权力性行为与非权力性行为。行政活动包括制定规则、作出许可、实施处罚、与行政相对人签订协议、裁决有关纠纷等。按活动功能以及是否受行政法调整，行政活动由下列几个板块组成：

（一）行政立法

行政立法是指政府机关的立法活动。根据《立法法》的有关规定，它包括国务院制定行政法规，国务院部委、中国人民银行、审计署和具有行政管理职能的直属机构制定部门规章，以及由省、自治区、直辖市和设区的市、自治州的人民政府制定地方政府规章等。行政法学固然要研究行政立法，但行政立法不是行政法的调整范围，而是宪法和立法法调整的范围。行政立法是行政活动，但不是受行政法规制的行政行为，它属于国家"立法"的范畴。当然，由于这种行为与行政行为相关联，它同时属于行政相关行为。

（二）行政行为

行政行为是指行政主体代表国家所实施，体现国家行政权意志，并受行政法规制的，能够直接或者间接产生法律效果的国家管理活动。行政行为可分为常规行政行为与特殊行政行为。常规行政行为也称标准行政行为或典型行政行为，行政规定与行政决定是其两大基本形式。特殊行政行为，是指具有行政行为的特征但不具有行政行为全部特征的行为，如行政协议、行政调查、行政证明、行政强制等。

（三）其他行政活动

其他行政活动是指行政立法以外的其他行政相关行为。行政相关行为是指与行政行为有关联，但不产生行政法律效果的行为，如国家行为、行政指导行为、行政调解行为、行政重复处理行为等。这类行为和行政职权有关联，但它不被作为行政行为对待，不适用行政复议和行政诉讼救济。行政相关行为与前述的特殊行政行为不同。特殊行政行为是一种不够标准的行政行为，但依然属于行政行为，而行政相关行为是指和行政相关联，但不属于行政行为的行为。

行政活动的内部结构如图 4-1 所示：

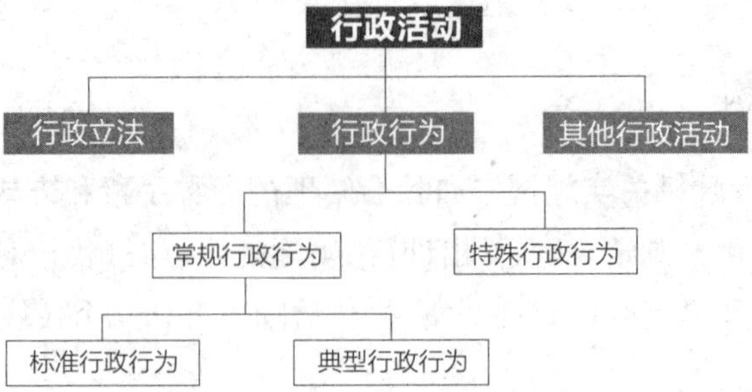

图 4－1 行政活动内部结构

三、行政活动与行政行为

行政活动是相对于立法活动、监察活动、司法活动和其他国家活动国家管理层面上的一个概念，是国家行政权的体现；行政行为是相对于民事行为、刑事行为（犯罪与惩罚）部门法（行政法）层面上的一个概念。行政活动既受行政法调整，也受宪法和有关法的调整；行政行为只受行政法调整，反过来说，不受行政法调整的管理行为就不是行政行为。

行政法只规制行政行为，行政法学也自然以行政行为为研究重点。但是，不从整个行政活动的视野来探视行政行为，行政行为的许多界线和规则就无法讲述清楚。

第二节 行政行为的概念和范围

一、行政行为的概念和特征

我国行政法（学）上的**"行政行为"，特指行政主体基于行政职权，为实现国家行政目标而作出的，以作为或者不作为形式表现，能直接或间接引起法律效果并受行政法规制的行为。行政规定（行为）与行政决定（行为）是行政行为的两大基本形式**。行政行为具有以下几个方面的法律特征：

第一，行政行为是具有行政性的国家活动。行政行为属于国家活动，但它是立法活动、监察活动、司法活动和其他国家活动以外的国家活动，即行政活动。行政行为的"行政性"表现在三个方面：一是在主体上，这种行为由国家行政机关实施（在法律法规有特殊授权的条件下才允许行政机关以外的社会组织实施），国家权力机关、监察机关、人民法院、人民检察院和军事指挥机关按照宪法的分工不实施国家行政行为；二是在职权上，行政行为是行政主体基于行政职权实施的管理行为，是国家行政权而不是立法权、监察权、司法权、军事指挥权的体现；三是在目标上，行政行为的目标是国家行政机关依法实施对国家和社会事务的管理，实现国家秩序和社会秩序的有序化，也就是说，行政行为是为了实现行政目标而不是其他目标。

第二,行政行为是能够对外引起行政法律效果的行为。不会引起行政法律效果,或者引起的不是行政法律效果而是其他法律效果的,就不是行政行为。所谓引起行政法律效果,是指能决定行政法律关系的产生、变更或消灭之结果,表现为行政权利与行政义务的设定或消灭、增加或减少。至于引起行政法律效果的方式,可以是"直接"的,也可以是"间接"的,这主要是针对行政决定与行政规定进行的划分。行政决定是能够对行政相对人直接产生法律效果的行政行为,而行政规定是间接产生法律效果的行政行为。

第三,行政行为是受行政法规制的行为。在我国的法治体系中,不同的行为受不同的法律部门规制,宪法行为受宪法规制,民事行为受民法规制,刑事行为受刑法规制,行政行为便受行政法规制。不受行政法规制的行为就不是行政行为。所以,我们不应当将由宪法、民法和刑法规制的行为纳入行政行为。行政行为受行政法规制,是行政行为的法律部门属性。

第四,行政行为是可以行政复议和行政诉讼的行为。在我国,行政诉讼的受案范围与行政复议的受案范围基本上是一致的。行政行为都应当受到法律监督,所以原则上,只要是行政行为都应当是可诉的,都应当适用行政复议和行政诉讼,除非法律有例外规定。目前的制度是:公民、法人或者其他组织对行政决定不服的,原则上都可以直接申请行政复议或提起行政诉讼;对于行政规定不服的,原则上也可以申请附带审查。因此,行政行为是适用行政复议和行政诉讼救济的行为。

二、行政行为的排除

为界定行政行为的范围,必须把一些容易误解的非行政行为予以排除。除了行政相关行为即国家行为、行政立法、行政指导、行政调解、行政重复处理、政府采购、假象行政行为、对行政的司法协助行为等不属于行政行为之外,下列行为也不属于行政行为:

(一)公安、国家安全等机关的刑事司法行为

我国公安机关、国家安全机关、监狱管理部门和海关缉私部门等机关,其法律职能比较特殊,除了具有行政职权,还在刑事诉讼法和其他有关法律的授权下,具有刑事司法职能。例如,公安机关对刑事案件的侦查、拘留、执行逮捕、预审等;国家安全机关在国家安全工作中依法行使侦查、拘留、预审和执行逮捕以及法律规定的其他职权;监狱管理部门对罪犯的收监等行为和海关缉私部门对其管辖的走私犯罪案件的侦查、拘留、执行逮捕、预审等行为。对于这些机关行使刑事司法职能的行为,最高人民法院的司法解释称之为"公安、国家安全等机关依照刑事诉讼法的明确授权实施的行为"。这种行为不属于行政行为。

(二)法律规定的仲裁行为

仲裁是指法律规定的仲裁机构以中间人的身份对当事人之间的民事纠纷依照法定程序作出具有法律效力的裁决行为。《仲裁法》的有关规定表明了仲裁制度的自治性、平等性和民间性,因而仲裁不属于行政行为。仲裁制度属于法律保留制度,必须由法律设定。现在我国的仲

裁制度有:民商事仲裁、劳动争议仲裁、农村土地承包经营纠纷仲裁、人事争议仲裁等。

（三）行政过程行为

行政过程行为是指在形成行政行为的结果（如行政决定）之前所发生的程序上的行为,与结果行为相对应。行政行为是一个过程,从不成形到成形,从内部转向外部,从开始到结束。行政机关针对某一事项拟作一个决定,往往会经历准备、论证、研究、层报、咨询、集体讨论等过程,最后才形成一个行为结果（如行政决定）。行政行为尚未完成前的任何一个环节上的行为都属于过程行为,只有形成最终的行为结果（如行政规定、行政决定或一个事实行为的结果状态）时,这一结果才称为结果行为。结果行为的作出意味着行政行为的成立。行政行为的成立是行政行为发生效力的基础。从理论上说,行政行为可分为过程行为与结果行为,因此,过程行为与结果行为都是行政行为。但从行政行为的效力和适用诉讼救济上讲,过程行为不被作为行政行为对待,因为一个尚未最终形成的行政行为不会对相对人发生权利义务关系,它可被视作一个不存在的行为而无法适用行政复议和行政诉讼。这种行为被最高人民法院的司法解释表达为"行政机关为作出行政行为而实施的准备、论证、研究、层报、咨询等过程性行为"。这种过程行为既不对行政相对人发生效力,也不属于行政复议和行政诉讼的受理范围。正是从这一意义上说,过程行为不是行政行为。

（四）内部层级监督行为

根据行政组织法原理,上级政府对下级政府、各级政府对其所属工作部门、上级政府工作部门对下级政府工作部门,具有领导、指导和监督的权力,这种组织关系就是层级关系。基于组织层级关系发生的领导、指导、协调、督查、处理等有关行为,属于内部层级监督行为。这类行为是基于内部行政关系形成的行政行为,对外部相对人不会直接发生法律上的影响。从理论上说,行政行为应当包括外部行政行为与内部行政行为。内部行政层级监督行为属于内部行政行为。由于目前中国和世界上大多数国家都把行政法定位为"公共行政法"（public administrative law）,就"公共行政法"而言,内部行政层级监督行为不属于行政行为。《行政诉讼法解释》（2018）第1条第2款第8项也表明,"上级行政机关基于内部层级监督关系对下级行政机关作出的听取报告、执法检查、督促履责等行为",不属于行政诉讼受案范围。

（五）信访办理行为

根据中共中央、国务院《信访工作条例》（2022）的定位,政府信访工作机构是各级人民政府或政府工作部门负责信访事务的专门机构,具体负责受理、交办、转送信访人提出的信访事项;协调处理和督促检查信访事项的处理等。该机构不是对公民、法人和其他组织权利义务的直接处理决定机关。行政机关针对信访事项作出的登记、受理、交办、转送、复查、复核意见等行为不是对公民、法人和其他组织权利义务的直接处分行为,而是一种程序上的协调和传递行为,因而不作为行政行为对待。为此,《行政诉讼法解释》（2018）第1条第2款第9项规定,"行政机关针对信访事项作出的登记、受理、交办、转送、复查、复核意见等行为”,不属于行政诉讼受案范围。

(六)政府对国有企业的投资行为

中国的企业有全民企业(国有)、集体企业、个体企业、私营合伙企业、联营企业、有限责任公司、股份有限公司、中外合作经营企业、中外合资经营企业、外资企业、外商投资股份有限公司等。政府机关如果对非国有企业经营及资产进行干预和处置,当然属于行政行为。但如果政府部门对国有企业及其资产进行监督管理和处置,是否属于行政行为,不能一概而论。一般而言,行政机关代表国家对国有企业的投资和履行投资人义务的各类行为,不属于行政行为;但如果以管理者身份对国有企业的经营自主权进行干预的各类行为,则属于行政行为。因为国有企业也是企业,享有企业的经营自主权。

(七)学校自治管理行为

学校是由国家设立或投资者依法登记成立的,有计划、有组织地对受教育者进行系统教育活动的组织机构,包括公立学校和私立学校。学校不同于政府机关:一方面,学校得到法律法规授权作为授权主体从事国家教育行为的某些工作,如学籍学位等国家所设制度的管理,这些行为属于行政行为,适用行政诉讼;另一方面,学校大量的管理表现为对本校的教育、教学、科研、后勤和师生员工等各项工作进行计划、组织、协调和控制的活动,这些活动属于学校自我管理的一种形式,不作为行政行为对待。

第三节 行政行为的功能和形式

一、行政行为的功能

行政行为的功能亦指行政行为的作用,即行政行为所引起的效果。行政行为的法律效果表现在以下几个方面:

第一,设定权利与义务的规则。行政行为具有设定行政相对人享受权利与履行义务之规则的功能。行政行为,特别是行政行为中的行政规定,虽不能创制行政相对人的权利与义务,但可以落实行政相对人的权利与义务并为享受权利与履行义务规定一定的程序。这种功能虽然不直接导致相对人权利与义务的形成,但为形成权利与义务提供了条件。

第二,形成权利与义务。有的行政行为具有直接产生相对人权利与义务的功能,可以是私法上的权利与义务,也可能是公法上的权利与义务,如行政许可赋予相对人一定的权能,行政处罚科以相对人一定的义务。

第三,处分权利与义务。处分相对人的权利与义务功能系指相对人的权利与义务关系形成以后，行政行为又直接导致其权利与义务的变化或消灭。如行政征收导致相对人的被征收物之所有权的转移，减轻处罚的决定使相对人义务得以减少。

第四，确认权利与义务。有的行政行为，既没有直接赋予相对人权利，也没有直接处分相对人的权利，而是对相对人已有的权利进行确认，从而使相对人的权利获得国家的宣示和保护。如房产管理部门对当事人房产权的登记。

第五，证明权利与义务。行政行为中的行政证明，能有效地表明一种权利义务关系的客观存在，从而为相对人取得权利或免除义务提供事实依据。

二、行政行为的形式

行政行为的意思表达方式，就是行政行为的形式。行政行为的形式有书面形式、口头形式、动作形式和默示形式四种，但它们不是并列关系（见图4－2）。书面形式、口头形式、动作形式是三种不同的明示形式，这三种形式哪一种都不采用，就构成默示。行政法不允许行政主体以默示形式来表达行政行为，但一旦出现了默示，就必须承担一定的法律责任，因而为某些默示设定了法律效果。

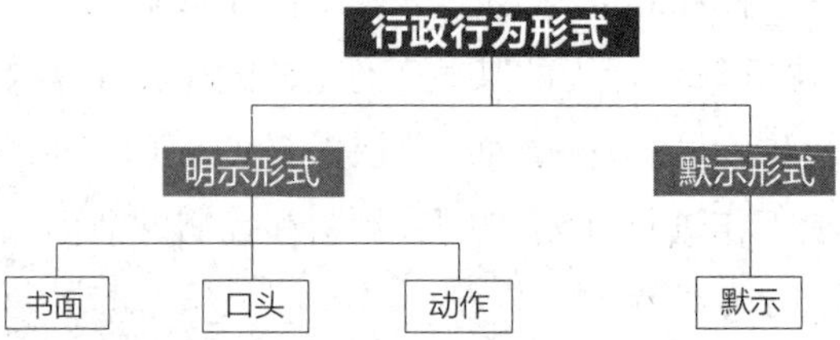

图4－2　行政行为的形式

（一）书面形式

书面形式是行政主体借助书面文字实现其行为意思的一种方式，如各种书面文件等。随着政务电子化，行政行为的书面形式已从纸质载体向电子邮件、传真等多种媒体扩张。书面形式是行政行为普遍、常见的形式。

行政行为是否采取书面形式，有的法律有规定，如《行政许可法》要求行政许可采用许可证形式，《行政处罚法》要求对相对人的处罚制作处罚裁决书等；有的法律则没有规定。但是，**行政行为必须采取书面形式，除非法律法规另有规定，这应当成为行政行为形式的主要原则**。原则上，行政机关制作"行政规定"或者作出"行政决定"，都必须采用书面形式。坚持这一"书面原则"，既是对行政相对人权利的尊重，又可作为证据有利于保存。在具体操作上应当是：法律法规对行政行为有书面形式要求的，必须采用书面形式；法律法规对行政行为没有其他形式要求的，一律推定需要采取书面形式，除非是事实行为。

（二）口头形式

口头形式是行政主体借助语言实现其行为意思的方式。如口头宣布命令，或者电话通知行政决定内容等。这种形式的优点是简便、易行、直接、迅速；缺点是缺乏文字依据，发生争议时不易处理。所以，口头形式仅适用于比较简单的行政行为，内容复杂、后果重大的行政行为不宜采用。

将口头形式作为行政行为的形式，有法律是允许的，如《治安管理处罚法》(2012)第82条规定了"口头传唤"。用口头形式表达的行政行为，只要有其他证据证明它的存在，人民法院或行政机关可以认定它的客观性；至于它的效力，则取决于法律法规是否许可这种形式。由于口头形式不是行政行为的常态形式，故应当把握：在法律法规许可采用口头形式的条件下，该行政行为可以采用口头形式；在法律法规指明采用其他形式时，该行政行为就不得采用口头形式；在法律法规对行政行为的形式不作规定时，原则上要采取书面形式。

由于书面形式比口头形式严格，因此，行政行为应当采取口头形式而采取了书面形式，是不影响合法性的；相反，行政行为应当采取书面形式而采取了口头形式，会构成形式违法。

（三）动作形式

动作形式是行政主体借助行政人的动作进行意思表示的方式。最常见的是交通警察指挥交通的各种手势和交通信号灯的表达作用等。

以动作作为行政行为的形式，是一种非常态形式，一般出现在交通、消防、军事等管理领域。所以动作形式必须以法律法规有明文规定为前提。没有特别规定者，应当采用行政行为的通常形式，即书面形式。

（四）默示形式

如果说口头形式、书面形式和动作形式都是一种明示形式，那么默示形式正相反。**默示形式是指行政主体在行政行为中并没有表达肯定，也没有表达否定，是一种不作为的表达方式**。

默示在法律无明文规定的条件下，不作为一种有效的行为形式，因而不产生法律效果；但在法律明文规定的条件下，它将作为一种行为形式而产生法律效果。行政行为的默示形式在一定条件下是存在的，而且具有正反两种不同的行政法效果。它可以被推定为对当事人权利的肯定，也可以被推定为对当事人权利的否定。到底产生了哪一种效果，取决于法律的具体规定。

默示并非法律所许可的通用形式。它仅仅是一种特殊的、例外的行政行为形式。为了加强对默示形式的控制，法律在一定范围为它设定了对行政主体不利、对行政相对人有利的法律效果。但是，对默示效果的过多肯定，会导致国家资源的减损，因而需要采取严格政策。由此所确立的原则是：只有在"法律"(狭义)有明文规定的条件下，默示才会产生法律效果。目前，我国有少量法律规定了默示的法律效果，如《行政许可法》(2019)第32条、第50条第2款和《集会游行示威法》(2009)第9条第1款规定等，而且这些效果是积极的效果，我们必须服从其规定。

第四节 行政行为的合法要件

一、行政行为要素

行政行为的合法要件，是指行政行为合法的必备条件，也是行政法对行政行为的基本要求，因而也是判断一个行政行为是否合法的基本标准。**行政职权、行政事实、行政依据、行政程序是行政行为的四大合法要素**(见图4－3)。

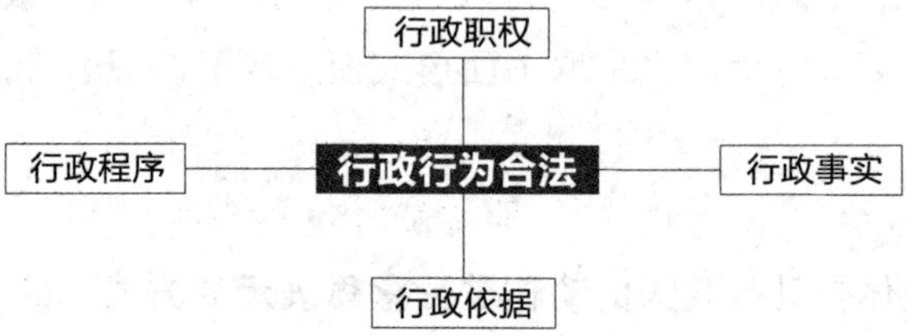

图4－3 行政行为合法要素

二、行政职权要素

行政行为的职权要素属于行政行为的主体要件。行政行为必须由依法拥有行政职权的主体作出，否则该行政行为不合法。行政行为的职权要素旨在解决三个问题：

第一，行政职权的来源是否合法。行政行为必须由具有行政职权的组织来行使。某组织不依法拥有行政职权，便不是该类行政法关系中的行政主体。不具有这类行政职权的行政主体作出的“行政行为”是“无权行为”，不具有行政法律效力。一个组织的行政职权来源有四个途径：一是法律对行政机关的权力设定；二是法律对社会组织的授权；三是行政授权；四是行政委托。通过行政委托获得的权力与前述三种情况不同。行政职权是包括行政权能与行为权能在内的完整职权，而行政委托仅仅是行为权能的来源而不是行政权能的来源，只形成行为主体而不形成行政主体。所以，一个组织的行政职权，如果既没有“设定法”依据，也没有“授权法”依据，就属于没有行政职权。

第二，行政职权的范围是否超越。行政行为不仅必须由行政主体作出，而且该行政主体在作出该行政行为时，不得超越权限，否则构成“行政越权”。

第三，行政职权的行使是否符合合法目的。行政行为是行政职权的体现，行政职权的行使必须符合合法目的，否则构成“滥用职权”。合法目的包括法定目的和正当目的。“法定目的”是指某法律明文规定的立法目的；“正当目的”是指在法规对于立法目的没有规定，或者在规定的范围之外，按照正当性原则所要求的目的。行政行为无论是违反法定目的还是违反正当目的，都属于“滥用职权”。

综上可见,针对行政职权要素中的三个问题,正好构成了三个对应的行政违法行为(见图4－4)。

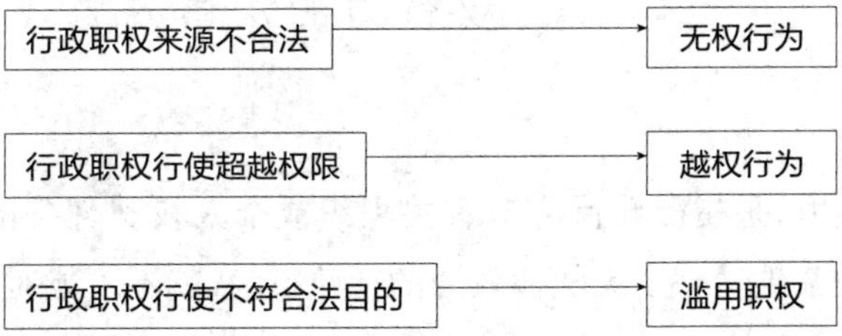

图4－4　行政职权与行政违法

三、行政事实要素

行政行为的事实要素是行政行为的事实要件。任何行政行为的作出都必须有事实依据。在行政程序法中,事实依据就是行政证据。如果事实依据不成立,行政证据不足,就会导致行政行为的违法。行政事实要素作为行政行为的合法要件之一,旨在解决以下几个问题:(1)行政行为据以作出的事实依据是否成立?这表现为行政证据是否成立。(2)行政行为据以作出的事实依据是否充分?这表现为行政证据是否充分。(3)行政行为据以作出的事实本身是否清楚?这表现为事实是否清楚。

行政行为不符合上述要求,就构成行政违法。这种违法在《行政诉讼法》中表达为“主要证据不足”,在行政实体法理论上称作“事实依据错误”。

四、行政依据要素

行政行为的依据要素是行政行为的法律要件。行政行为的作出必须既有事实依据,又有法律依据。如果法律依据不成立,同样构成行政行为违法。法律依据,在行政程序法上称为“行政依据”。行政依据要素作为行政行为的合法要件之一,旨在解决以下几个问题:(1)行政行为的作出是否具有行政依据?(2)行政行为的内容是否符合行政依据的规定?(3)行政依据矛盾时,行政行为是否符合规范适用规则?

行政行为不符合上述要求,就构成行政违法。这种违法在《行政诉讼法》中表达为“适用法律、法规错误”,在行政实体法上表达为“适用依据错误”。

五、行政程序要素

行政行为的程序要素是行政行为的程序要件。任何行政决定都是通过一定的程序形成、表达和实现的,所以行政行为离不开程序。行政程序要素作为行政行为的合法要件之一,旨在解决两大问题:(1)行政行为是否符合法定程序?不符合这一要求,构成“违反法定程序”。(2)行政行为是否符合正当程序?不符合这一要求,构成“违反正当程序”。

第五节　行政行为的法律效力

行政行为的法律效力，是指行政行为对有关组织或个人权利义务的影响力。它是行政行为对外产生法律效果的基础。一个无法律效力的行政行为，就不可能对外引起行政法律效果。

一、行政行为法律效力的内容

行政行为法律效力表现为四个“力”，即拘束力、公定力、既定力和执行力。

（一）行政行为的拘束力

行政行为的拘束力，是指行政行为的内容直接约束特定公民、法人或者其他组织的行为，约束特定行政相对人不得作出与行政行为反向的行为，否则会引起不利后果。行政行为是行政主体在特定的行政法律关系中针对特定相对人作出的能够产生法律效果的行为，因此，该行为成立之后，便可直接约束特定相对人。行政相对人不能无视该行政行为的存在。行政行为的拘束力，表现为直接性和特定性。它是直接约束特定的相对人，而不是抽象地约束全社会。**行政行为的拘束力，是行政行为公定力、既定力和执行力的基础、出发点和归宿。**如果不是为了实现行政行为的拘束力，设定公定力、既定力和执行力都将失去意义。

（二）行政行为的公定力

行政行为的公定力，是指行政行为的“推定有效”力，即行政行为没有被依法撤销或确认无效之前，应当推定它是合法有效的，即使相对人与行政主体就该行政行为发生了争议，也应当先行服从，事后再寻求权利救济途径。可见，行政行为的公定力其实是一种“优先力”，具体包含两点：**(1)推定有效。**行政行为一经作出，只要未被依法撤销或确认无效，就应当推定它是合法有效的。**(2)先行服从。**正是基于前一点，所以即便相对人与行政主体发生争议，相对人也应当先行服从。行政行为的公定力，是对行政行为拘束力的进一步拓展和巩固，又是行政行为既定力和执行力的基础。

（三）行政行为的既定力

行政行为的既定力，是指行政行为的内容对作出该行为的机关本身或者其他机关具有排他力。这一“排他力”表现为：(1)作出该行政行为的机关原则上不得事后撤回、改变或废止，也不得再作出一个反向的行政行为；(2)其他机关不得无视该行为的存在而作出其他反向行为。行政行为既定力的确立，乃是法的安定性和信赖利益保护原则的要求和体现。行政行为的既定力，又是对行政行为拘束力的一种维护。行政行为“既定力”的行政法理对行政执法机关的最大提醒是：**只要原行政行为还存在，任何行政机关（包括作出原行政行为的机关和其他行政机关）就不得另行作出一个与原行政行为反向的行政行为**。

（四）行政行为的执行力

行政行为的执行力，是指行政行为形成后，无须等待法院的判决，行政机关就可以行政行为为依据，强制执行该行政行为。具体来说，其是指行政行为作出以后，如果相对人不履行，行政机关原则上可以申请人民法院强制执行或者自己依法强制执行，无须等待行政复议和行政诉讼的结果。行政行为的执行力，是行政行为拘束力的最终保障，它得以让行政行为最终落地。

（五）行政行为效力的归纳

综上可见，**行政行为的拘束力主要是指对当事人的约束力，当事人必须服从和执行，不得拒绝；公定力主要是指行政行为的推定有效力；既定力主要是指对作出该行为的行政机关和其他各机关的约束力，它们不得作出与该行政行为反向的行为；执行力主要是指该行政行为的强制执行力**（见图4－5）。

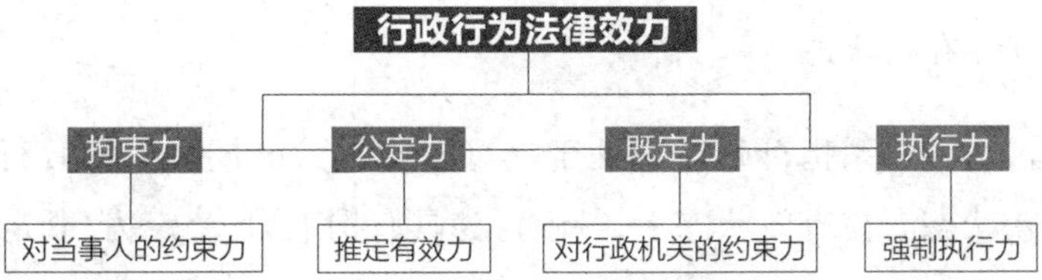

图4－5　行政行为法律效力

二、行政行为的效力范围

从范围上考察，行政行为的效力会涉及时间上的效力、空间上的效力和对人的效力。

行政行为时间上的效力，是指行政行为效力的起始和终止时间。行政行为的效力起始于行政行为的成立，终止于行政行为的消灭。在这一时间内，行政行为始终具有拘束力、公定力、既定力和执行力。

行政行为空间上的效力，是指行政行为所拘束的地域范围，包括中华人民共和国的陆地、领海、领空。但对具体的某一个行政行为而言，并不是所有的行政行为都不加区别地对全国具有约束力，其约束力范围取决于作出该行政行为的行政主体的法律地位，取决于具体行政主体在某个事务上的主管范围和管辖范围。

行政行为对人的效力，是指行政行为约束人的范围。具体指哪些人受该行政行为的约束。总体而言，行政行为对人的约束范围应当与行政法对人的效力是一样的，所有的中国公民和组织、所有在中国境内的外国组织和外国人，都受到行政行为的约束，这是我国主权原则的体现。

三、行政行为的生效规则

行政行为的生效规则是指行政行为以怎样的方式从何时开始生效的规则，旨在解决生效的起算时间，而不是确定效力的范围。从理论上说，行政行为具有下列五种生效规则：(1)即时生效，指行政行为一经作出即具有效力，行政命令大多遵循这种生效规则。(2)告知生效，指行政行为须告知相对人后方能生效。(3)受领生效，指行政行为须经相对人受领后才能生效。(4)附条件生效。当行政行为的作出附有条件时，该条件达到之时为该行政行为生效之时。(5)公告生效。除非法律有明文规定，否则公告不能作为行政行为的送达方式。在其他方式无法送达时，公告送达应当是被允许的。在允许公告送达的情况下，超过公告规定期限即视为行政行为送达。

四、行政行为的效力状态

行政行为的效力状态，系指行政行为效力存在与否的法律状态。行政行为并非在什么时候以及在什么条件下都具有法律效力。行政行为的法律效力具有三种状态：有效、无效和不发生效力。

(一)行政行为的有效状态

行政行为的有效状态，系指行政行为处于具有法律效力的期间。行政行为依法成立并且合法，就会处于有效状态。在有效状态下，行政行为具有拘束力、公定力、既定力和执行力。

(二)行政行为的无效状态

行政行为的无效状态，系指行政行为处于不具有法律效力的期间。这一期间的行政行为不具有拘束力、公定力、既定力和执行力。以下几种情形会导致行政行为的无效状态：(1)行政行为被依法撤销；(2)行政行为被确认无效；(3)行政行为被依法撤回；(4)行政行为被依法废止；(5)行政行为已经履行完毕；(6)行政行为已经终结。“行政行为的无效”与“无效的行政行为”不同。前者是指行政行为的一种效力状态，后者是指一种极端严重的违法行为。无效的行政行为当然会使行政行为处于无效力状态，但是无效力的状态并不只由无效行政行为导致。

(三)行政行为不发生效力

行政行为不发生效力，系指行政行为已经成立，但因欠缺一定的生效要件而使其法律效力尚不发生。行政行为不发生效力的情形包括但不限于：(1)行政行为已经形成，但没有送达当事人；(2)行政行为应当公告而未公告的；(3)行政行为须经上级机关批准而尚未批准时。行政行为“不发生效力”与行政行为的“无效”不同。行政行为的“无效”是指该行政行为现在已没有效力，并且将来也不可能有效力；而行政行为“不发生效力”只是指该行政行为现在尚未生效，但是不排除将来生效的可能。

第六节 行政行为的成立、变更和消灭

如果将行政行为看成一个过程,就总体而言,它必然经历“**成立—变更—消灭**”三个阶段。行政行为的成立是“从无到有”;行政行为的变更是“从有到有”;行政行为的消灭是“从有到无”。

一、行政行为的成立

行政行为的成立,系指行政主体经过行政活动的一些前置性过程(如研究、咨询、调查、报批等)而最终形成一个行政决定。该行为从法律上看,已始对外发生法律效力。**行政行为是否成立,关键看其行为要素是否已经具备**。行政行为的构成要素有五项:

第一,行政行为的主体要素。行政行为是行政主体作出的行为,而且也只能是行政主体的行为,非行政主体所作的行为不属于行政行为,因而不具有行政行为的效力。可见,离开行政主体,行政行为便无法存在。任何一个行政行为的存在,都必须明确作出该行为的行政主体,当一个行政行为的行政主体尚未明确或落实时,这个行政行为就不算存在。

第二,行政行为的对象要素。行政行为是针对一定的对象作出的。无对象的行政行为同样是不成立的。行政行为的对象无非三类,即人、行为和物。人,指行政相对人,包括公民、法人和其他组织。行为,指行政相对人的各种行为,受到行政行为的规制。物,指各种财物,包括公物和私物、无主财物和有主财物。当一个行政行为未表明适用对象时,这一行政行为也是无法实施的,也可视作不成立。

第三,行政行为的内容要素。任何行政行为都有一定的内容,不是赋予权利,便是科以义务,或是确认关系。如果一个行为虽然表明了主体与对象,但不具有行为内容,也同样不构成行政行为。

第四,行政行为的固化。行政行为的固化,系指行政行为的意思已经通过一种程序得到最终确定。它不是一个酝酿中的决定,而是一个最终确定了的决定。就是说,这个行为已不是个别工作人员包括领导人在考虑中的一个决定,而是已按规定通过一定的程序(如厅务会议、部务会议等)形成了的一个决定。

第五,行政行为的外化。行政行为的外化,系指行政行为对外已发生影响。这表现为已通知相对人,或虽未通知相对人但已对相对人实际发生作用。虽已形成但永远锁在保险箱里的行政决定不能视作行政行为已成立。

以上五个要素是衡量行政行为是否成立的标准,而不是决定行政行为是否合法有效的标准。至于行政主体是否够格、适用对象是否准确、行为内容是否符合法律、行为作出是否符合程序等,都与行政行为的成立问题无关,只与行政行为的合法性有关。

二、行政行为的变更

行政行为成立之后,迟早会消灭。在行政行为的成立与消灭之间,有的行政行为会发生变更。

(一)行政行为变更的概念和特征

行政行为的变更,系指行政行为作出以后、消灭以前,在内容、依据和形式上的变化。它有两个主要特点:

第一,从时间上看,行政行为的变更发生在该行政行为作出以后、消灭以前。该行为尚未作出,行政行为就没有变更的前提;行政行为的变更同时又发生在该行政行为消灭之前。任何行政行为最终都将消灭,只是方式不同而已,如撤回、废止、撤销、无效和失效等。行政行为的变更发生在行为消灭之前,不包括行政行为的消灭。

第二,从变更范围上看,行政行为的变更不应包括作出行为的行政主体的更换或所针对的行政相对人的更换。假设原由某市工商部门对张三作出处罚,现改为由某省工商部门对张三的处罚,这不是行政行为的变更,而是前一个行政行为的消灭与后一个行政行为的形成。关于行为所针对的相对人也是同理。假设某公安局将对张三的处罚改变为对李四的处罚,这与其说是行政处罚决定的改变,不如说是对张三处罚的消灭和对李四处罚的产生。行政行为的变更是指在行政主体与行政相对人不变的条件下,行政行为内容、依据和形式上的变化。

行政行为的变更还不同于我国行政复议法和行政诉讼法所指的行政行为“改变”。《行政诉讼法》(2017)第 26 条第 2 款所涉对行政行为的“改变”应从广义理解,它包括行政行为的变更和撤销。

(二)行政行为变更的范围

行政行为的变更应该包括以下几个方面:

第一,行政行为处理结果的变更。行政行为的处理结果是指结论性的处分当事人权利与义务的决定,如给予行政许可或罚款 3 万元等。

第二,行政行为处理定性的变更。虽然没有改变处理结果的内容,如罚款 500 元,但对相对人行为或事件的定性发生改变。例如,原定性为“侵犯公私财物”,现改为“扰乱公共秩序”。

第三,行政行为处理依据的变更。这里的处理依据是指事实依据和法律依据。一个行政行为作出以后,行政机关虽然没有改变处理结果,也没有改变定性,但改变了事实依据(事实认定)和法律依据(所适用的法律规范),这同样属于行政行为的变更。

(三)行政行为变更权及其约束

行政法虽然并不绝对禁止行政主体作出行政行为之后又对行政行为进行变更,但一直持严格控制的态度。如果行政主体今天作出一个行政行为,明天就可以改变这个行为,就会违背法的安定性原则、诚信原则和信赖利益保护原则,相对人就会无所适从。所以,行政法制度和理论为行政行为的变更设置了许多约束规则。

从行政行为变更权上考察,行政行为的变更有四类。

第一,作出该行政行为的行政主体对自己行为的变更。这种变更主要须受以下规则的约束:

一是固定原则。行政行为一经作出,不得擅自改变,否则影响行政行为的公定力,也不利于保护行政相对人的信赖利益,除非有法定理由并经过法定程序。

二是法定理由原则。行政行为一经作出,除非符合法定理由,否则不得改变。法定理由包括作出该行为的法律依据的改变(如作为依据性的法律修改),或出于公共利益的需要而实施征收征用,其他不得作为行政行为的变更理由。

三是程序同一原则。在法律允许变更行政行为的条件下,变更行政行为的程序必须与作出该行政行为的程序相同,即表现为主体相同与步骤相同。

四是补偿原则。行政行为依法进行变更后对相对人造成损害的,行政主体应当承担补偿责任。

第二,作出该行政行为的行政主体的上级行政机关对下级行政机关作出的行政行为的变更。确切地说,这是指各级人民政府对其所属工作部门行政行为的变更权。根据我国《宪法》(2018)第89条和第108条,国务院有权"改变或者撤销各部、各委员会发布的不适当的命令、指示和规章",有权"改变或者撤销地方各级国家行政机关的不适当的决定和命令";"县级以上的地方各级人民政府领导所属各工作部门和下级人民政府的工作,有权改变或者撤销所属各工作部门和下级人民政府的不适当的决定"。

这种变更虽然不受上述固定原则和程序同一原则的约束,但须受法定条件的约束。也就是说,只有当下级行政机关的行政行为"不适当"时,上级行政机关才有权予以变更。这里的"不适当"应作广义理解,包括不合法和不合理。这种变更受以下两项规则的约束:

一是法定原则。一个行政机关要改变另一个行政机关的行政行为,必须有明文的法律法规依据,必须由法定的机关,根据法定事由,通过法定程序来进行。这种情况必须采取严格限制原则。

二是赔偿补偿原则。行政行为变更后对相对人权利造成损害的,应当依法给予赔偿或者补偿。

第三,行政复议机关对被复议行政行为的变更。根据《行政复议法》(2017)第28条第1款第3项,复议机关经过审理,针对"明显不当的"具体行政行为,可以决定"变更"。《行政复议法实施条例》(2007)第47条又规定:"具体行政行为有下列情形之一,行政复议机关可以决定变更:(一)认定事实清楚,证据确凿,程序合法,但是明显不当或者适用依据错误的;(二)认定事实不清,证据不足,但是经行政复议机关审理查明事实清楚,证据确凿的。"这类变更完全受《行政复议法》和《行政复议法实施条例》的约束。

第四,人民法院对被审查行政行为的变更。根据《行政诉讼法》(2017)第77条,人民法院在行政诉讼中,对“明显不当”的“行政处罚”或者“涉及对款额的确定、认定确有错误的”,可以判决“变更”。这类变更完全受《行政诉讼法》的约束。严格地说,这是司法行为对行政行为的变更,而不是行政行为自身的变更。

三、行政行为的消灭

行政行为的消灭,系指行政行为从“存在”到“不存在”的过程及结果。准确地说,行政行为的消灭,不是指行政行为“物质”上的消失,而是指行政行为“法律效力”的失去。导致行政行为法律效力失去的原因性行为才是行政行为的消灭形式。行政行为消灭的主要形式有:行政行为的撤回、撤销、无效、废止、失效和终结。

(一)行政行为的撤回

行政行为的撤回,系指行政主体作出行政行为以后,发现该行为不符合作出的法定条件,便依职权收回该行政行为,使社会关系回归到未作出该行政行为时的状态。行政行为的撤回有下列法律特征:(1)从行为主体上看,作出行政行为的主体与消灭行政行为的主体是同一的;(2)从行为原因上看,行政行为的撤回是因为行政主体作出该行政行为后,发现该行为的作出不符合作出的条件;(3)从行为效果上看,行政行为撤回之后,该行政行为不仅往后失去了效力,而且向前回复到行政行为的“起点”;(4)从行为性质上看,行政行为的撤回属于依职权的自我纠错行为,不是行政处罚行为,也不是法律救济行为。

行政行为的撤回和行政行为的变更一样,须受固定原则、事由法定、程序同一原则、责任原则和救济原则的约束。

(二)行政行为的撤销

行政行为的撤销,是指行政行为的“被撤销”。因为无论撤销主体是谁,只要该行政行为“被撤销”,都会导致行政行为的“消灭”状态。就这种意义而言,**行政行为的撤销,是指有权机关针对违法且尚未达到无效程度的行政行为,依职权或者依申请通过法律程序,消除该行政行为全部或者部分法律效力的活动**。行政行为的撤销具有以下法律特征:(1)从行为主体上看,作出行政行为的主体与消灭行政行为的主体不具有同一性。(2)从行为原因上看,行政行为的撤销是由于行政主体行政行为违法需要纠错。(3)从行为效果上看,行政行为撤销之后,该行为往后失去了法律效力,同时追溯到被撤销行政行为作出之日,但是,基于正当事由(公共利益、社会秩序、相对人权益等),有权机关也可另行确定被撤销行政行为消灭法律效力的时间。这正是行政行为撤销与无效的区别,因为行政行为的无效是绝对的自始无效。(4)从行为性质上看,行政行为的撤销属于对行政行为的监督行为,也属于法律救济行为。行政行为的撤销既不属于自我纠错,也不属于针对相对人的行政处罚。在法律救济程序(如行政复议程序和行政诉讼程序)中,有权机关对行政行为的撤销,往往是依申请行为;而在其他行政监督程序中,往往是依职权行为。(5)从行为适用法律上看,行政行为的撤销更多的是适用行政救济法(如行政复议法和行政诉讼法等),行政监督部分也适用行政程序法,而不适用行政处罚法。

行政行为的撤销,既是行政行为消灭的一种常见情形,也是一种行政监督和法律救济的重要手段,故被中外行政法普遍确立。基于信赖利益保护,行政行为的撤销权受到严格限制,尤其在大陆法系行政法中。中国尚未制定行政程序法,对行政撤销权的限制没有统一的规定。最高人民法院提出对于违法行政行为,如果撤销将会给国家利益或者公共利益造成重大损失,可以只确认违法而不撤销。

(三)行政行为的无效

行政行为被确认无效,同样是行政行为消灭的情形之一,而且是一种比"撤销"还要严厉的监督手段(详见第十一章第五节"无效行政行为")。

(四)行政行为的废止

行政行为的废止,系指行政主体作出行政行为后,由于客观情况的变化,该行政行为不再适应新的情况,依职权决定停止该行政行为的往后效力。它的法律特征是:(1)从行为主体上看,行政行为的废止决定是由作出该被废止行政行为的机关或者其他有权机关作出的,未必具有主体上的"同一性";(2)从行为原因上看,废止并非行政行为不符合作出条件、行政行为违法或者相对人违法所引起,它在于一个合法有效的行政行为事后因客观情况的变化(如所依据的法律修改),而必须终止其往后的法律效力;(3)从行为效果上看,废止决定作出以后,被废止的行政行为往后失去法律效力,但不溯及既往,不影响废止前的法律关系;(4)从行为性质和法律适用上看,"废止"是有权机关对行政行为效力的一种处分,既不属于纠错,也不属于行政处罚,也不属于救济行为。因而它只适用行政程序法,不适用行政处罚法、行政监督法和行政救济法。

(五)行政行为的失效

行政行为的失效,是指因一定事由的出现,行政行为往后自然地失去效力的现象。当有权机关对某一行政行为作出一个确认其失效的决定,便构成了一种"确认失效"行为,它同样是行政行为的一种形态。行政行为的失效(确认失效行为),具有以下法律特征:(1)原因上的客观自然性。行政行为的失效是基于一种自然而客观的原因,与行政行为违法或者相对人违法没有联系。(2)效力上的无溯及性。行政行为的失效,只使该行政行为往后失去法律效力,但不溯及既往。这一点与行政行为的废止是相同的。使行政行为失效的客观事由有以下几种情况:期限届满、行政对象消失、履行完毕。

(六)行政行为的终结

行政行为的终结,其实是一种程序制度,是指行政行为未履行完毕,但因法定事由使得该行政行为永远无法继续下去,便依法确定该行政行为不再继续。行政行为的终结与行政行为的完成不同。行政行为的完成，是指该行政行为已被履行或执行完毕，它已完成法律使命，此后就不再发生法律效力；而行政行为的终结，则是指该行为没有履行或没有执行完毕，但因法定事由（如当事人消失等），使得该行政行为永远地停止下来。

行政行为消灭的基本理论归纳如表 4－1 所示：

表 4－1　行政行为消灭的形态

名称	定义	主体	前提	效力	行为属性	适用法律关系
撤回	行政主体作出行政行为以后，发现该行为不符合作出的法定条件，便依职权收回该行政行为，使社会关系回归到未作出该行政行为前的状态	本机关	行政行为不符合作出的条件（先天不足）	溯及行为起点	自我纠错	行政程序法
撤销	有权机关针对违法且尚未达到无效程度的行政行为，依职权或者依申请通过法律程序，消除该行政行为全部或者部分法律效力的活动	他机关	行政行为违法（先天不足）	侵益溯及；受益不溯及	监督行为	行政程序法 行政监督法 行政救济法
无效	针对严重违法、行为不能或者意思误解的行政行为，有权机关通过法律程序，依职权或者依申请，确定该行为自始无效的活动	他机关	严重违法或者其他无效情形	绝对地自始无效	确认行为	行政程序法 行政救济法
废止	行政主体作出行政行为后，由于客观情况的变化，使该行政行为不再适应新的情况，便依职权决定停止该行政行为的往后效力	有关机关	客观情况的变化 针对行政规定	往后无效力	确认行为	行政程序法
失效	因一定事由的出现，行政行为自然地往后失去效力时，由有权机关对其作出一个确认其失效的决定	他机关或本机关	因自然原因使行政行为往后失去效力	往后无效力	确认行为	行政程序法
终结	行政行为未履行完毕，但因法定事由而让该行为永远停止下来	本机关	因当事人消失等原因	往后无效力	确认行为	行政程序法

为了法律的安定性和保护相对人的信赖利益，行政行为成立以后并不可以随意变更和撤销，它受严格的条件和程序的限制。

| 引例分析 |

法院在审理中认为，对交通民警依法执行职务的行为，公民有义务配合。而焦某某不仅不配合，还拨打 110 报警，无中生有地举报交警酒后执法。公安机关据此认定焦某某阻碍交警执行职务，根据《治安管理处罚法》有关规定，决定给予焦某某罚款 200 元的行政处罚，事实清楚、证据确凿，处罚在法律规定的幅度内，且执法程序合法。所以，第一个处罚决定是合法的。事后，上级公安机关认为原处罚过轻，应当在复议期限内依法定程序解决。非经复议机关复议和人民法院审判，任何机关和个人都不得改变已经发生法律效力的处罚决定。公安机关在原处罚决定书已经生效的情况下，随意地自行变更处罚决定，程序明显违法。

笔者赞同法院的观点和态度。公安机关对焦某某治安罚款 200 元的行政处罚已经生效实施，事后又由原机关撤销该行政处罚决定。这在行政法理上不属于监督程序中对行政行为的“撤销”，而属于原行为机关对自己原行政行为的“撤回”。而行政行为的“撤回”受制于行政行为的效力。行政行为一经依法作出，便具有法律效力，即具有拘束力、公定力、既定力和执行力。其中既定力就是指行政行为的内容对作出该行为的机关本身或者其他机关具有排他力，作出该行政行为的机关原则上不得事后撤回、改变或废止，也不得再作出一个反向的行政行为，除非其他机关通过法定程序予以纠正。

复习思考题

1. 行政行为与行政活动是什么关系？
2. 行政行为的合法要件是什么？
3. 行政行为的撤回与撤销有什么区别？
4. 行政行为的变更和消灭受到什么规则的约束？

第五章 行政许可

|引 例|

某年，某公司从外省购进360吨工业盐。该市盐务局认为该公司进行工业盐购销和运输时，应当按照该省《盐业实施办法》的规定办理工业盐准运证，该公司未办理工业盐准运证即从省外购进工业盐涉嫌违法，便对该公司作出行政处罚。该公司不服行政处罚而提起行政诉讼。在诉讼中，被告提出：被告是本市盐业行政主管部门，是合格的行政执法主体；公司购销和运输工业盐必须办理准运证，这是由本省的地方政府规章《盐业实施办法》所规定的，所以处罚有据。而原告认为，国家法律和当时的《盐业管理条例》没有设定工业盐准运证这一行政许可，所以，公司从省外购进工业盐并不违法，地方政府规章不能设定工业盐准运证制度。你认为，地方政府规章是否可以为工业盐的购销和运输设定行政许可？

第一节 行政许可概述

《行政许可法》《行政处罚法》《行政强制法》是我国行政行为的三大基本法律，分别规制行政许可、行政处罚和行政强制行为。行政许可是我国的基本行政行为之一，是行政机关监管社会的一种控制手段，也是行政决定的一种基本形式。

一、行政许可的概念与特征

行政许可因具有对特定活动范围进行事先控制的功能而被各国政府作为一种行政管理手段广泛采用。它也是行政法上的一种基本行政决定形式，是一种独立的行政行为。

我国《行政许可法》对行政许可下过一个专门的定义。《行政许可法》(2019)第2条规定："本法所称行政许可，是指行政机关根据公民、法人或者其他组织的申请，经依法审查，准予其从事特定活动的行为。"将其转换成理论概念亦大体接近：**所谓行政许可，系指特定的行政主体，根据行政相对人的申请，经依法审查，作出准予或不准予其从事特定活动之决定的行政行为。**

行政许可作为一种独特的行政行为，具有以下法律特征：

第一，事先性。行政许可的本质功能是一种事先控制。当因球场空间限制无法让所有观众观赏比赛时，只能发票，持票者才能入内，这种票就具有许可功能。为防止拆迁人在不符合条件的情况下进行拆迁，“拆迁许可证”便应运而生。从理论上说，事先的同意称许可，事后的同意称认可。行政许可具有事先控制性，凡是针对事后行为的处理（如行政处罚等）均不可能是行政许可。所以，“事先性”是行政许可的首要特征。

第二，授益性。行政许可首先是一种行政赋权行为，是赋予特定行政相对人从事某种活动的权利和资格，如捕捞、开业、建房等，而不是限权行为。其次，在法律已有禁止规定的条件下，行政许可属于解禁行为，如持枪、采矿等。所以，行政许可具有双重性，即赋权性与解禁性。但无论是赋权行为还是解禁行为，都属于授益行政行为而不是负担行政行为。

第三，依申请性。行政许可是一种依申请行政行为。依申请行政行为是与依职权行政行为相对应的一种行政行为，其特点是：行政行为的作出须以行政相对人的申请为前提。根据《行政许可法》（2019）第四章第一节的规定，行政许可须经相对人申请；不经相对人申请，行政主体不得主动实施行政许可。

第四，法定性。行政许可是一种非常严格的行政法律制度，由专门的《行政许可法》作单独的调整，因而具有明显的法定性。其法定性主要表现在：一是实施行政许可的机关是法定的，不是任何行政机关都有行政许可权；二是许可的事项是法定的，对未被《行政许可法》列入的事项不得实施许可；三是许可的程序是法定的，已由《行政许可法》作出统一规定，任何机关都无法创设自己的程序。

二、行政许可的领域和种类

根据最高人民法院《关于行政案件案由的暂行规定》（法发〔2020〕44 号），可诉的行政许可行为包括但不限于以下领域：（1）工商登记；（2）社会团体登记；（3）颁发机动车驾驶证；（4）特许经营许可；（5）建设工程规划许可；（6）建筑工程施工许可；（7）矿产资源许可；（8）药品注册许可；（9）医疗器械许可；（10）执业资格许可。行政许可从理论上和制度上可以作以下分类。

（一）普通许可与特别许可

从《行政许可法》条文设置的立法意图上，**适用行政许可普通程序的许可就是普通许可，适用行政许可特别程序的许可就是特别许可（特许）**。《行政许可法》（2019）第四章第一节至第五节规定的是普通许可程序，第六节规定的是特别许可程序。这两种程序的选择规则是：特别程序优于普通程序。有特别程序规定的，适用特别程序；无特别程序规定的，就适用普通程序。

根据《行政许可法》（2019）第四章第六节规定，特别许可包括：（1）国务院实施的行政许可（第 52 条）；（2）通过招标、拍卖等竞争方式实施的许可（第 53 条）；（3）通过考试等方式确认资格、资质的许可（第 54 条）；（4）根据技术标准对物品质量进行审定允许其使用的许可（第 55 条）；（5）关于组织的成立、变更或消灭等有关主体资格的许可（第 56 条）；（6）有数量限制的许可（第 57 条）。这些特别许可以外的就是普通许可。

这一分类的意义在于：

第一，引导行政机关正确适用许可的程序规则。这些规则表现为：一是特别程序优于普通程序。特别程序与普通程序在规定上不一致的，应当优先适用特别程序。二是普通程序是特别程序的补充程序。特别许可并不绝对地排斥普通程序，普通程序对于特别许可起到补充作用。也就是说，特别许可既适用特别程序，也适用普通程序。在普通程序与特别程序规定不一致时，优先适用特别程序；但对于特别程序未作规定的部分，依然适用普通程序。

第二，正确引导立法部门科学地设置许可程序。针对国家法律禁止的许可事项应当设定严格的许可程序，不必对国家法律所禁止的事项设定不恰当且过严的许可程序，相反，应当尽量简化普通许可程序。

（二）长期许可与临时许可

临时许可系由《行政许可法》(2019)第14条与第15条所设定的一种许可。这种许可分两类：一是由国务院的决定所设定的行政许可。其是指对于由《行政许可法》(2019)第12条所列的许可事项，在法律与行政法规尚未规定时，国务院可以用决定的方式设定的一种许可。这种许可实施后，除临时性行政许可事项外，国务院应当及时提请全国人民代表大会及其常务委员会制定法律，或者自行制定行政法规。二是由省级人民政府（省、自治区、直辖市人民政府，下同）临时设定的一种许可。其是指对于由《行政许可法》(2019)第12条所列的许可事项，尚未制定法律、行政法规和地方性法规的，因行政管理的需要，确需立即实施行政许可时，由省级人民政府以规章形式设定的一种许可。临时性的行政许可实施满一年需要继续实施的，应当提请本级人民代表大会及其常务委员会制定地方性法规。

这两种临时许可，具有如下共同点：(1)以无上位法与本位法的存在为前提；(2)出于行政管理的需要；(3)临时性。这两种许可实施后，应当"及时"（第一种临时许可）或"满一年"（第二种临时许可）后取消或提请制定上位法或本位法。

临时许可以外的许可属于长期许可，尽管长期许可也有期限。

这一分类有助于指导我们分别对待两者的期限。对于长期许可，应当注意延续的程序；对于临时许可，应当严格监督其"临时性"，防止临时许可变成长期许可。

（三）法定许可、授权许可与委托许可

这是基于实施行政许可机关的不同所作的分类。**法定许可，系指由具有法定职权的行政机关实施的许可**。按照《行政许可法》(2019)第22条的规定，"行政许可由具有行政许可权的行政机关在其法定职权范围内实施"。**授权许可，系指按照《行政许可法》(2019)第23条的规定，由法律、法规授权的具有管理公共事务职能的组织所实施的许可。委托许可，系指按照《行政许可法》(2019)第24条的规定，由受行政机关委托的另一个行政机关以委托行政机关的名义所实施的许可**。

这种分类有助于完整地认识与把握行政许可的实施机关。不同机关实施行政许可受不同法则的约束。

(四)全国许可与地方许可

这是基于行政许可的空间范围所作的一种分类。**凡是在全国范围内有效的行政许可,就是全国许可;凡是在地方范围(省、市、县等)内有效的行政许可则是地方许可。**

全国许可与地方许可的划分,不是根据发证机关的地位,而是根据设定这一许可的法律。我们不能简单地推定:国务院及国务院部门颁发的许可证就一定是全国许可,地方政府颁发的许可证就一定是地方许可。律师执业证(行政许可证)由地方司法行政机关颁发,但律师可以接受全国各地案件当事人的委托,并到全国各地法院办案,所以律师证是全国许可证。

全国许可是指由国家法律、行政法规和国务院决定设定全国统一标准而没有规定地域范围限制的许可,如果国家法律、行政法规和国务院决定设定的许可同时被规定了地方适用范围,则按地方许可对待。对于由地方性法规和省级政府规章设定的许可,当然属于地方许可。

全国许可与地方许可是指许可证的法律效力在全国范围内有效还是地方范围内有效。全国许可表现为"一证通用",即办理一张许可证在全国各地都具有效力;地方许可只能是"一地办一证",超越一个地方的区域范围,就要另行依法申请许可证。从这个意义上说,全国许可与地方许可的显著区别就是:可以"一证通用",还是"多地多证"。

当然,全国许可全国有效不能理解为任何全国许可证都不得规定许可的具体地点和许可量。例如,公民、法人或者其他组织申请取水,行政机关作出的准予行政许可决定应当规定取水量和取水地点,被许可人只能在该地点取水。所以,不能将许可证的效力范围与许可证的使用地点和使用量等同。

区分全国许可与地方许可的法律意义主要表现在两个方面:(1)立法上的意义。由法律和行政法规所设定的全国许可,地方性法规和省级政府规章不得将其转变为地方许可,不得设定应当由国家统一确定的公民、法人或者其他组织资格、资质的行政许可,不得设定企业或者其他组织设立登记及其前置性行政许可。(2)执法上的意义。地方政府不得禁止其他地区的个人或者企业到本地区从事生产经营活动或提供服务,不得限制其他地区的商品进入本地区市场。

(五)有数量限制的许可与无数量限制的许可

行政许可的这一分类是基于《行政许可法》(2019)第 57 条的规定而形成的。许可事项有数量限制的是有数量限制的许可,相反,是无数量限制的许可。数量有无限制源于自然条件的限制或有权机关对数量的限定,前者如许可使用某一无线电频道,后者如高速路上的加油站。

这一分类直接决定了行政许可机关作出许可决定的规则。根据《行政许可法》(2019)第 57 条,**有数量限制的行政许可,两个或者两个以上申请人的申请均符合法定条件、标准的,行政机关应当根据受理行政许可申请的先后顺序作出准予行政许可的决定,除非法律、行政法规有例外规定。**

（六）排他性许可与非排他性许可

排他性许可，是指某个人或组织获得该项许可以后，其他任何个人或组织便都不能再申请获得该项许可，如专利许可、商标许可等；**非排他性许可，是指可以为所有具备法定条件者申请、获得的许可**，如驾驶证、营业执照等。

鉴于这两种许可的不同特性，在审查与决定许可申请时，对于排他性许可尤其要注意是否有利害关系第三人的存在。

（七）独立证书许可与附文件许可

独立证书许可，是指单独的许可证便足以表明持证人被许可的活动范围、方式、时间等，无需其他文件加以补充说明的行政许可。如入境检疫证、持枪证、特种工具购买证、驾驶证等。**附文件许可，是指必须附加文件说明被许可的范围、方式、时间等的行政许可**。如专利许可、商标许可、建设许可、对动植物及其产品入境的海关许可等，都必须附加相应的文件才能表明其许可的全部内容，附加文件是该类行政许可中一个不可缺少的组成部分。

这种分类有助于把握行政许可的完整性。

（八）附条件许可与无条件许可

这是基于行政许可的生效条件对许可所作的一种分类。我国《行政许可法》并未确立这一分类，所以这是一种纯理论上的分类。从理论上说，行政许可一经作出，无须等待是否达到所附条件才发生法律效力，这种许可是无条件许可；相反，如果许可作出以后，能否生效要视其是否达到所附条件，这便是附条件行政许可。

这种分类的意义在于把握行政许可的生效条件。

三、行政许可的形式

行政许可是一种要式行政行为，不是不要式行为，所以它必须符合法律所要求的形式。

关于行政许可的具体形式，如果从许可行为本身考察，其形式具有多样性，包括许可、认可、审批、审核、核准、登记、备案等。目前，这些行政许可的形式还过于杂乱，究其原因主要在于理论上与立法上的不成熟，在立法和理论上还无力统一和规范行政许可的形式。另外，必须注意，除“许可”本身作为行政许可的行为形式外，其他形式如认可、审批、审核、核准、登记、备案等，并非都是行政许可的“专有”形式，它们可能同时又成为其他行政行为的形式。例如，“登记”既可成为行政许可的一种形式，也可能属于行政确认的一种形式。所以，应当以行政许可的特征去把握行政许可行为，而不能以行政许可的表达去认定行政许可行为。

从书面范畴考虑，行政许可又表现为一种许可证书。这种证书的形式，根据《行政许可法》（2019）第 39 条，应当包括许可证、执照、资格证、资质证、批文等各种证照。

四、不属于行政许可的其他行为

根据《行政许可法》和有关解释，下列行为没有被列入行政许可范围：

（一）内部行政审批行为

根据《行政许可法》（2019）第 2 条，行政许可的本质是解决政府与社会（公民、法人或者其他组织）的关系，而不是处理政府机关之间或者政府与党的机关、其他国家机关之间的关系。根据《宪法》，行政机关不仅肩负着对社会经济、文化、科技等方面的管理工作，同时也承担着对政府和国家人事、财务、外事等事项的审批权。行政机关行使后一审批权时，大多基于特别权力关系，其行为性质为内部行政行为，不属于《行政许可法》意义上的行政许可行为，因而不适用《行政许可法》。为此，该法第 3 条第 2 款明确规定："有关行政机关对其他机关或者对其直接管理的事业单位的人事、财务、外事等事项的审批，不适用本法。"

（二）以出资人身份处置财产权的行政审批

行政机关具有双重身份：一是代表国家行使行政管理权，这是行政主体身份；二是代表国家行使国有资产所有权人的权利与义务，这是出资人身份。行政机关以行政主体身份行使行政管理权属于行政行为，受行政法调整；行政机关以出资人身份处置其所有的财产权，属于由民法调整的民事行为。因此，行政机关以国有资产出资人身份对所属财产的投资和其他处置行为进行审批的行为，不属于行政许可。

（三）确认民事权利的登记行为

行政许可作为一种赋权行为，直接赋予行政相对人某种行政法上的行为权利，民事权利不是行政许可的直接结果。因此，行政机关确认民事权利的登记行为不属于行政许可，而属于行政确认。确认民事权利的登记行为有两类：一类是为确认民事权利所作的登记，如房屋所有权登记、财产抵押权登记、机动车登记、植物新品种权的授予、组织机构代码和商品条码的注册等；另一类是为确认民事关系所作的登记，如婚姻登记、收养登记、身份登记、户籍登记等。

（四）知识产权的授予和注册行为

行政机关依据《专利法》（2020）和《商标法》（2019）对当事人的专利权和商标权进行保护，有效方法就是对专利的授予和商标的注册。但是，行政机关对专利的授予和商标的注册行为不是行政许可，其同样属于行政确认。因为在对专利授予和商标注册之前，该专利和商标都已存在，对专利的授予和商标的注册不过是事后承认和保护而已。但是，对于法律、行政法规规定必须使用注册商标的商品（如烟草制品等的商标），这些商品的商标注册属于行政许可，因为它具有事先的赋权性。

（五）作为日常性监督的检验、检测、检疫等行为

对有关物品的检验、检测、检疫是行政机关进行日常监督的主要手段。但是，检验、检测、检疫是事实行为而不是行政许可。另外，《行政许可法》（2019）第55条规定："实施本法第十二条第四项所列事项的行政许可的，应当按照技术标准、技术规范依法进行检验、检测、检疫，行政机关根据检验、检测、检疫的结果作出行政许可决定。行政机关实施检验、检测、检疫，应当自受理申请之日起五日内指派两名以上工作人员按照技术标准、技术规范进行检验、检测、检疫。不需要对检验、检测、检疫结果作进一步技术分析即可认定设备、设施、产品、物品是否符合技术标准、技术规范的，行政机关应当当场作出行政许可决定。行政机关根据检验、检测、检疫结果，作出不予行政许可决定的，应当书面说明不予行政许可所依据的技术标准、技术规范。"这一规定也说明，检验、检测、检疫等行为是行政许可的条件，而不是行政许可本身。

第二节　行政许可事项及其设定

一、行政许可事项范围

行政许可事项是指行政许可机关可以许可行政相对人从事活动的范围。从《行政许可法》的立法设计来看，行政许可的事项被分为两类：一是可以设定许可的事项；二是可以不设定许可的事项。

（一）可以设定许可的事项

根据《行政许可法》（2019）第12条规定，以下六类属于可以设定许可的事项：

第一类，准予公民、法人或者其他组织从事直接涉及国家安全、公共安全、经济宏观调控、生态环境保护以及人身健康、生命财产安全等特定活动的事项。这类事项有三个特点：一是这些活动必须直接涉及国家安全、公共安全、经济宏观调控、生态环境保护以及直接关系人身健康、生命财产安全等；二是这些活动一般无数量控制；三是行政机关只是审查申请者的申请条件，符合法定条件者给予许可，否则不予许可。这类事项又可分为：直接涉及国家安全的事项；直接涉及公共安全的事项；直接涉及经济宏观调控的事项；直接涉及生态环境保护的事项；直接涉及人身健康、生命财产安全的事项。

第二类，赋予公民、法人或者其他组织从事有限自然资源开发利用、公共资源配置以及直接关系公共利益的特定行业的市场准入等权利的事项。这类事项有三个特点：一是其功能在于赋予有限自然资源开发利用、公共资源配置以及特定行业的市场准入等权利；二是其一般有数量控制；三是具有对价性。当事人被许可获得特定权利后，需支付一定的对价。具体来说，涉及"两大资源一大行业"：其一，对自然资源的利用。自然资源包括土地、矿藏、水流、森林、山

岭、草原、荒地、滩涂等,它们都归国家所有。由于自然资源的有限性以及涉及国家的可持续发展,国家对自然资源的开发与利用大多规定了审批许可制度。其二,对公共资源的配置。公共资源与自然资源不同,其是指需要人们建造和维护并为社会公众服务的资源,包括市政建设、道路交通设施、航空航线、无线电频道等。对公共资源实行许可制度,主要是为了优化资源配置。其三,特定行业市场的进入。这里的特定行业是指公用事业服务等行业,如自来水、煤气、电力、电信、邮政等与人民群众日常生活、公共利益密切相关的行业。由于这类行业的特殊性,国家对其市场的进入实行许可制。

第三类,有关确定资格、资质方面的事项。这类事项有两个特点:一是只限于“提供公众服务并且直接关系公共利益的职业、行业”,如医生与律师等。不提供公众服务或虽提供公众服务但并不直接关系公共利益的职业、行业,不需实行许可制度。二是从事这些职业、行业的个人和组织依法需要确定“特殊信誉、特殊条件或者特殊技能”的,如果只需有一般的信誉、一般的条件或者一般的技能,无须实施许可制度。

第四类,对特定物的检测、检验和检疫的事项。《行政许可法》(2019)第 12 条第 4 项将这一事项表达为:“直接关系公共安全、人身健康、生命财产安全的重要设备、设施、产品、物品,需要按照技术标准、技术规范,通过检验、检测、检疫等方式进行审定的事项”。根据这一表达,可了解这一事项的特点:一是它是“通过检验、检测、检疫等方式进行审定”的活动,接近事实上的鉴定行为,而不是一般的审批活动;二是这种活动的对象是“物”而不是“人”,是设备、设施、产品、物品等;三是这种“物”必须直接关系公共安全、人身健康、生命财产安全,否则无须许可。民用航空器及发动机设备应当向国务院民用航空主管部门申领合格证书,就属于这类许可。

第五类,有关组织的设立需确定主体资格的事项。这是为有关企业或者社会组织(如社会团体)设立的行政登记制度。前文已经表明,行政登记并不全部属于行政许可,主体设立登记或行为登记属于行政许可,但权属登记与人身关系登记不属于行政许可。

第六类,法律、行政法规规定可以设定行政许可的其他事项。这是一个兜底条款,意味着除了以上五类可设定许可的事项,全国人大及其常委会制定的法律和国务院制定的行政法规还可通过单一性法律、法规来规定新的可设定许可事项。当然,这一规定必须受到《行政许可法》(2019)第 13 条的约束。

(二)可以不设定许可的事项

根据《行政许可法》(2019)第 13 条规定,上述六类可以设定行政许可的事项,如果通过以下方式能够解决,可以不设定行政许可:

第一,公民、法人或者其他组织能够自主决定的。当某种事项由当事人自己决定、处理,不实行许可一般也不会妨害国家安全、公共安全和他人权利,对该事项则不必设定许可,如确定保姆资格就是一例。

第二,市场竞争机制能够有效调节的。如果某种事项通过市场竞争机制能够有效调节,就无须通过政府干预来解决,也可不设定许可,如设定服务的价格就是一例。

第三，行业组织或者中介机构能够自律管理的。行业组织和中介机构是连接市场主体与政府的桥梁，具有自律、高效等特点。随着市场经济的成熟，这类机构越来越能担当起一定的社会管理职能。所以，诸如资质评定等可由行业组织或者中介机构自律解决的，也可不设行政许可。

第四，行政机关采用事后监督等其他行政管理方式能够解决的。如果某些事项不以事先许可为前提，事后发现违法追究其责任便可解决的，也可不设定行政许可，如一般的生活用品假冒伪劣问题。

（三）停止实施行政许可问题

在阐述了“可以设定行政许可的事项”与“可以不设定行政许可的事项”之后，还有几个问题很有必要说明：

第一，《行政许可法》用“可以设定行政许可的事项”与“可以不设定行政许可的事项”的分别规定来界定行政许可的事项范围，造成界线依然模糊不清。因为，“可以设定的事项”意味着“可以不设定”；而“可以不设定的事项”又意味着“可以设定”。这只能等待在《行政许可法》的实施与探索中进一步厘清思路。

第二，上述两种设定行政许可的事项，是指“设定”行政许可的范围，而不是“实施”行政许可。因为，无论该事项是属于《行政许可法》（2019）第 12 条规定的“可以设定”的范围，还是属于《行政许可法》（2019）第 13 条规定的“可以不设定”的范围，只要法律、法规已作设定，行政机关只能执行和实施。换言之，《行政许可法》（2019）第 12 条和第 13 条所规定的许可范围是用来约束有关机关的“立法行为”的，而不是用来约束行政机关的“执法行为”的。

第三，对于已经设定的行政许可，有关行政机关要停止实施，是有条件与程序限制的。根据《行政许可法》（2019）第 21 条，省、自治区、直辖市人民政府对行政法规设定的有关经济事务的行政许可，根据本行政区域经济和社会发展情况，认为通过《行政许可法》（2019）第 13 条所列方式能够解决的，应当报国务院批准后，才可以在本行政区域内停止实施该行政许可。

二、行政许可的设定

（一）行政许可设定的概念

行政许可的设定有广义与狭义之分。广义上的设定包括狭义上的设定与规定。《行政许可法》第二章的章名所用的“设定”是基于广义，第二章章内的各条文所用的“设定”均是狭义。广义的设定与狭义的设定及规定之间的关系如图 5 – 1 所示：

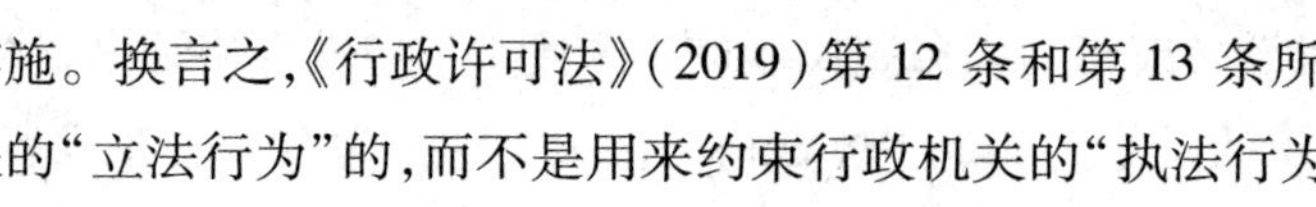

图 5 – 1　设定与规定

行政许可的设定(狭义),系指上位法创制有关行政许可制度的行为。它的主要特点有以下几个方面:

第一,立法性。行政许可的设定是指有关法律、法规和规章对行政许可作出原创性规定,而根据《立法法》,法律、法规和规章均属"法"的范畴,因而这是一种"立法行为",而不是"行政行为"。

第二,创制性。创制性系指原创性,即在其他法律未作规定时,本法律作第一次规定。如果其他法律已作规定,本法只是在此基础上再作具体化规定,那么就不属于"设定",而是"规定"了。可以简单地说,行政许可的设定是有关法规对行政许可作第一次规定。

第三,上位性。如果上位法与下位法都对行政许可作出规定,无论谁先谁后,只有上位法的规定算作"设定",下位法的规定则为"规定"。假设,在没有任何法律作出规定的情况下,国务院的行政法规第一次规定要对公民购买第二套房实施行政许可制度,这时的规定属于"设定";但事后全国人大及其常委会的法律也对同一制度作出规定,这时,全国人大及其常委会的法律属于"设定",而国务院的行政法规则改属"规定"了。因为法律是行政法规的上位法,这时的行政法规必须对照法律规定作出相应修改(如果不一致的话)。

必须强调的是,"创制性"适用于同一机关制定的法律,而"上位性"则适用于不同位阶的法律。**如果"创制性"与"上位性"发生冲突,"创制性"必须服从"上位性"**。

(二)行政许可设定权的分配

行政许可设定权的分配,系指不同位阶的法律之间如何设定许可事项的分工。与其他法律不同的是,**《行政许可法》对许可设定权的分配不是采用"范围划分法",而是采用"条件划分法"**,即不是根据权力对象的范围划分,而是在所有行为对象范围相同的前提下,划分其不同的行使条件,行使权力的范围是相同的,但行使权力的条件与前提是不同的。

根据《行政许可法》(2019)第14—15条,法律、行政法规和地方性法规对行政许可的设定权划分如下:

1. 法律的设定权

法律可以设定《行政许可法》(2019)第12条所列事项。法律设定这些事项时,必须以它们无法通过《行政许可法》(2019)第13条规定的方式加以规范为条件。

2. 行政法规的设定权

行政法规同样可以设定《行政许可法》(2019)第12条所列事项。但这种设定必须符合两个条件:一是通过《行政许可法》(2019)第13条方式无法规范的;二是尚未制定法律。如果作为上位法的法律已设定了某项许可,行政法规就不得再行设定,只能作出规定了。

3. 地方性法规的设定权

地方性法规同样可以设定《行政许可法》(2019)第12条所列事项,但设定条件会更加严格。这些条件有四项:一是通过《行政许可法》(2019)第13条所规定的方式无法规范的。二是尚未制定法律和行政法规。如果作为上位法的法律和行政法规已设定某项许可,地方性法规就不得再行设定，只能作出规定了。三是在内容上，不得设定应当由国家统一确定的公民、法人或者其他组织的资格、资质的行政许可，不得设定企业或者其他组织的设立登记及其前置性行政许可。四是在效力上，其设定的行政许可，不得限制其他地区的个人或者企业到本地区从事生产经营和提供服务，不得限制其他地区的商品进入本地区市场。

必须关注的是，**自治条例和单行条例一律不得设定行政许可**。

（三）对临时许可的设定

上述法律、行政法规和地方性法规所设定的许可属于常态性许可，或称一般许可。根据《行政许可法》(2019)第14—15条，国务院和省级人民政府在一定条件下也可以设定许可，但这种许可属于临时许可。

1. 国务院决定的设定权

《宪法》(2018)第89条第1项规定，国务院可以"根据宪法和法律，规定行政措施，制定行政法规，发布决定和命令"。国务院对临时许可作出临时设定的"决定"，不属于法律、法规和规章，而属于"行政规定"。所以严格说来，国务院的决定对许可的设定不属于"立法"行为。国务院的决定设定的临时许可，事项范围还是与法律、行政法规和地方性法规的设定权相同，但鉴于它属于一种临时许可，设定这种许可的条件更加苛刻，除了同样受制于《行政许可法》(2019)第13条规定，还必须符合以下几个条件：一是法律、行政法规尚未设定该许可。二是确有"必要"。这种必要性表现在还来不及制定法律和行政法规，即"等不及立法"，并且又为行政管理所必需。三是实施后，应当"及时"提请全国人大及其常委会制定法律或者自行制定行政法规。

2. 省级人民政府规章的设定权

省级人民政府规章系指省人民政府、自治区人民政府和直辖市人民政府依照《立法法》所制定的规章，属于法的范畴。根据《行政许可法》(2019)第15条，上述规章也有权设定临时许可。省级人民政府规章设定许可的范围与法律、行政法规、地方性法规、国务院决定的设定范围相同，但其限制条件更多，除同样受制于《行政许可法》(2019)第13条规定外，还受以下要求的约束：一是法律、行政法规和地方性法规尚未设定该许可；二是为国家行政管理所需要，确需立即实施该行政许可的；三是实施期限为1年，1年内应当自行取消。如果实施满1年需要继续实施，应当提请本级人民代表大会及其常务委员会制定地方性法规。内容上与效力上的其他条件与地方性法规相同。

最后强调两点尤有必要：一是国务院决定和省级人民政府规章只能在一定条件下设定临时许可，不得设定一般许可；二是根据《行政许可法》(2019)第17条，除法律、行政法规、地方性法规、国务院决定和省级人民政府规章外，其他任何规范性文件一律不得设定行政许可。

（四）对行政许可设定的归纳

综上，可以将我国行政许可设定制度归纳如表5－1所示：

表 5－1　我国行政许可设定

许可种类	设定文件	可设定许可的事项	设定条件	法律依据
一般许可	法律	《行政许可法》第 12 条所列事项：（1）直接涉及国家安全、公共安全、经济宏观调控、生态环境保护以及直接关系人身健康、生命财产安全等特定活动，需要按照法定条件予以批准的事项；（2）有限自然资源开发利用、公共资源配置以及直接关系公共利益的特定行业的市场准入等，需要赋予特定权利的事项；（3）提供公众服务并且直接关系公共利益的职业、行业，需要确定具备特殊信誉、特殊条件或者特殊技能等资格、资质的事项；（4）直接关系公共安全、人身健康、生命财产安全的重要设备、设施、产品、物品，需要按照技术标准、技术规范，通过检验、检测、检疫等方式进行审定的事项；（5）企业或者其他组织的设立等，需要确定主体资格的事项；（6）法律、行政法规规定可以设定行政许可的其他事项	通过《行政许可法》第 13 条方式无法规范的	《行政许可法》第 14 条
	行政法规	同上	（1）通过《行政许可法》第 13 条方式无法规范的；（2）尚未制定法律时	《行政许可法》第 14 条
	地方性法规	同上	（1）通过《行政许可法》第 13 条方式无法规范的；（2）尚未制定法律、行政法规时；（3）不得设定应当由国家统一确定的公民、法人或者其他组织的资格、资质的行政许可，不得设定企业或者其他组织的设立登记及其前置性行政许可；（4）设定的行政许可，不得限制其他地区的个人或者企业到本地区从事生产经营和提供服务，不得限制其他地区的商品进入本地区市场	《行政许可法》第 15 条
临时许可	国务院决定	同上	（1）通过《行政许可法》第 13 条方式无法规范的；（2）尚未制定法律、行政法规时；（3）确有"必要"，来不及制定法律和行政法规并且又为行政管理所必需；（4）实施后，应当"及时"提请全国人大及其常委会制定法律或者自行制定行政法规	《行政许可法》第 14 条
	省级人民政府规章	同上	（1）通过《行政许可法》第 13 条方式无法规范的；（2）尚未制定法律、行政法规和地方性法规时；（3）为国家行政管理所需要，确需立即实施该行政许可的；（4）实施期限为 1 年，1 年内应当自行取消。如果实施满 1 年需要继续实施，应当提请本级人民代表大会及其常务委员会制定地方性法规；（5）不得设定应当由国家统一确定的公民、法人或者其他组织的资格、资质的行政许可，不得设定企业或者其他组织的设立登记及其前置性行政许可；设定的行政许可，不得限制其他地区的个人或者企业到本地区从事生产经营和提供服务，不得限制其他地区的商品进入本地区市场	《行政许可法》第 15 条

三、行政许可的规定

(一)行政许可规定的概念

行政许可的规定,系指在上位法已经设定行政许可的前提下,在上位法设定的许可范围内作具体化规定的行为。其主要特点是:

第一,立法性。行政许可的规定系指有关法规和规章对行政许可作出进一步细化的规定,由于法规与规章均属于“法”的范畴,行政许可的规定也是一种“立法行为”,而不是一种“行政行为”。

第二,非创制性。行政许可的规定虽然也是立法权的体现,但它不具有创制性,或称原创性。其非创制性具体表现为两点:一是其是以设定法为依据的,如果设定许可的法不存在,那就无以发生对许可的规定问题;二是其是二次立法,是在设定法对许可已作出设定的条件下再行对其具体化。

第三,下位性。上位法对下位法,或者同位法之间,都不会发生对许可的规定问题。行政许可的规定总是发生在下位法对上位法的情况中。法律不存在对法规作出规定,法规不存在对规章作出规定,法律之间、行政法规之间、地方性法规之间或规章之间也不会发生规定问题,只有规章对地方性法规、地方性法规对行政法规、行政法规对法律,才发生行政许可的规定问题。

虽然行政许可的设定与规定都是立法行为,但它们之间的区别有三点:一是设定具有创制性,规定不具有创制性,只是对设定的具体化。因而可以说,设定是“从无到有”,规定是“从有到有”(“从粗到细”)。二是设定是首次对许可的规定,规定是二次以后对许可的设定。三是设定是上位法针对下位法,规定是下位法针对上位法。设定法是规定法的依据。

(二)行政许可规定权的分配

行政许可规定权的分配,系指不同位阶的法规之间如何具体规定有关行政许可内容的分工。《行政许可法》(2019)有关行政许可规定权的基本规定是第16条。根据该条规定,行政法规、地方性法规、规章都拥有规定权,也只有它们才拥有规定权,具体表现为以下几个方面:

第一,行政法规可以在法律设定的行政许可事项范围内,对实施该行政许可作出具体规定。

第二,地方性法规可以在法律、行政法规设定的行政许可事项范围内,对实施该行政许可作出具体规定。

第三,规章可以在上位法设定的行政许可事项范围内,对实施该行政许可作出具体规定。

这里要提醒的是:拥有设定权的规章只限于“省级人民政府规章”;但拥有规定权的规章却扩大到所有政府规章。

(三)行政许可规定的内容和限制

《行政许可法》(2019)第18条关于设定许可内容上的要求,不仅适用于行政许可的设定,同样也适用于行政许可的规定。有关法规在规定行政许可时也要保持内容上的完整性，应当对实施行政许可的事项、实施行政许可的机关、实施行政许可的条件、实施行政许可的程序以及实施行政许可的期限作出规定。

但行政许可规定不是对行政许可设定的内容作简单重复，否则便失去了立法意义。行政许可规定是对行政许可设定内容作进一步的“细化”。然而，这一细化也不是无条件的，它受到下列条件的严格限制：

第一，不得超越设定法所规定的行政许可事项范围。《行政许可法》(2019)第16条规定，行政法规、地方性法规和规章在规定行政许可时，都必须限于在上位法“设定的行政许可事项范围内”，而且还“不得增设行政许可”。

第二，不得改变实施行政许可的机关。上位法已将某项许可权设定给某一行政机关，下位法在作出具体规定时，不得改变实施主体。但下位法在不改变上位法设定的许可实施机关的前提下，规定其内设机构或所属事业单位以实施机关的名义受理许可申请是允许的。

第三，不得增设实施行政许可的条件。根据《行政许可法》(2019)第16条第4款，“法规、规章对实施上位法设定的行政许可作出的具体规定……不得增设违反上位法的其他条件”。因为实施行政许可的条件增设得越多，相对人获准许可的难度就会越大，这既不利于保护相对人依法获得行政许可，也有悖中国法制的统一性。

其他方面的内容则按照下位法不得违反上位法原则处理。

第三节　行政许可的实施机关

一、实施行政许可的主体

实施行政许可的主体，系指依法具体实施行政许可权的组织，或称实施行政许可的机关。根据《行政许可法》(2019)第三章和其他有关法律、法规和规章的规定，实施行政许可的主体有下列四类。

(一)拥有行政许可权的行政机关

《行政许可法》(2019)第22条规定：“行政许可由具有行政许可权的行政机关在其法定职权范围内实施。”这一规定首先确立了“行政许可应当由行政机关实施”的原则。首先，因为行政许可权属于国家的行政权力，因此必须由国家行政机关依法行使。这是为了保证国家公权力的严肃性。其次，不是任何行政机关都具有实施行政许可的资格，权力来自法律、行政法规和地方性法规，如果是临时许可，那么权力也可来自国务院决定和省级人民政府规章。最后，行政机关必须在法定职权范围内实施行政许可。这是许可行为的合法性要求。

（二）法律、法规授权的具有管理公共事务职能的组织

行政许可应当由行政机关实施，但在得到法律、法规授权的条件下，具有管理公共事务职能的组织也可以实施行政许可。这就是授权许可制度。《行政许可法》之所以设立授权许可制度，主要是考虑随着当今社会的高速发展，行政管理事务范围越加广泛，专业性越来越强。由授权行政机关以外的社会组织实施许可，不仅可以节省行政成本，而且可以提高许可质量（尤其在专业许可领域）。

《行政许可法》（2019）第 23 条规定："法律、法规授权的具有管理公共事务职能的组织，在法定授权范围内，以自己的名义实施行政许可。被授权的组织适用本法有关行政机关的规定。"这说明授权许可制度需具备以下几个要素：

第一，主体必须是具有管理公共事务职能的组织。这里的组织不是指国家机关和政党组织，而是指企业、事业单位与社会团体。

第二，这些组织必须得到法律、法规的授权。实施行政许可并非具有管理公共事务职能的组织的当然权力，只有得到法律、法规明文授权的具有管理公共事务职能的组织才可实施行政许可。这种授权的范围只限于法律、行政法规和地方性法规，规章和行政规定不得作出这方面的授权。

第三，被授权的组织以自己的名义实施行政许可。这些组织得到法律、法规授权时，其法律身份成为行政主体，而行政主体实施行政行为必须以自己的名义进行并承受行为效果。

第四，被授权的组织适用《行政许可法》有关行政机关的规定。这些组织被授权后便成为行政主体，因而被视作行政机关。这些组织在实施行政许可时，必须受《行政许可法》对行政机关各种规定特别是第 27 条的约束。

（三）受委托的行政机关

根据《行政许可法》（2019）第 22 条的精神，行政许可原则上应当由具有许可职权的行政机关依法实施，不得由另外的行政机关实施。但《行政许可法》考虑行政管理事务的复杂性，并为精简机构，规定了委托许可制度。

《行政许可法》（2019）第 24 条规定："行政机关在其法定职权范围内，依照法律、法规、规章的规定，可以委托其他行政机关实施行政许可。委托机关应当将受委托行政机关和受委托实施行政许可的内容予以公告。委托行政机关对受委托行政机关实施行政许可的行为应当负责监督，并对该行为的后果承担法律责任。受委托行政机关在委托范围内，以委托行政机关名义实施行政许可；不得再委托其他组织或者个人实施行政许可。"根据这一规定，委托许可制度由下列几个要素构成：

第一，委托方是依法被设定拥有行政许可权的行政机关，受委托方也是行政机关。这与行政处罚中的委托不同，处罚委托是行政机关对具有管理公共事务职能的组织委托，被委托的组织可以是行政机关，也可以不是行政机关；而许可委托是行政机关对行政机关的委托。

第二,委托方的委托行为必须在法定职权范围内进行。委托方行政机关必须拥有许可职权,只能将所拥有职权的全部或一部分委托给其他行政机关。这就是"输入小于输出原则"。

第三,委托许可须以有法律、法规、规章的规定为前提。行政机关实施委托许可,必须有法律、法规、规章的依据,无此依据,不得实施委托。

第四,受委托许可的机关在委托范围内,以委托行政机关名义实施行政许可,行为效果归属委托方行政机关。这是因为,在行政委托关系中,受委托方不是作为行政主体,而是作为行为主体身份出现的,因而受委托方只能以委托方的名义实施许可,并由委托方承受行为后果。

第五,委托方行政机关应当将委托信息公开并监督受委托机关的许可行为。这是委托方行政机关的法定职责,体现了行政公开原则与监督原则。

第六,受委托机关不得再行将许可委托给其他组织或者个人。这是一次性委托原则的要求。原则上,任何委托只能委托一次,不允许再委托,否则不利于公权力的监督与控制。

(四)专业技术组织

《行政许可法》(2019)第 28 条规定,对直接关系公共安全、人身健康、生命财产安全的设备、设施、产品、物品的检验、检测、检疫,除法律、行政法规规定由行政机关实施的外,应当逐步由符合法定条件的专业技术组织实施。专业技术组织及其有关人员对所实施的检验、检测、检疫结论承担法律责任。该条虽不是对专业技术组织作为行政许可实施机关的直接授权,但无疑为将来针对直接关系公共安全、人身健康、生命财产安全的设备、设施、产品、物品的检验、检测、检疫方面的授权许可与委托许可提供了依据。

二、相对集中行政许可权

相对集中行政许可权,系指经国务院批准,省、自治区、直辖市人民政府根据精简、统一、效能的原则,可以决定一个行政机关行使有关行政机关的行政许可权。这一制度具有以下特点:

第一,集中性。这一制度是让一个行政机关行使其他有关行政机关的行政许可权,其实是将多个行政机关的行政许可权集中到一个行政机关以提高办事效率。

第二,相对性。但这一"集中"不是绝对和全部的集中,而是"相对集中"。之所以称"相对集中",是因为这一制度并未将所有行政机关的所有许可权都集中到一个行政机关身上。对于集中行政许可权,鉴于其会在一定程度上改变原有法规对许可实施机关的设定,必须持谨慎态度。

第三,严格性。行使相对集中行政许可权不是行政机关之间的随意性行为,必须由省级人民政府报经国务院批准后作出决定,程序非常严格。

第四,主体资格转移性。当经过上述严格程序确定设立一个行政机关行使其他有关行政机关的行政许可权时,其他有关行政机关的行政许可实施资格便转移到该行政机关,原行政机关不得再行使行政许可权。

三、行政许可的办理制度

《行政许可法》为了便民、高效,除设立相对集中行政许可权制度外,还对办理许可工作制度进行了改革,肯定了地方先行的许多先进经验。《行政许可法》(2019)第26条创设了下列几种便民的许可办理制度。例如,一个行政机关内多个机构的统一办理制度;多个行政机关的并联办理;多个行政机关的联合办理与集中办理。

四、行政许可机关的义务与职责

行政许可机关是依法代表国家实施行政许可的主体,其行为代表国家的意志与形象,所以《行政许可法》对其作出了许可职责规定与义务要求。其中最为突出的有两项:

第一,许可信息公开的义务。《行政许可法》(2019)第30条规定,行政机关应当将法律、法规、规章规定的有关行政许可的事项、依据、条件、数量、程序、期限以及需要提交的全部材料的目录和申请书示范文本等在办公场所公示。申请人要求行政机关对公示内容予以说明、解释的,行政机关应当说明、解释,并提供准确、可靠的信息。

第二,不得向申请人谋取私利。《行政许可法》(2019)第27条规定,行政机关实施行政许可,不得向申请人提出购买指定商品、接受有偿服务等不正当要求。行政机关工作人员办理行政许可,不得索取或者收受申请人的财物,不得谋取其他利益。这是针对近几年实践中出现的情况所作的特别规定,具有针对性与紧迫性。

第四节 行政许可的实施程序

行政许可的实施程序,系指由《行政许可法》和其他有关法律规定,行政许可机关和相对人必须遵循的,有关行政许可实施的方式、步骤和时限等法律制度。国家设置行政许可程序的目的在于保障实施行政许可权的公正与效率。行政许可的实施程序,不仅是行政许可机关实施行政许可的程序,同时也是行政相对人参与行政许可的程序。申请—受理—审查—听证—决定,是行政许可实施程序的基本环节。

一、申请

行政相对人从事特定活动,依法需要取得行政许可的,应当向行政许可机关提出申请。申请人可以委托代理人提出行政许可申请,依法应当亲自到行政机关办公场所提出行政许可申请的除外。

行政许可申请可以通过信函、电报、电传、传真、电子数据交换和电子邮件等方式提出。

申请人申请行政许可,应当如实向行政机关提交有关材料和反映真实情况,并对其申请材料实质内容的真实性负责。行政机关不得要求申请人提交与其申请的行政许可事项无关的技术资料或其他材料。

二、受理

行政许可机关对申请人提出的行政许可申请,应当根据下列情况分别作出处理:(1)申请事项依法不需要取得行政许可的,应当即时告知申请人不受理。(2)申请事项依法不属于本行政机关职权范围的,应当即时作出不予受理的决定,并告知申请人向有关行政机关申请。(3)申请材料存在可以当场更正的错误的,应当允许申请人当场更正。(4)申请材料不齐全或者不符合法定形式的,应当当场或者在5日内一次告知申请人需要补正的全部内容,逾期不告知的,自收到申请材料之日起即为受理。(5)申请事项属于本行政机关职权范围,申请材料齐全、符合法定形式,或者申请人按照本行政机关的要求提交全部补正申请材料的,应当受理行政许可申请。

行政机关受理或者不予受理行政许可申请,应当出具加盖本行政机关专用印章和注明日期的书面凭证。

三、审查

(一)审查申请材料

行政机关应当对申请人提交的申请材料进行审查。对申请人提交的申请材料审查把关是行政许可实施机关的法定职责。如果审查错误导致许可决定错误,行政许可机关应当承担相应的责任。

行政机关对申请材料的审查有形式审查与实质审查之分。形式审查系指行政许可机关针对当事人提交的申请材料,只要审查其是否齐全以及是否符合法定形式即可,符合这两个标准的,即当场作出行政许可。《行政许可法》(2019)第34条第2款规定:“申请人提交的申请材料齐全、符合法定形式,行政机关能够当场作出决定的,应当当场作出书面的行政许可决定。”这正是针对形式审查而言的。实质审查系指行政许可机关针对当事人提交的申请材料,不仅要审查其是否齐全以及是否符合法定形式,还要审查材料的真实性,在这些基础上方能作出行政许可。《行政许可法》(2019)第34条第3款规定:“根据法定条件和程序,需要对申请材料的实质内容进行核实的,行政机关应当指派两名以上工作人员进行核查。”这正是针对实质审查而言的。

(二)听取申请人、利害关系人的意见

行政机关对行政许可申请进行审查时,发现行政许可事项直接关系他人重大利益的,应当告知该利害关系人。申请人、利害关系人有权进行陈述和申辩,行政机关应当听取申请人、利害关系人的意见。

四、听证会

听证会是行政许可机关在对许可申请审查时，在作出许可决定前所举行的听取申请人、利害关系人意见的最高形式。听证会并不是实施行政许可过程中的必经程序，但已经成为一个广泛适用的程序。《行政许可法》(2019)第46—47条规定，有下列情形之一的，必须举行听证会：(1)法律、法规、规章明文规定应当听证的；(2)行政许可机关认为需要听证的；(3)申请人、利害关系人要求听证的。对于这类听证，行政机关在作出行政许可决定前，应当告知申请人、利害关系人享有要求听证的权利；申请人、利害关系人在被告知听证权利之日起5日内提出听证申请的，行政机关应当在20日内组织听证。

《行政许可法》(2019)第48条规定，听证按照下列程序进行：(1)行政机关应当于举行听证的7日前将举行听证的时间、地点通知申请人、利害关系人，必要时予以公告。(2)听证应当公开举行。(3)行政机关应当指定审查该行政许可申请的工作人员以外的人员为听证主持人，申请人、利害关系人认为主持人与该行政许可事项有直接利害关系的，有权申请回避。(4)举行听证时，审查该行政许可申请的工作人员应当提供审查意见的证据、理由，申请人、利害关系人可以提出证据，并进行申辩和质证。(5)听证应当制作笔录，听证笔录应当交听证参加人确认无误后签字或者盖章。

举行听证会的，行政机关应当根据听证笔录，作出行政许可决定，否则听证会便会失去意义。

五、决定

申请人的申请符合法定条件、标准的，行政许可机关应当依法作出准予行政许可的书面决定；不符合法定条件、标准的，行政许可机关应当作出不予行政许可的书面决定，依法作出不予行政许可的书面决定的，应当说明理由，并告知申请人享有依法申请行政复议或者提起行政诉讼的权利。

对于《行政许可法》(2019)第12条第2项所列许可事项，即有限自然资源开发利用、公共资源配置以及直接关系公共利益的特定行业的市场准入等，需要赋予特定权利的事项，根据第53条第1、2款，行政许可机关应当通过招标、拍卖等公平竞争的方式作出决定。但是，法律、行政法规另有规定的，依照其规定。行政机关通过招标、拍卖等方式作出行政许可决定的具体程序，依照有关法律、行政法规的规定。

对于《行政许可法》(2019)第12条第3项所列许可事项，即提供公众服务并且直接关系公共利益的职业、行业，需要确定具备特殊信誉、特殊条件或者特殊技能等资格、资质的事项，根据第54条第1款，赋予公民特定资格，依法应当举行国家考试的，行政机关根据考试成绩和其他法定条件作出行政许可决定；赋予法人或者其他组织特定的资格、资质的，行政机关根据申请人的专业人员构成、技术条件、经营业绩和管理水平等的考核结果作出行政许可决定。但是，法律、行政法规另有规定的，依照其规定。

对于《行政许可法》(2019)第12条第4项所列许可事项,即直接关系公共安全、人身健康、生命财产安全的重要设备、设施、产品、物品,需要按照技术标准、技术规范,通过检验、检测、检疫等方式进行审定的事项,根据第55条第1、2款,应当按照技术标准、技术规范依法进行检验、检测、检疫,行政机关根据检验、检测、检疫的结果作出行政许可决定。行政机关实施检验、检测、检疫,应当自受理申请之日起5日内指派两名以上工作人员按照技术标准、技术规范进行检验、检测、检疫。不需要对检验、检测、检疫结果作进一步技术分析即可认定设备、设施、产品、物品是否符合技术标准、技术规范的,行政机关应当当场作出行政许可决定。

对于《行政许可法》(2019)第12条第5项所列许可事项,即企业或者其他组织的设立等,需要确定主体资格的事项,根据第56条,申请人提交的申请材料齐全、符合法定形式的,行政机关应当当场予以登记。需要对申请材料的实质内容进行核实的,行政机关依照《行政许可法》第34条第3款的规定办理。

对于有数量限制的行政许可,两个或者两个以上申请人的申请均符合法定条件、标准的,行政许可机关应当根据受理行政许可申请的先后顺序作出准予行政许可的决定。但是,法律、行政法规另有规定的,依照其规定。

行政许可机关作出的准予行政许可决定,应当予以公开,公众有权查阅。

六、期限

《行政许可法》(2019)第四章第三节专门规定了行政许可的期限。该期限包括行政许可机关作出许可的期限与送达当事人的期限。行政许可机关作出许可决定的期限,分四种情况:

一是能够当场作出许可决定的,就当场作出许可决定。

二是不能当场作出许可决定的,应当自受理行政许可申请之日起20日内作出行政许可决定。20日内不能作出决定的,经本行政机关负责人批准,可以延长10日,并应当将延长期限的理由告知申请人。但是,法律、法规另有规定的,依照其规定。

三是对于统一办理或者联合办理、集中办理的许可,办理的时间不得超过45日;45日内不能办结的,经本级人民政府负责人批准,可以延长15日,并应当将延长期限的理由告知申请人。

四是依法应当先经下级行政机关审查后报上级行政机关决定的行政许可,下级行政机关应当自其受理行政许可申请之日起20日内审查完毕。但是,法律、法规另有规定的,依照其规定。各类作出行政许可的期限如表5-2所示:

表5-2　作出行政许可的期限

编号	适用条件	期限	延长	但书
1	依法当场能够作出许可决定的	当场作出		
2	不能当场作出许可决定的	20日	+10日 (经本行政机关负责人批准)	法律、法规另有规定的,依照其规定

续表

编号	适用条件	期限	延长	但书
3	对于统一办理或者联合办理、集中办理的	45日	+15日 （经本级人民政府负责人批准）	
4	依法应当先经下级行政机关审查后报上级行政机关决定的行政许可，下级机关的审查期限	20日		法律、法规另有规定的，依照其规定

关于送达许可决定的期限，《行政许可法》（2019）第44条规定，行政机关作出准予行政许可的决定，应当自作出决定之日起10日内向申请人颁发、送达行政许可证件，或者加贴标签，加盖检验、检测、检疫印章。

行政机关作出行政许可决定，依法需要听证、招标、拍卖、检验、检测、检疫、鉴定和专家评审的，所需时间不计算在上述期限内。行政机关应当将所需时间书面告知申请人。

七、变更与延续

行政许可的变更，系指申请人取得行政许可以后，要求变更许可事项。被许可人要求变更行政许可事项的，应当向作出行政许可决定的行政机关提出申请。符合法定条件、标准的，行政机关应当依法办理变更手续。

行政许可的延续，系指申请人取得的行政许可到期，要求延长许可证期限。被许可人需要延续依法取得的行政许可的有效期的，应当在该行政许可有效期届满30日前向作出行政许可决定的行政机关提出申请。但是，法律、法规、规章另有规定的，依照其规定。行政机关应当根据被许可人的申请，在该行政许可有效期届满前作出是否准予延续的决定；**逾期未作决定的，视为准予延续**。

第五节　行政许可中的特别程序

《行政许可法》（2019）第四章第一节至第五节，对行政机关实施行政许可的包括申请与受理、审查与决定、听证、期限、变更与延续等在内的各个环节作了详细规定，构成了行政许可的一般程序。《行政许可法》（2019）又在同章设第六节“特别规定”，在一般程序的基础上，对某些许可程序作出特别要求，构成了行政许可的特别程序。一般程序与特别程序的关系是，有特别程序规定时，适用特别程序规定；无特别程序规定时，适用行政许可的一般程序。以下行政许可适用行政许可的特别程序。

一、国务院实施行政许可的程序

《行政许可法》(2019)第52条规定:“国务院实施行政许可的程序,适用有关法律、行政法规的规定。”该条为什么要将国务院实施行政许可的程序,排除在《行政许可法》所设定的一般程序和特别程序之外?这是基于两个方面的考虑:一是按照《宪法》(2018)规定,国务院是我国最高国家行政机关,领导和管理国家的经济工作、城乡工作、民政、公安、司法行政和行政监察等各项事务,它实施的行政许可都涉及重大、复杂事项。对国务院实施的行政许可,不宜也不应该按照《行政许可法》规定的受理、决定、期限等要求进行。二是在现实中,国务院所实施的行政许可大多已有实体法和程序法规定,不是“无法可依”。

二、对特许程序的特别规定

特许,是指行政机关代表国家向申请人转让原本属于国家的资源或专营权的许可行为,事关有限资源的开发利用、公共资源的配置以及直接关系公共利益的特定行业的市场准入等权利。有限资源的开发利用,是指对包括土地、森林、草原、水流、矿产、海域等在内的自然资源的开发利用;公共资源的配置,是指对公共运输线路和电讯资源(包括无线电频道、航空线路、公交线路)等有限公共资源的配置;直接关系公共利益的特定行业的市场准入,是指企业进入电力、铁路、民航、通信、石油、烟草等行业从事相关经营活动。《行政许可法》(2019)第53条对特许程序作出了特别规定。

《行政许可法》(2019)第53条规定的本质要求是:对于这类行政许可(特许),应当通过招标、拍卖等公平竞争的方式作出决定。该条之所以提出这一特别要求,主要是基于两点考虑:一是由于自然资源、公共资源的有限性和稀缺性,公用事业市场巨大及国家对市场准入的限制,获得这类许可具有巨大的经济价值。有关企业会千方百计地通过各种手段试图进入该领域,钱权交易的“暗箱操作”可能出现,腐败可能滋生。二是这类许可属于有数量限制的许可,有效地保护资源特别重要。在这些压力下,通过公平竞争的方式作出许可,既有利于防止腐败滋生,又有利于资源的保护。

同时,鉴于目前一些法律和法规对这类许可依然采用“双轨制”,如国有土地使用权的出让,既可通过招标、拍卖,也可通过协议方式进行。国家应当允许经过一定时间从“双轨制”过渡到只能通过招标、拍卖等公平竞争方式的“单轨制”。为此,《行政许可法》(2019)同时设置了“例外”条款,即规定关于应当通过招标、拍卖等公平竞争方式实施许可的,“法律、行政法规另有规定的,依照其规定”。这一“例外条款”是个过渡性条款,而不是“目标条款”。以后有关法律和行政法规修订时,应当向“单轨制”靠近。

三、对认可程序的特别规定

认可,系指行政机关赋予公民特定资格,赋予法人或者其他组织特定资格、资质的行政许可。对于这种许可程序,《行政许可法》(2019)第54条作出了特别规定。这一特别规定的核心

要求是:认可必须根据考试或者考核结果作出许可。具体内容分述如下:

第一,对于公民从事提供公众服务并且直接关系公共利益的职业、行业,需要确定具备特殊信誉、特殊条件或者特殊技能等资格的,行政机关必须根据考试成绩和其他法定条件作出行政许可决定,但是法律和行政法规另有规定的除外。

第二,赋予法人或者其他组织特定的资格、资质的,行政机关必须根据申请人的专业人员构成、技术条件、经营业绩和管理水平等的考核结果作出行政许可决定,但是法律、行政法规另有规定的除外。

第三,公民特定资格的考试依法由行政机关或者行业组织实施,公开举行。行政机关或者行业组织应当事先公布资格考试的报名条件、报考办法、考试科目以及考试大纲。但是,不得组织强制性的资格考试考前培训,不得指定教材或者其他助考材料。这是为防止出现行业腐败所作出的规定。

四、对核准程序的特别规定

核准,系指由行政机关对某种物品是否达到特定技术标准、经济技术规范的判断、确定。对于这种许可程序,《行政许可法》(2019)第55条也作出了特别规定。这一特别规定的主要内容是:

第一,关于许可依据。对于直接关系公共安全、人身健康、生命财产安全的重要设备、设施、产品、物品,应当按照技术标准、技术规范依法进行检验、检测、检疫,行政机关根据检验、检测、检疫的结果作出行政许可决定。对于这类许可,检验、检测、检疫的结果是作出行政许可决定的唯一依据。

第二,关于期限要求。行政机关实施检验、检测、检疫,应当自受理申请之日起5日内指派工作人员按照技术标准、技术规范进行检验、检测、检疫。不需要对检验、检测、检疫结果作进一步技术分析即可认定设备、设施、产品、物品是否符合技术标准、技术规范的,行政机关应当当场作出行政许可决定。

第三,关于人员要求。行政机关实施检验、检测、检疫时,应当指派两名以上工作人员进行,以保证检验、检测、检疫的质量。

第四,关于说明理由。行政机关根据检验、检测、检疫结果,作出不予行政许可决定的,应当书面说明不予行政许可所依据的技术标准、技术规范。

五、对登记程序的特别规定

登记,系指由行政机关确立个人、企业或者其他组织的特定主体资格的行为。对于这类许可,《行政许可法》(2019)第56条作出了特别规定。这一规定的特别内容是:

第一,关于当场登记。对于企业或者其他组织的设立等需要确定主体资格的许可,申请人提交的申请材料齐全、符合法定形式的,行政机关应当当场予以登记。

第二,关于两人核查。需要对申请材料的实质内容进行核实的,行政机关应当依照《行政许可法》第 34 条第 3 款的规定办理，即指派两名以上工作人员进行核查。

六、对有数量限制许可程序的特别规定

中国的行政许可，根据许可事项的具体内容，可分为有数量限制的行政许可与无数量限制的行政许可。对于有限资源的开发利用、公共资源的配置以及直接关系公共利益的特定行业的市场准入方面的许可，属于有数量限制的许可，其他许可一般无数量限制，前者如飞行航道许可，后者如发放驾驶证。《行政许可法》（2019）第 57 条规定，对于有数量限制的行政许可，两个或者两个以上申请人的申请均符合法定条件、标准的，行政机关应当根据受理行政许可申请的先后顺序作出准予行政许可的决定，这有利于实现社会公正，减少人为矛盾。但是，法律、行政法规另有规定的，依照其规定。因此，法律、行政法规规定要进行招标和拍卖的，规定要照顾残疾人的，都应当优先适用这些例外规定。

引例分析

在《行政许可法》制定和实施前，我国有的地方规定购销和运输工业盐必须办理准运证。准运证便是“许可证”。《行政许可法》实施后，各部门依据《行政许可法》对行政许可项目进行了清理，清除了不符合《行政许可法》的许可项目。国家法律和《盐业管理条例》（该行政法规后因《食盐专营办法》2017 年的修订而废止）都没有设定工业盐准运证这一行政许可制度，可该省的《盐业实施办法》依然保留着这一许可。《行政许可法》（2019）第 12 条规定了可以设定行政许可的事项范围（共 6 项），第 15 条规定省级政府的地方政府规章只有在“因行政管理的需要，确需立即实施行政许可的”的条件下，对第 12 条所规定的事项范围设定“临时许可”。现在的情况是，该省政府规章所设定的行政许可因超越《行政许可法》（2019）第 12 条所规定的许可事项范围，应当修改而没有修改，还设定了一种长期许可。所以，作为地方政府规章的该省《盐业实施办法》对工业盐设定行政许可违反了《行政许可法》。

复习思考题

1. 什么是行政许可？它与行政审批是何关系？
2. 行政许可与行政确认是什么关系？
3. 哪些事务可以设定行政许可？
4. 实施行政许可应当遵循什么法定程序？

第六章　行 政 处 罚

| 引　例 |

2015 年，当事人张某租用图书馆场地，未办理网络文化经营许可证和营业执照，擅自设立互联网上网服务营业场所进行营业，并接受数名中学生和其他成年人上网游戏。工商部门依照《互联网上网服务营业场所管理条例》有关规定扣留了其 44 台电脑主机，后转为没收。工商部门在作出没收处罚决定之前，未为当事人提供听证。当事人提起行政诉讼。当事人认为，44 台电脑主机涉及巨额财产，行政机关在没收之前应当提供听证机会。工商部门认为，《行政处罚法》是规定"较大数额罚款"须经事先听证，而"没收"不属于"罚款"，因而不适用听证。人民法院在审理中认为，根据《行政处罚法》，没收较大数额的财产与较大数额的罚款一样，必须经过事先听证，否则属于程序违法。你是否赞同法院的观点?

第一节　行政处罚的基本概念

行政处罚是行政执法的主要手段，是与行政许可、行政强制并列的三大基本行政行为，也是行政法学的研究重点。

一、行政处罚的概念和特征

《行政处罚法》(2021)第 2 条规定："行政处罚是指行政机关依法对违反行政管理秩序的公民、法人或者其他组织，以减损权益或者增加义务的方式予以惩戒的行为。"根据上述规定，在学理上可以定义如下：**所谓行政处罚，系指行政机关在行政法律关系中，对违反行政法律规范而尚不需追究刑事责任的公民、法人或者其他组织，作出惩罚性的不利决定**。

理解这一定义，必须把握其法律特征：

第一，行政性。实施行政处罚是行政主体适用《行政处罚法》等行政法律规范依法作出的行政行为，它不是国家的立法行为、司法行为，也不是民事行为。对当事人实施行政处罚，属于对当事人追究行政责任，而不是刑事责任、民事责任或纪律责任。所以，司法机关对违反行政法义务的当事人追究刑事责任就不属于行政处罚。

第二，具体性。按传统的说法，行政处罚是一种具体行政行为，不是抽象行政行为。作为一种具体行政行为，行政处罚又派生出两个特点：一是对象上的特定性。行政处罚是针对特定的公民、法人或者其他组织作出的，而不是针对普遍的不特定的对象作出的行为。二是效力适用上的一次性。一个处罚决定只能适用一次，不能反复适用于同一人、同一事。这显然与可以反复适用的处罚规则不同。因此，具有制裁性的抽象规则不属于行政处罚。

第三，外部性。行政处罚是行政主体代表国家对社会上的公民、法人或者其他组织所作出的行政制裁行为，是一种外部行政行为，不是内部行政行为。它体现的是国家对社会的监督和管理关系，而不是国家、政府或单位的内部管理或劳动关系。因此，上级行政机关对下级行政机关、行政机关对其工作人员的通报批评及其他制裁性的处理，都不属于《行政处罚法》意义上的行政处罚。

第四，主动性。行政行为可分为依职权行为与依申请行为。行政处罚系由行政主体依法针对公民、法人或者其他组织违反行政法律规范的行为依职权主动作出的行政行为。它既不是“不告不理”的司法裁判行为，也不是依申请的行政行为（如行政复议）。

第五，单方性。依行为的成立是否须以双方（或多方）的意思一致为标准，行政行为有单方行为与双方行为之分。行政处罚属于单方行政行为，由处罚机关的单方意志所决定，不以违法当事人的同意为前提。所以，行政协议行为以及追究合同责任不属于行政处罚。

第六，决意性。行政行为有意思行为与物理行为之分。行政处罚是一个基础性的行政决定，是一种意思的表达。对生效行政处罚决定的强制执行属于物理行为，不能作为行政处罚而只能作为行政强制执行对待。为此需要强调两点：一是不能把对生效行政处罚决定的强制执行视作行政处罚；二是不能将一个行政处罚决定与对处罚决定的强制执行笼统地合称为行政处罚行为。行政处罚决定与对行政处罚决定的强制执行属于两个不同的行政行为而分别受《行政处罚法》和《行政强制法》的调整。

第七，封闭性。行政行为是一个过程，会经历程序启动（立案等）、有关措施、调查取证、研究讨论，到最终形成一个处理决定的部分或全部过程。为此，在行政法学上形成了过程行为与结果行为这一理论范畴。过程行为也称中间行为，仅构成对某一事项处理过程中的一个环节，并未对该事项作出最终处理，不具有封闭性。它是为结果行为服务的一种临时性的行为，如查封、扣押便是一例。结果行为系指对某事项的最终处理完毕，有了最终的处理结论，程序上达到了封闭。所以，结果行为也可称为最终行为或封闭行为。行政处罚是一种结果行为，具有封闭性。这正是行政处罚与行政强制措施的区别之一。

第八，基础性。从行政强制执行法角度考察，行政行为有基础行为（基础决定）与执行行为（执行决定）之分。前者是行政主体作出的直接处分相对人权利与义务的原始行为，后者是指前者生效之后，当事人拒不履行基础决定，由行政机关或者由行政机关申请人民法院强制执行。行政处罚决定属于基础行为，并且具有可执行性。

第九，不利性。行政行为还有不利行为与有利行为之分。前者也称侵益行为，系指该行政行为的后果是让当事人权利减损；后者称授益行为，系指该行政行为的后果是让当事人获得或增加权益。行政处罚在本质上是强制当事人承担一种不利的后果，作为其因违法行为而不得不付出的“代价”。不利性可以表现为对当事人某种合法权益的剥夺（如罚款）或限制（如扣证

6个月),也可表现为对其科以或增加义务,还包括让当事人承担声誉上的不利后果(如警告和公开违法事实等)。行政处罚肯定是强制当事人承受一种不利后果。当然,并不是所有的不利行为都属于行政处罚,还需要结合下一个特征来界定。

第十,制裁性。行政处罚是行政主体针对违反行政管理秩序的行为人所实施的法律制裁,具有很强的惩罚性和制裁性。**制裁性是行政处罚所有法律特征中最为核心和关键的特征,是行政处罚之所以称为行政处罚的核心要义**。行政处罚的制裁性具体表现在:(1)以当事人违法为前提,是对当事人违法行为的一种制裁;(2)强制当事人承受一种不利后果;(3)不利后果与当事人违法之间是"对价"而不是"等价"。

二、行政处罚的外部边界

在行政执法实践中最容易混淆的是这几种关系:行政处罚与行政强制措施;行政处罚与行政强制执行;行政处罚与纠正违法。厘清这几个关系,有助于准确把握行政处罚的边界。

(一)行政处罚与行政强制措施

《行政强制法》(2011)第2条第2款规定,行政强制措施是指行政机关在行政管理过程中,为制止违法行为、防止证据损毁、避免危害发生、控制危险扩大等情形,依法对公民的人身自由实施暂时性限制,或者对公民、法人或者其他组织的财物实施暂时性控制的行为。行政强制措施的手段主要有查封、扣押、冻结和限制公民人身自由等。这类行为和行政处罚一样,是强制当事人承受一种不利后果,故很容易造成混淆。特别是有些行政强制措施手段和行政处罚手段在形式上相同,如暂扣驾驶证。

尽管有时行政处罚与行政强制措施较难区分,但对比它们的法律特征,划清界限并非难事。行政处罚与行政强制措施的主要区别在于:(1)前提不同。行政处罚是以当事人违法为前提;行政强制措施不一定以当事人违法为前提。(2)目的不同。行政处罚的直接目的是制裁当事人;行政强制措施不以制裁为目的,而是以保证行政程序的继续,或者预防和制定社会危害事件的发生和继续为目的。(3)行为性质不同。行政处罚是结果行为,具有封闭性;而行政强制措施是过程行为,具有中间性和临时性。

(二)行政处罚与行政强制执行

《行政强制法》(2011)第2条第3款规定,行政强制执行是指行政机关或者行政机关申请人民法院,对不履行行政决定的公民、法人或者其他组织,依法强制履行义务的行为。在行政强制执行中,尤其是行政机关所实施的强制执行行为,有时和行政处罚较难区分。行政机关实施强制执行的手段包括加处罚款或者滞纳金,划拨存款或汇款,拍卖或者依法处理查封、扣押的场所、设施或者财物,排除妨碍、恢复原状,代履行等。这些执行手段和处罚一样会给当事人带来不利结果,尤其是"加处罚款或者滞纳金",本身就具有"罚"的性质。

从法律特征上考察,行政处罚与行政强制执行都属于不利行为,其结果都会给当事人带来不利，而且都属于结果行为，都具有行政程序上的封闭性。但它们之间的区别也是明显的，具体有以下几个方面：(1)基础行为与执行行为。行政处罚是一个基础行为，行政强制执行是一种执行行为，它只有在当事人不履行行政处罚决定时才会发生。(2)意思行为与物理行为。行政处罚实际上是一个行政处罚"决定"，这是一种"意思行为"，行政强制执行是对这种"处罚决定"的"执行措施"。所以，前者是"意思行为"；后者是"物理行为"，具有物理性的"动作"。

（三）行政处罚与纠正违法

纠正违法包括行政机关直接纠正当事人的违法或者责令当事人自我纠正违法，而且，纠正行为包括作为与不作为，前者如责令限期拆除违法建筑，后者如责令停止违法行为。**行政机关在行政执法过程中发现当事人违法的，无论是否给予行政处罚，都有权力也有责任纠正当事人的违法**。在中国现行法律、法规中，存在大量的行政机关责令当事人纠正违法行为（针对已完成的违法行为）或者责令当事人停止违法行为（针对继续着的违法行为）的规定，如责令改正、责令公开更正、责令限期治理、责令消除安全隐患、责令行为人排除妨碍、责令停止违法行为、责令停止开采、责令停止生产销售、责令停止使用、责令停止发布广告、责令停业整顿、责令停止招生、责令停止接受新业务和责令限期拆除等。这些行为的情况非常复杂，行为定性不能一概而论。但仅**就《行政处罚法》意义上的"责令改正违法"而言，绝对不可能是行政处罚，而是属于可执行、可诉的行政命令行为**。

第二节　行政处罚的手段和种类

行政处罚的具体措施就是行政处罚的手段。这些手段按一定标准或从一定视角出发进行排列或分类便形成行政处罚的种类。处罚法定原则要求一国的处罚手段和种类必须依法设定，不得由处罚机关及执法人员自我规定。

一、行政处罚的手段

我国现行《行政处罚法》所规定的行政处罚手段有下列几种：(1)警告；(2)通报批评；(3)罚款；(4)没收违法所得；(5)没收非法财物；(6)暂扣许可证件；(7)吊销许可证件；(8)降低资质等级；(9)限制开展生产经营活动；(10)责令停产停业；(11)责令关闭；(12)限制从业；(13)行政拘留。

二、行政处罚的种类

根据《行政处罚法》(2021)第9条的设计，**行政处罚有五个种类，即申诫罚、财产罚、资格罚、行为罚、人身罚**。

第一类是申诫罚,亦称声誉罚、名誉罚和精神罚,系指行政机关向违法当事人发出警诫,申明其有违法行为,通过对其名誉、荣誉、信誉等施加影响,引起其精神上的警惕,使其不再违法的处罚手段。警告和通报批评都是申诫罚的主要形式。

第二类是财产罚,系指行政机关剥夺违法当事人的财产或通过违法所获得的经济利益的经济制裁。罚款和没收违法所得、非法财物等便属于财产罚。

第三类是资格罚,是指行政机关剥夺或限制违法当事人某些特定行为能力和资格的处罚。暂扣许可证照、吊销许可证照、降低资质等便属于这类处罚。

第四类是行为罚,系指行政机关直接要求当事人进行一定的作为或不作为,由此承受不利后果的处罚。限制开展生产经营活动、责令停产停业、责令关闭、限制从业等就属于此类。

第五类是人身罚,亦称自由罚,系指行政机关在一定期限内剥夺违法当事人人身自由的行政处罚。行政拘留是一种最典型的人身罚。

三、行政处罚手段和种类的对应关系

《行政处罚法》对各种行政处罚手段进行分类表达,形成了不同的种类,实现了处罚手段和处罚种类的有机结合。《行政处罚法》(2021)第9条所列举的五类处罚手段,可归类如下(见表6-1):

表6-1 行政处罚手段

处罚种类	处罚手段	《行政处罚法》依据
申诫罚	1. 警告 2. 通报批评	第9条第1项
财产罚	1. 罚款 2. 没收违法所得 3. 没收非法财物	第9条第2项
行为罚	1. 限制开展生产经营活动 2. 责令停产停业 3. 责令关闭 4. 限制从业	第9条第4项
资格罚	1. 暂扣许可证件 2. 降低资质等级 3. 吊销许可证件	第9条第3项
人身罚	行政拘留	第9条第5项

四、关于"其他行政处罚"(其他罚)

《行政处罚法》(2021)第9条第6项在设定行政处罚的基本种类之后,保留了"法律、行政法规规定的其他行政处罚",即"其他行政处罚"(以下简称"其他罚")种类。

从行政处罚种类而言,**“其他罚”是一种和申诫罚、财产罚、资格罚、行为罚、人身罚并列的第六种处罚种类,它所包含的处罚手段应当是未被《行政处罚法》(2021)第9条第1—5项所规定的手段所包含的**;但从具体行政处罚手段而言,任何一种处罚手段都不可能是申诫罚、财产罚、资格罚、行为罚、人身罚之外的处罚手段,因为行政处罚的五种类别已经穷尽了所有的处罚种类。

“其他罚”的处罚手段,是指《行政处罚法》(2021)第9条第1—5项所列举的13种处罚手段以外的其他处罚手段,如禁闭、取消资格或除名、停止或取消抚恤和优待、对未成年人的收容教养、对外国人的限期出境(离境)等。正确认定“其他罚”必须严格把握两条:一是只要是《行政处罚法》(2021)第9条所列的13项处罚手段以外的处罚手段,都属于“其他罚”;二是“其他罚”必须由法律和行政法规设定,地方性法规、政府规章和其他规范性文件设定的“其他罚”一概无效。

第三节　行政处罚的设定和规定

行政处罚必须先依法设定,此后才是依法实施。**依法设定是依法实施的前提和基础**。

一、行政处罚的设定

行政处罚必须“依法设定”和“由法设定”,但并不是任何“法”都可以设定任何“处罚”,这就涉及“法”的设定权限。

(一)法律对行政处罚的设定权

宪法是国家的根本大法,不可能对行政处罚作出设定或者规定。所以,设定行政处罚最高位阶的“法”就是“法律”。**法律可以设定任何行政处罚**,包括申诫罚、财产罚、行为罚、资格罚、人身罚,还有其他罚。因为法律是由全国人民代表大会及其常委会制定的,而全国人民代表大会是我国的最高国家权力机关,全国人大常委会是全国人民代表大会的常设机关。所以,《行政处罚法》(2021)第10条规定:“法律可以设定各种行政处罚。**限制人身自由的行政处罚,只能由法律设定**。”

(二)行政法规对行政处罚的设定权

《行政处罚法》(2021)第11条第1款规定:“行政法规可以设定除限制人身自由以外的行政处罚。”法律可以设定任何行政处罚,但行政法规的法律位阶要低于法律,它的设定权就不可能和法律一样。由于《行政处罚法》(2021)第10条第2款明文规定,“限制人身自由的行政处罚,只能由法律设定”,所以**行政法规只能设定限制人身自由以外的行政处罚**。也就是说,对于行政法规,除了限制人身自由的行政处罚不能设定,其他行政处罚都可以设定。

(三)地方性法规对行政处罚的设定权

《行政处罚法》(2021)第12条第1款规定:“地方性法规可以设定除限制人身自由、吊销营业执照以外的行政处罚。”第9条还规定,其他行政处罚应当由法律和行政法规设定。地方性法规的法律位阶低于法律和行政法规,高于规章,所以,它对行政处罚的设定权要低于法律和行政法规,但高于规章。根据《行政处罚法》的上述规定,地方性法规可以设定除了以下三项外的任何行政处罚:(1)限制人身自由的行政处罚;(2)吊销营业执照的处罚;(3)必须由法律和行政法规设定的其他行政处罚。

(四)规章对行政处罚的设定权

规章可以分为国务院的部门规章和地方政府规章。规章的法律位阶是最低的,所以,原则上只有“规定权”,“设定权”较弱。

《行政处罚法》(2021)第13条第2款规定:“尚未制定法律、行政法规的,国务院部门规章对违反行政管理秩序的行为,可以设定警告、通报批评或者一定数额罚款的行政处罚。罚款的限额由国务院规定。”这一规定反映出两点:第一,部门规章对行政处罚具有一定的设定权,但只限于警告、通报批评或者一定数额罚款这三种处罚,其他处罚无权设定。罚款的限额由国务院规定。第二,部门规章对行政处罚的设定必须有一个前提,即“尚未制定法律、行政法规”,即法律、行政法规未对这类行为作出规定。如果法律、行政法规对这类行为已作出规定,那么无论是可罚还是可不罚,一切都必须依照法律、行政法规的规定,部门规章无权作自主设定。

关于地方政府规章的设定权,《行政处罚法》(2021)第14条第2款作了类似规定:“尚未制定法律、法规的,地方政府规章对违反行政管理秩序的行为,可以设定警告、通报批评或者一定数额罚款的行政处罚。罚款的限额由省、自治区、直辖市人民代表大会常务委员会规定。”这里的规定和部门规章的设定权相类似:一是地方政府规章对行政处罚具有一定的设定权,但只限于警告、通报批评或者一定数额罚款这三种处罚,其他处罚无权设定。罚款的限额由省、自治区、直辖市人民代表大会常务委员会规定,全国尚不完全统一。二是地方政府规章对行政处罚的设定必须有一个前提,即“尚未制定法律、法规”,即法律、法规未对这类行为作出规定。如果法律、法规对这类行为已作出规定,那么无论是可罚还是可不罚,一切都必须依照法律、法规的规定,地方政府规章无权作自主设定。

(五)其他规范性文件对行政处罚的设定权

除法律、法规、规章外,其他规范性文件不得设定行政处罚。

二、对行政处罚的补充设定

《行政处罚法》2021年修订的亮点之一在于增加了行政法规和地方性法规对行政处罚的

补充设定权。**所谓对行政处罚的补充设定权,系指下位法在上位法只设定义务规范(包括命令规范和禁止规范)而未设定处罚规范的情况下,依法补充设定处罚规范的行为和权力**。对行政处罚的补充设定只存在于两种情况:一是行政法规对法律的补充设定;二是地方性法规对法律、行政法规的补充设定。

(一)行政法规对法律的补充设定

《行政处罚法》(2021)第11条第3款规定:"法律对违法行为未作出行政处罚规定,行政法规为实施法律,可以补充设定行政处罚……"这就是说,行政法规可以对法律的设定作出补充设定。行政法规行使对法律设定的补充权,是《行政处罚法》(2021)新增加的内容。行使这一补充设定权,必须掌握几个要义:

第一,前提。行使对法律设定的补充权,必须有一个前提:法律已对违法行为作出规定,但未设定处罚。处罚规定属于责任规范,而责任规范须以义务规范,即命令规范(要求作为)和禁止规范(要求不作为)为前提,当事人只有在违反义务规范时才有可能被处罚。现在法律设定了义务规范,但未对该违法行为对应地设定处罚规范,在这种前提下,行政法规才可为法律补充设定处罚规范。

第二,目的。行政法规要对法律补充设定处罚,必须是"为实施法律"。这一目的不是抽象的,而是具体的。因为抽象意义上可以说,任何法规的制定和执法活动都是为了实施法律。这里是指,某个行政法规系为实施某一法律而制定,那么它才可以对前一个法律未设定的处罚作补充性设定。

第三,内容。行政法规对法律的补充设定,到底可以补充什么?不是对"违法行为"的补充,而是对"行政处罚"的补充。换言之,行政法规不是为法律补充命令规范和禁止规范,而是补充对应的处罚规范。

第四,保留。行政法规对法律的补充设定,不得违反"法律保留原则",不得突破《行政处罚法》(2021)第10条第2款的禁止性规定,即"限制人身自由的行政处罚,只能由法律设定"。也就是说,行政法规对限制人身自由的行政处罚不得作补充设定。

第五,性质。行政法规对法律的补充设定权,是一项"可以行使"的权力,而不是"必须行使"的权力。《行政处罚法》的修订,一方面赋予行政法规对法律设定的补充权,另一方面对此持非常谨慎的态度。行政法规是否对法律作补充设定,要根据具体的立法和执法状况而定,不能"一刀切",更不能"一窝蜂"地推广这一权力。

第六,程序。正因为《行政处罚法》修订时,对行政法规的补充设定制度持谨慎的态度,所以规定了严格的程序。《行政处罚法》(2021)第11条第3款特别规定,"……拟补充设定行政处罚的,应当通过听证会、论证会等形式广泛听取意见,并向制定机关作出书面说明。行政法规报送备案时,应当说明补充设定行政处罚的情况"。

(二)地方性法规对法律、行政法规的补充设定

《行政处罚法》(2021)第12条第3款规定:"法律、行政法规对违法行为未作出行政处罚规

定，地方性法规为实施法律、行政法规，可以补充设定行政处罚。拟补充设定行政处罚的，应当通过听证会、论证会等形式广泛听取意见，并向制定机关作出书面说明。地方性法规报送备案时，应当说明补充设定行政处罚的情况。”

地方性法规对法律和行政法规的补充设定，其权力要素上，即前提、目的、内容、保留、性质和程序等，与行政法规对法律补充设定权的要素基本相同，故不重复。

需要补充说明的是，地方性法规对法律、行政法规的补充设定，应当包括省级人大及其常委会制定的地方性法规，和设区的市人大及其常委会制定的地方性法规。省级地方性法规的补充设定是对法律和行政法规的补充设定，而市级地方性法规的补充设定乃是对法律、行政法规和省级地方性法规的补充设定。

三、行政处罚的规定

在行政处罚法律制度中，上位法如果对行政处罚权作出“设定”，那么下位法就可以在上位法的范围内对行政处罚作出“规定”。**所谓对行政处罚的“规定”，系指下位法在上位法的范围内对行政处罚作细化规定**。行政处罚法在“设定”之外确立“规定”制度是十分必要的，它在法治轨道内促进了法的细化，有利于法的适用和实施。

根据《行政处罚法》(2021)第11条第2款、第12条第2款、第13条第1款和第14条第1款规定，行政法规、地方性法规和规章都具有对行政处罚的“规定权”，并且这些“规定权”存在于特定的“设定法—规定法”之间的对应关系之中：行政法规可以对法律所设定的处罚进行细化规定；地方性法规可以对法律和行政法规所设定的处罚进行细化规定；国务院部门规章可以对法律和行政法规所设定的处罚进行细化规定；地方政府规章可以对法律、行政法规和地方性法规所设定的处罚进行细化规定。但是，**行政法规、地方性法规和规章在对行政处罚作细化规定时，不得超越作为上位法的设定法所规定的给予行政处罚的行为、种类和幅度的范围**。

第四节 行政处罚的实施机关

行政处罚的实施机关，系指有权实施行政处罚的主体。根据《行政处罚法》(2021)第三章的规定，我国实施行政处罚的主体有三类：(1)拥有行政处罚权的行政机关；(2)法律、法规所授权的组织；(3)行政机关所委托的组织。它们可分别称为职权主体、授权主体和委托主体。

一、拥有行政处罚权的行政机关

《行政处罚法》(2021)第17条规定：“行政处罚由具有行政处罚权的行政机关在法定职权范围内实施。”这是对职权主体的规定。该条为实施行政处罚的职权主体确立了三个条件：

第一，必须是行政机关。行政处罚权是行政职权的一项重要内容，而按照我国宪法对国家机关职权的分工规则,国家行政职权由国家行政机关行使。因此,实施行政处罚的主体必须是国家行政机关,确切地说,必须由具有行政主体资格的行政组织来实施行政处罚权。

第二,必须是拥有行政处罚权的行政机关。行政处罚权在行政职权中是一种特别职权,而不是一般职权,并不是所有的行政机关"先天"拥有该职权。必须在法律、法规、规章作特别设定的条件下,行政机关方拥有行政处罚权,并可实施行政处罚。

第三,必须是在法定职权范围内实施行政处罚。这就是说,没有行政处罚权的行政机关不得实施行政处罚,具有行政处罚权的行政机关也必须在法定职权范围内实施行政处罚,否则该行政处罚不具有法律效力。

并不是任何行政机关都拥有行政处罚权。哪些行政机关拥有哪些行政处罚权,并不是由《行政处罚法》本身直接作出规定,而是由实体法作出具体的规定。因为准确地说,《行政处罚法》是有关行政处罚的"程序法",而不是"实体法"。

必须注意的是,**有的行政处罚权属于专有职权,它只归特定机关行使**。关于实施限制人身自由行政处罚的主体,《行政处罚法》(2021)作出了直接的规定。该法第18条第3款规定:"限制人身自由的行政处罚权只能由公安机关和法律规定的其他机关行使。"至于公安机关以外的法律规定的"其他机关",根据《国家安全法》(2015)第42条,《反间谍法》(2014)第8、29—32条,以及《海警法》(2021)第31、60条和第四章"海上行政执法"的规定,国家安全机关和人民武装警察部队海警部队(海警机构)有权对违法当事人实施行政拘留。

二、法律、法规授权的组织

一般来说,行政处罚权只能由国家行政机关行使,非国家行政机关不得行使行政处罚权。但在一定的条件下,非国家行政机关也能行使行政处罚权。经法律、法规授权才具有实施行政处罚资格的主体可称为授权主体。《行政处罚法》(2021)第19条规定:"法律、法规授权的具有管理公共事务职能的组织可以在法定授权范围内实施行政处罚。"这就为非国家行政机关行使行政处罚权提供了可能,同时也为其设定了限制条件。这些条件就是:

第一,它必须是具有管理公共事务职能的组织。不具有管理公共事务职能的组织,不得成为经法律、法规授权的行政处罚主体。这些组织是指行政机关以外的社会组织,包括中国气象局、中国残疾人联合会、行业协会(律师协会)、学校等。

第二,它必须经法律、法规的授权。这里的"法律、法规"包括:全国人民代表大会及其常务委员会制定的法律;国务院制定的行政法规;省、自治区、直辖市人民代表大会及其常务委员会,设区的市人民代表大会和常务委员会制定的地方性法规。规章及以下的规范性文件不得实施行政处罚的授权。

第三,这些组织必须在法定授权范围内实施行政处罚,否则便会构成行政越权,导致行政处罚的无效。

经法律、法规授权的组织实施行政处罚,可以也应该以自己的名义进行,其行为效果归属于自己;在行政诉讼中,以该组织为被告。

三、行政机关委托的组织

根据我国《行政处罚法》的规定，除了拥有行政处罚权的行政机关和法律、法规授权的组织可以实施行政处罚外，行政机关委托的组织亦可实施行政处罚。行政机关委托的组织作为实施行政处罚的主体，必须以行政处罚行政委托关系的合法成立为前提。基于委托关系而拥有实施行政处罚资格的组织可简称为委托主体。委托主体，其实是被委托的主体，是指经行政机关的委托，代理行政机关实施处罚的组织。一般而言，行政处罚应当由行政机关自己依法行使。但有时，行政机关自己行使处罚权在条件上受到限制，于是可以依法委托具有管理公共事务职能的组织行使行政处罚权。

《行政处罚法》(2021)第20条规定："行政机关依照法律、法规、规章的规定，可以在其法定权限内书面委托符合本法第二十一条规定条件的组织实施行政处罚。行政机关不得委托其他组织或者个人实施行政处罚。委托书应当载明委托的具体事项、权限、期限等内容。委托行政机关和受委托组织应当将委托书向社会公布。委托行政机关对受委托组织实施行政处罚的行为应当负责监督，并对该行为的后果承担法律责任。受委托组织在委托范围内，以委托行政机关名义实施行政处罚；不得再委托其他组织或者个人实施行政处罚。"这一规定为行政处罚中的行政委托关系的成立设定了条件。具体要求如下：

第一，行政处罚中的委托方必须是国家行政机关，即上述实施行政处罚的第一种主体。经法律、法规授权的非国家行政机关不能成为行政处罚委托关系中的委托方。

第二，行政处罚中的受委托方必须是符合《行政处罚法》(2021)第21条要求的组织。这种组织必须符合三个条件：一是依法成立并具有管理公共事务职能；二是具有熟悉有关法律、法规、规章和业务并取得行政执法资格的工作人员；三是需要进行技术检查或技术鉴定的，应当有条件组织进行相应的技术检查或者技术鉴定。行政机关不得委托其他组织或者个人实施行政处罚。

第三，行政处罚的委托必须有法律、法规、规章的明文依据。无此明文依据，行政机关不得对行政处罚实施委托。

第四，行政机关实施委托必须出具委托书并向社会公布。委托书应当载明委托的具体事项、权限、期限等内容。

第五，行政处罚的委托不得再委托。《行政处罚法》特别强调，行政处罚不许进行二次委托，即接受委托的组织不得再行将该处罚事项委托给其他组织。这样禁止的目的是防止受托组织对处罚委托事项不负责任，影响国家行政处罚管理秩序。

行政处罚委托关系成立之后，受委托组织在委托范围内，以委托行政机关名义实施行政处罚，并由委托行政机关承担行为的后果。

上述三类主体，即拥有行政处罚权的国家行政机关（职权主体），法律、法规授权的组织（授权主体）和行政机关所委托的组织（委托主体），在行政执法中的主体地位是不同的，职权主体和授权主体属于行政主体，委托主体只属于行为主体而不是行政主体（见图6－1）。

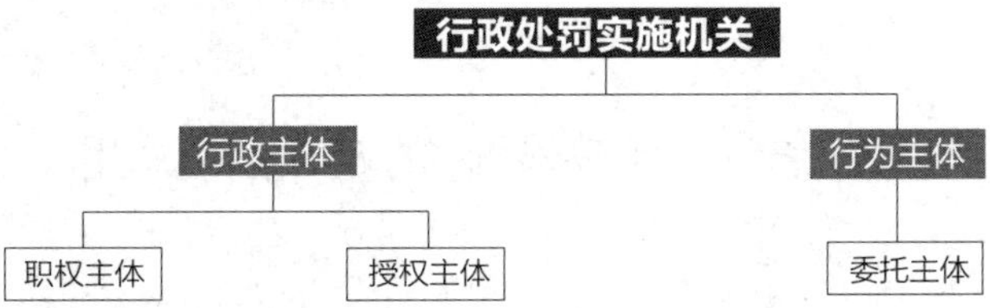

图 6－1　行政处罚实施机关

四、相对集中行政处罚权和处罚权的下放

相对集中行政处罚权，是我国有关行政处罚实施主体制度中的一项特殊制度。《行政处罚法》（2021）第 18 条规定，国家在城市管理、市场监管、生态环境、文化市场、交通运输、应急管理、农业等领域推行建立综合行政执法制度，相对集中行政处罚权。国务院或者省、自治区、直辖市人民政府可以决定一个行政机关行使有关行政机关的行政处罚权。限制人身自由的行政处罚权只能由公安机关和法律规定的其他机关行使。**行政处罚权相对集中后，被集中的行政机关不得再行使被集中的行政处罚权**。

《行政处罚法》（2021）关于行政处罚实施主体的制度设计中，还有一项新内容，那就是行政处罚实施权向基层延伸，推动了执法重心的下移。《行政处罚法》（2021）第 24 条规定："省、自治区、直辖市根据当地实际情况，可以决定将基层管理迫切需要的县级人民政府部门的行政处罚权交由能够有效承接的乡镇人民政府、街道办事处行使，并定期组织评估。决定应当公布。承接行政处罚权的乡镇人民政府、街道办事处应当加强执法能力建设，按照规定范围、依照法定程序实施行政处罚。有关地方人民政府及其部门应当加强组织协调、业务指导、执法监督，建立健全行政处罚协调配合机制，完善评议、考核制度。"把行政处罚权从县一级下放到基层必须十分慎重，必须把握这一制度的诸多要点。

第一，下放之权限于县级人民政府部门的行政处罚权。县人民政府的处罚权、县级以上各行政机关的处罚权，不在下放之列。

第二，下放之权必须是基层管理迫切需要的，并且基层政府能够承接得住的。并不是基层管理迫切需要的，或者虽然需要但是基层政府承接不住的，一律不放。

第三，处罚权从县级人民政府部门下放至乡镇人民政府和街道办事处不是一个自然过程，必须由省、自治区、直辖市根据当地实际情况具体决定，全国不搞"一刀切"。

省、自治区、直辖市依据《行政处罚法》（2021）第 24 条决定把处罚权下放的，既包括省、自治区、直辖市人大及其常委会通过地方性法规决定，也包括省、自治区、直辖市人民政府通过政府规章决定；既可通过授权方式下放，也可通过委托方式下放，还可通过相对集中行政处罚权方式下放。

第五节 行政处罚的管辖和适用

一、行政处罚的管辖

行政处罚的管辖是确定某个行政处罚案件由哪一个行政机关受理和实施处罚的法律制度。《行政处罚法》分别规定了行政处罚案件的地域管辖、级别管辖、共同管辖和移送管辖制度。

(一)地域管辖:违法行为发生地管辖原则

地域管辖,是解决行政处罚案件发生之后,应当由哪一地的行政机关来处理的问题。《行政处罚法》(2021)第22条规定:“行政处罚由违法行为发生地的行政机关管辖。法律、行政法规、部门规章另有规定的,从其规定。”这是对违法行为发生地管辖原则的确认。理解这一原则,应当掌握两个意思:

第一,行政处罚由违法行为发生地的行政机关管辖。违法行为发生地,包括违法行为的准备地、实施地和结果发生地。当事人在哪一地方实施违法行为,就由当地的行政机关进行处罚。这体现了属地管辖原则,有利于提高执法效率,降低执法成本,同时方便当事人。

第二,法律、行政法规、部门规章另有规定的,从其规定。这就是说,这里的“属地管辖”不是绝对的,如果法律、行政法规、部门规章规定了另外的管辖规则,按其规定。这主要是考虑到行政处罚案件的多样性和复杂性。

(二)级别管辖:县级以上行政机关管辖原则

级别管辖,是解决行政处罚案件发生之后,应当由哪一级的行政机关来处理的问题。《行政处罚法》(2021)第23条规定:“行政处罚由县级以上地方人民政府具有行政处罚权的行政机关管辖。法律、行政法规另有规定的,从其规定。”这是对县级以上行政机关管辖原则的确认。级别管辖的规定同样包含了两个意思:

第一,行政处罚由县级以上地方人民政府具有行政处罚权的行政机关管辖。这里有三个要点:一是“县级”包括县级市和县级区(直辖市的区)等;二是“县级以上”包括县级本身,所以县人民政府就可以依法行使处罚权;三是“行政机关”包括县级人民政府和县级人民政府具有执法权的职能部门。

第二,法律、行政法规另有规定的,从其规定。这里的“例外法”范围比地域管辖中的“例外法”范围要小,只限于法律和行政法规,不包括部门规章。《行政处罚法》(2021)第24条本身就是一个“除外”规定。

(三)共同管辖:最先立案和上级指定原则

《行政处罚法》(2021)第25条规定:“两个以上行政机关都有管辖权的,由最先立案的行政机关管辖。对管辖发生争议的,应当协商解决,协商不成的,报请共同的上一级行政机关指定管辖;也可以直接由共同的上一级行政机关指定管辖。”这是对共同管辖状态下如何确定一个行政机关进行管辖的规定。**当两个以上行政机关对同一个行政处罚案件都有管辖权时,就会出现共同管辖的状态**。在共同管辖的状态下还是需要确定一个行政机关进行管辖。对此有两个处理规则:最先立案管辖原则和指定管辖原则。

(四)移送管辖:行政与司法的双向移送

行政处罚中的移送管辖,特指行政机关与司法机关之间的案件移送制度。《行政处罚法》(2021)第27条第1款规定:“违法行为涉嫌犯罪的,行政机关应当及时将案件移送司法机关,依法追究刑事责任。对依法不需要追究刑事责任或者免予刑事处罚,但应当给予行政处罚的,司法机关应当及时将案件移送有关行政机关。”这是一种双向移送制度。对行政机关而言,当发现所立的行政处罚案件涉嫌刑事犯罪时,应当及时将案件移送司法机关,由司法机关依法追究刑事责任;对司法机关而言,如果发现刑事案件依法不需要追究刑事责任或者免予刑事处罚,但应当给予行政处罚,应当及时将案件移送有关行政机关。

二、行政处罚的适用

行政处罚的适用是指行政处罚实施机关将行政处罚的法律规范应用于具体行政处罚案件并作出处理的法律过程。行政处罚的适用既要坚持行政处罚法的基本原则,如处罚法定、处罚公正公开、过罚相当、处罚和教育相结合、权利救济等原则,还要坚持一些具体适用原则,如行政处罚与纠正违法相结合原则、行政处罚与收缴所得相结合原则、一事不两罚原则、从旧兼从轻原则、重大违法无效原则。

第六节 行政处罚的程序

行政处罚程序,系指行政执法机关对当事人违反行政管理秩序行为实施处罚的过程。从狭义上说,行政处罚程序只包括从立案到作出处罚决定;从广义上说,行政处罚程序还应当包括对行政处罚决定的执行。

一、行政处罚程序制度

《行政处罚法》(1996)已为行政处罚设置了三项基本程序制度:事先告知制度、听证制度和集体讨论决定制度。《行政处罚法》(2021)修订时,又增加了三项新的程序制度:执法公示制度、执法全过程记录制度和重大执法决定法制审核制度。六大程序制度构成了中国行政处罚制度的特色。

(一)事先告知制度

事先告知既是实施行政处罚的一项程序原则,也是行政处罚的一项程序制度。这项制度要求实施行政处罚的机关在正式作出行政处罚决定之前,必须向当事人告知拟作出的行政处罚决定的有关内容和程序权利。

(二)听证制度

听证是行政处罚中的一项重要程序制度,听证权是被处罚的当事人在行政处罚中的一项程序权利。为了凸显听证制度的重要性,《行政处罚法》(2021)在第五章中单设一节进行规定。根据规定,听证只适用以下案件:(1)较大数额罚款;(2)没收较大数额违法所得、没收较大价值非法财物;(3)降低资质等级、吊销许可证件;(4)责令停产停业、责令关闭、限制从业;(5)其他较重的行政处罚;(6)法律、法规、规章规定需要听证的其他情形。

(三)集体讨论决定制度

集体讨论决定制度,是指行政机关对于情节复杂或者重大违法行为给予行政处罚,必须经过行政机关负责人的集体讨论的程序制度。《行政处罚法》(2021)第57条第2款规定:"对情节复杂或者重大违法行为给予行政处罚,行政机关负责人应当集体讨论决定。"

(四)执法公示制度

行政执法公示制度,是要求执法机关依法及时主动向社会公开有关行政执法信息,行政执法人员在执法过程中要主动表明身份,接受社会监督的程序制度。《行政处罚法》(2021)第5条第3款重申:"对违法行为给予行政处罚的规定必须公布;未经公布的,不得作为行政处罚的依据。"第34条第2句要求"行政处罚裁量基准应当向社会公布"。第39条特别规定:"行政处罚的实施机关、立案依据、实施程序和救济渠道等信息应当公示。"第41条第1款要求电子技术监控设备设置地点向社会公布。第48条第1款首次规定,"具有一定社会影响的行政处罚决定应当依法公开"。

(五)执法全过程记录制度

执法全过程记录制度,是要求通过文字、音像等记录方式,对行政执法行为进行记录并归档,实现全过程留痕和可回溯管理的制度。这是调查取证阶段必须遵循的制度。《行政处罚法》(2021)第47条首次规定:"行政机关应当依法以文字、音像等形式,对行政处罚的启动、调查取证、审核、决定、送达、执行等进行全过程记录,归档保存。"

（六）重大执法决定法制审核制度

重大执法决定法制审核制度，是要求执法机关在作出重大执法决定之前，必须进行法制审核的程序制度。未经法制审核或者审核未通过的，不得作出决定。《行政处罚法》(2021)将重大执法决定法制审核制度引进了法律。《行政处罚法》(2021)第58条第1款规定："有下列情形之一，在行政机关负责人作出行政处罚的决定之前，应当由从事行政处罚决定法制审核的人员进行法制审核；未经法制审核或者审核未通过的，不得作出决定：(一)涉及重大公共利益的；(二)直接关系当事人或者第三人重大权益，经过听证程序的；(三)案件情况疑难复杂、涉及多个法律关系的；(四)法律、法规规定应当进行法制审核的其他情形。"国务院办公厅《关于全面推行行政执法公示制度执法全过程记录制度重大执法决定法制审核制度的指导意见》(国办发〔2018〕118号)规定："……凡涉及重大公共利益，可能造成重大社会影响或引发社会风险，直接关系行政相对人或第三人重大权益，经过听证程序作出行政执法决定，以及案件情况疑难复杂、涉及多个法律关系的，都要进行法制审核……"这就将重大复杂的、较大范围内的行政处罚案件纳入法制审核之中，为行政处罚决定的合法性设立了最后一道屏障。

二、行政处罚简易程序

行政处罚程序可以分为简易程序与普通程序。《行政处罚法》(2011)第五章设专节规定了行政处罚的简易程序。**简易程序属于特别程序，普通程序属于一般程序**。不适用简易程序的，都属于普通程序。

《行政处罚法》(2021)第51条第1款规定："违法事实确凿并有法定依据，对公民处以二百元以下、对法人或者其他组织处以三千元以下罚款或者警告的行政处罚的，可以当场作出行政处罚决定。法律另有规定的，从其规定。"根据这一规定，简易程序应当是指对于违法事实清楚、依据明确、处罚轻微的案件当场进行处罚的程序。具体需要把握以下几点：

第一，简易程序是指当场处罚程序。它是指违法行为当场发生和发现，执法人员当着当事人的面，当即作出处罚决定，并将决定交给当事人。简易程序相对于普通程序而言，显得比较简单，无须经过普通程序所必须经历的立案、调查取证、拟处罚决定、事先告知、听证、作出决定、送达等复杂的程序环节。

第二，简易程序不是无条件的程序。适用简易程序的案件，必须符合几项严格的条件：违法事实确凿；有明确的处罚依据；处罚轻微。

第三，简易程序不是没有程序。简易程序相对于普通程序而言，比较简单。但简易程序也是有程序的。《行政处罚法》(2021)第52条对简易程序作出了明确要求。

第四，简易程序不是放弃诉权程序。以前在实务中的操作方法是，执法机关对于当事人对处罚没有异议的案件才适用简易程序。简易程序以当事人声明对处罚无异议，并由此放弃诉讼权利为前提。当事人接受简易程序以后，就不得再行申请复议或提起诉讼了。这样，简易程序就等同于当事人放弃诉权的程序。《行政处罚法》(2021)第52条表明，适用简易程序不影响当事人申请复议或提起诉讼的权利。

三、行政处罚普通程序

简易程序以外的程序是普通程序。普通程序属于一般程序，遵循常规性的程序步骤。普通程序由以下几个环节构成。

（一）立案

立案是指行政执法机关发现当事人有违法行为或违法嫌疑时，决定启动调查核实并视情况决定是否处罚的程序。立案是整个行政处罚程序的起点。尽管立案前，有时也会有事先的调查取证过程，但那只是一个“预程序”。正式的处罚程序应当从“立案”开始。

（二）调查取证

立案之后，必须进一步调查取证。证据包括：(1)书证；(2)物证；(3)视听资料；(4)电子数据；(5)证人证言；(6)当事人的陈述；(7)鉴定意见；(8)勘验笔录、现场笔录。证据必须经查证属实，方可作为认定案件事实的根据。以非法手段取得的证据，不得作为认定案件事实的根据。《行政处罚法》(2021)第40条还规定，违法事实不清、证据不足的，不得给予行政处罚。

（三）拟制决定

《行政处罚法》(2021)第57条规定，调查终结以后，行政机关负责人应当对调查结果进行审查，根据不同情况，分别作出如下决定：(1)确有应受行政处罚的违法行为的，根据情节轻重及具体情况，作出行政处罚决定；(2)违法行为轻微，依法可以不予行政处罚的，不予行政处罚；(3)违法事实不能成立的，不予行政处罚；(4)违法行为涉嫌犯罪的，移送司法机关。这一阶段，对于应当处罚的违法行为作出的处罚决定，属于拟制决定而不是正式决定。因为这一决定还须听取当事人的申辩，有的还须经过听证。

（四）事先告知

拟制处罚决定作出以后，正式处罚决定作出之前，必须事先告知当事人。《行政处罚法》(2021)第44条规定，告知的内容应当包括两个方面：一是处罚决定的有关信息，如处罚决定的内容、事实、理由、依据等；二是当事人的程序权利，即告知其具有的陈述、申辩和听证的权利。事先告知是所有普通处罚程序的必经环节，目的是保障当事人的陈述、申辩权和听证的权利。事先告知的方式是行政机关向当事人送达事先告知单。

（五）听取陈述申辩

事先告知之后，应当在一定期限内听取当事人的陈述和申辩。一般而言，陈述是当事人针对事实和证据发表的意见；申辩是当事人针对依据和理由所发表的意见。陈述和申辩意见供行政机关作出正式决定时参考。至于当事人必须在多长期限内作出陈述和申辩,《行政处罚法》本身没有规定,适用其他法律、法规和规章的规定。在实践中,一般掌握在 7 日或7 日以上。

(六)听证

听证并不是普遍的程序环节,它只适用于《行政处罚法》(2021)第 63 条所规定的案件。适用听证的案件,行政机关必须在送达事先告知单时一并告知听证权;当事人要求听证的,必须在收到事先告知单之日起 5 日内提出;行政机关必须在举行听证会 7 日前,通知当事人及有关人员听证的时间、地点。

(七)作出决定

完成调查取证、事先告知和听取意见以及听证之后,行政机关应当依法作出正式的决定。决定包括给予处罚的决定和不给予处罚的决定等。决定应当自行政处罚案件立案之日起 90 日内作出,法律、法规、规章另有规定的除外。行政处罚决定书应当载明下列事项:(1)当事人的姓名或者名称、地址;(2)违反法律、法规、规章的事实和证据;(3)行政处罚的种类和依据;(4)行政处罚的履行方式和期限;(5)申请行政复议、提起行政诉讼的途径和期限;(6)作出行政处罚决定的行政机关名称和作出决定的日期。行政处罚决定书必须盖有作出行政处罚决定的行政机关的印章。

(八)送达决定

行政处罚决定书应当在宣告后当场交付当事人;当事人不在场的,行政机关应当在 7 日内依照《民事诉讼法》的有关规定,将行政处罚决定书送达当事人。当事人同意并签订确认书的,行政机关可以采用传真、电子邮件等方式,将行政处罚决定书等送达当事人。行政处罚决定书一经送达,便发生法律效力。

四、行政处罚执行程序

从广义上说,对行政处罚决定的执行程序也是行政处罚程序的一部分。但它不是一种绝对程序,只有在当事人不自我履行生效的行政处罚决定时才会发生。

《行政处罚法》(2021)第 35、66—74 条确立了行政处罚执行的几项原则,体现了我国行政处罚制度的特色:(1)当事人自觉履行原则;(2)收缴分离原则;(3)照顾和方便当事人原则;(4)加罚封顶原则;(5)执行款项与考核脱钩原则。

行政处罚决定作出以后,当事人应当自觉履行。当事人逾期不履行行政处罚决定的,作出行政处罚决定的行政机关可依据《行政处罚法》(2021)第 72 条规定采取下列措施:(1)到期不缴纳罚款的,每日按罚款数额的 3% 加处罚款,加处罚款的数额不得超出罚款的数额;(2)根据法律规定,将查封、扣押的财物拍卖、依法处理或者将冻结的存款、汇款划拨抵缴罚款;(3)根据法律规定,采取其他行政强制执行方式;(4)依照《行政强制法》的规定申请人民法院强制执行。

引例分析

此案发生在《行政处罚法》修订之前。《行政处罚法》(2009)第42条规定:“行政机关作出责令停产停业、吊销许可证或者执照、较大数额罚款等行政处罚决定之前,应当告知当事人有要求举行听证的权利……”所以,工商部门认为,该规定只列举“罚款”未列举“没收”,“没收决定”不适用听证。而法院认为,根据这一规定,工商部门没收当事人44台电脑主机,必须事先提供听证机会。笔者赞同法院的态度。理由是:(1)没收当事人44台电脑主机,涉及的财产价值较大;(2)《行政处罚法》设置听证程序的目的在于,要求行政机关作出重大处罚决定时,事先充分听取当事人的意见,以增大对当事人合法权益的保护和提高依法行政的强度;(3)《行政处罚法》(2009)第42条规定“较大数额罚款等行政处罚”,这一“等外等”表达已包含“没收”处罚在内。2021年《行政处罚法》修订时,此条变成第63条并规定:“行政机关拟作出下列行政处罚决定,应当告知当事人有要求听证的权利,当事人要求听证的,行政机关应当组织听证:(一)较大数额罚款;(二)没收较大数额违法所得、没收较大价值非法财物……”这就将“没收”处罚明确地表达其中。

复习思考题

1. 什么是行政处罚? 它有哪些手段?
2. 行政处罚如何设定? 如何规定?
3. 什么是相对集中行政处罚权?
4. 在现行法律制度中,哪些属于“其他行政处罚”?

第七章　行 政 强 制

引　例

某城管执法局在执法中发现某餐饮店内的生活垃圾桶里存在厨余垃圾和其他垃圾混投的违法现象，事后复查时发现当事人并未纠正，便依据该市《生活垃圾管理办法》（地方性法规）给予200元罚款处罚。送达行政处罚决定书后，当事人未在处罚决定书所规定的期限（15日）内缴纳罚款。城管执法局便依据《行政强制法》相关规定，作出强制执行决定，每日按罚款额的3%加处罚款，直至罚款金额达到原处罚额为止。强制执行决定作出后，被执行人在法定期限内未申请行政复议或提起行政诉讼，在催告书送达后10日内又未履行上述义务，故城管执法局向人民法院申请强制执行。对照《行政强制法》，你对城管执法局的行政强制执行行为如何评价？

第一节　行政强制行为

行政强制是行政强制行为的简称，包括行政强制措施与行政强制执行。行政强制是行政执法的重要方式，是行政行为的一个重要类型。

一、行政强制措施

行政强制是行政强制措施与行政强制执行的合称。行政强制措施与行政强制执行都属于行政行为。

（一）行政强制措施的概念和特征

关于行政强制措施，《行政强制法》（2011）第2条第2款作了明文解释："行政强制措施，是指行政机关在行政管理过程中，为制止违法行为、防止证据损毁、避免危害发生、控制危险扩大等情形，依法对公民的人身自由实施暂时性限制，或者对公民、法人或者其他组织的财物实施暂时性控制的行为。"根据该法并结合行政法理论，**行政强制措施，系指国家行政机关在行政管理过程中，为了维护行政管理秩序和实施行政管理，依法对当事人的人身自由或者财物实施暂时性限制或控制的行政行为。**

行政强制措施作为一种行政行为具有行政行为的一般特征，同时，在作为一种行政强制行

为具有行政强制的一般特征之外,其还具有以下独特的法律特征:

第一,行政强制措施是一种"限权性"行为。这一特征首先表明它是一种负担行政行为而不是授益行政行为。就当事人而言,行政强制措施将使其承担一种不利后果。其次表明行政强制措施是一种限权性行政行为而不是处分性行政行为。

第二,行政强制措施是一种"暂时性"行为。暂时性也称临时性,是相对于永恒性而言的。行政强制措施是行政机关在行政管理过程中为维护行政管理秩序和实施行政管理而采取的暂时性手段,本身不是其管理的最终目标。采取行政强制措施并未达到也不可能达到管理上的封闭结果,它是为另一种处理结果的实现服务的。

第三,行政强制措施是一种"可复原性"行为。在行政强制措施实施前,被强制人的人身自由权与财产权处于"原状态",强制机关对其实施强制措施后,被强制人的人身自由权和财产权就处于"被限制状态",强制措施被撤销或强制措施到期后,被强制人的人身自由权和财产权又会恢复到被强制前的状态,即"原状态"。这就表明行政强制措施具有"可复原性",行政处罚和行政执行等一般不具有"可复原性"。

第四,行政强制措施是一种"从属性"行为。所谓从属性行为,系指为另外一种行政行为服务的辅助性行为,具有预防性、保障性之特点。限制人身自由是为了防止该人继续危害社会,对财产的查封是为了防止该财产的转移,从而防止事后的处理决定得不到执行。

第五,行政强制措施是一种"物理性"行为。在行政行为的分类上还存在一对概念,即意思行为与事实行为(物理性行为)。大量的行政行为与民法上的民事行为一样,是一种意思行为,如行政命令、行政许可、行政处罚、行政确认、行政裁决、行政征收、行政征用等,都是一种意思的表示,行政强制措施是一种"物理"行为,主要表现为一种强制性的动作,如对人身强制约束,对财物的查封、扣押、冻结等。

第六,行政强制措施是一种基础行为与执行行为的"合一"行为。基础行为系指最初确定相对人权利义务的行为;执行行为系指执行基础行为的行为。

(二)行政强制措施的分类

对行政强制措施分类的意义,不仅在于为法律设定奠定基础,同时也为诸如程序设计和救济途径创设前提。

1. 限制人身权的措施、限制财产权的措施与限制住宅权的措施

行政强制措施是一种限权行为而不是处分行为,它的作用必然表现为对强制对象权利行使的限制,而不是对强制对象权利的处分。从对强制对象的权利内容出发,行政强制措施可分为限制人身权的强制措施、限制财产权的强制措施和限制住宅权的强制措施。

限制人身权的强制措施,系指其行为结果会使强制对象的人身权受到限制的强制措施,如行政机关对醉驾人的强制约束、对有违法犯罪嫌疑的人员之留置盘问(继续盘问)等,都属于限制人身权的强制措施。

限制财产权的强制措施,系指其行为结果会使强制对象人的财产权的使用和处分受到限

制的强制措施。这里的财产权系指以财产利益为内容,直接体现财产利益的经济权利。行政机关查封财物、冻结存款等都属于限制财产权的行政强制措施。

限制住宅权的强制措施,系指其行为结果会使强制对象的住宅权的使用和处分受到限制的强制措施。进入住宅检查便是典型的限制住宅权的强制措施。

2. 对人身的强制、对行为的强制、对财物的强制和对场所的强制

这是根据行政强制的直接对象所作的分类。

对人身的强制,就是以公民人身为强制对象,使公民人身自由受到限制的强制措施。这种强制只适用于个人,不能适用于组织;它的直接行为效能是限制个人的人身自由。盘问、约束、隔离、驱散等均属于此类。

对行为的强制,就是以限制当事人行为权为直接目的的行政强制措施。这种强制措施既适用于个人,也适用于组织。暂扣驾驶证便是典型。

对财物的强制,就是以限制财物使用权和处分权为直接目的的强制措施,也是较为普遍的强制措施。对公民、法人或者其他组织的财物进行查封、扣押和冻结等就属于此类。

对场所的强制,就是以限制当事人对场所的使用为直接目的的强制措施。从广义上讲,这里的场所应当包括工作场所和私人住所。封锁现场、进屋检查等就属于此类。

3. 事先的预防性措施、事中的制止性措施与事后的执行性措施

从一定意义上说,行政强制措施是针对有关事件所作出的处置行为。根据事件发生的过程和处置功能的变化,行政强制措施可以分为预防性措施、制止性措施与执行性措施。由于它们分别处于事先、事中和事后三个阶段,因而也可合称为事先的预防性措施、事中的制止性措施与事后的执行性措施。

事先的预防性措施,是指在社会危害事件或违法事件发生之前所采取的旨在预防社会危害事件或违法事件发生的各类行政强制措施。如强制性检疫、检查,查封、扣押、冻结等都属于预防性措施。

事中的制止性措施,是指在社会危害事件或违法事件发生时所采取的旨在制止社会危害事件或违法事件继续的各类行政强制措施。如消防灭火、对醉酒者的强制约束等便属于此类。

事后的执行性措施,是指有关行政机关对社会危害事件或违法事件作出处理决定后为执行该决定所采取的措施。强制拆除、强制履行等均属于此类。

不过,在《行政强制法》的结构中,事先的预防性措施、事中的制止性措施属于行政强制措施,事后的执行性措施则属于行政强制执行。

4. 独立性措施与辅助性措施

行政强制措施还有独立性措施与辅助性措施之分。在大量的行政强制措施中,有的措施能够独立存在,如强制戒毒,这类措施称为独立性强制措施;而有的措施往往会被事后的行政行为所吸收,不具有独立性,这是辅助性强制措施,行政检查在大多数情况下属于此类。

5. 检查性措施与处置性措施

信息是行政机关工作的燃料。行政机关各种强制措施的作出,均需事先获得有关信息。

为获取信息而采取的措施就是检查性措施。检查性措施包括检查、检疫、盘问等,以获取有关信息为前提。检查性以外的措施都可称作处置性措施。

6. 综合性措施与单一性措施

工作中要采取的措施与法律上的强制措施不同,前者往往是综合性的。例如,控制房价措施、刺激就业措施、拉动内需措施等,都属于综合性措施,既包括立法手段、执法手段,也包括法律手段和经济手段等。单一性措施是指具体针对特定对象所采取的特定措施,如对某物的扣押、对某人的强制约束等。《行政强制法》中的行政强制措施仅指单一性措施。

7. 常态措施与非常态措施

常态措施系指一般状态下的行政强制措施,非常态措施系指在非常时期所采取的行政强制措施。非常时期包括应急状态、紧急状态和战争状态时期。我国《行政强制法》属于常态法而不是非常态法,不适用应急状态、紧急状态和战争状态下的强制措施。

二、行政强制执行

(一)行政强制执行的概念和特征

我国"行政强制执行"这一概念完全以《行政强制法》为基础,并且由《行政强制法》作出直接规定。我国《行政强制法》(2011)第2条第3款规定:"行政强制执行,是指行政机关或者行政机关申请人民法院,对不履行行政决定的公民、法人或者其他组织,依法强制履行义务的行为。"依据上述规定,**行政强制执行,系指国家行政机关或者行政机关申请人民法院,对于在规定期限内拒不履行行政决定的当事人,依法采用有关强制手段,迫使其履行义务,或者达到与履行义务相同状态的行为**。这种意义上的行政强制执行,具有以下法律特征:

第一,在主体上,行政强制执行是由国家行政机关或者人民法院实施的一种强制行为。这种主体上的双重性显然与行政强制措施及其他许多行政行为不同。包括行政强制措施在内的其他行政行为都只限于由国家行政机关实施,而行政强制执行既可由国家行政机关实施(在法律授予行政机关行政强制执行权时),也可由人民法院实施(在行政机关无强制执行权并由行政机关申请人民法院强制执行时)。

第二,在客体上,行政强制执行是有权机关对行政决定的执行。也就是说,行政强制执行,无论是由行政机关实施,还是由行政机关申请人民法院实施,都限于对业已作出的行政决定的执行,而不是对司法裁判或权力机关决议的执行。换言之,行政强制执行是对行政行为的执行而不是对其他行为的执行。所以,它在属性上具有"行政性"。

第三,在基础行为与执行行为的关系上,行政强制执行具有"分离性"并且是对基础行为的执行。行政强制措施表现为基础行为与执行行为合一,而行政强制执行恰恰表现为基础行为与执行行为的分离。

第四,从行为的过程性考察,行政强制执行不是一个暂时性的过程行为,而是一个最终封闭的行为。行政强制执行是发生在不得已的情况下,即在当事人在法定期限内既不申请行政复议或者提起行政诉讼又不履行行政决定时,才由国家行政机关或者人民法院发动实施的强制行为，目的是保障基础行为的被执行。执行行为不是一个暂时性的中间行为，它的作出表现为管理行为过程的最终封闭。

（二）行政强制执行的分类

认识行政强制执行的分类和类型，有助于我们全面把握行政强制执行行为的各类特性和实施规则。

1. 行政机关强制执行与申请人民法院强制执行

行政强制执行的主体主要有两类：行政机关或司法机关。有的国家以行政机关执行为主，如德国；有的国家以司法机关执行为主，如英国、美国。中国在行政强制执行主体上采用双主体制，行政机关本身和人民法院对行政决定都具有强制执行权。由此，中国的行政强制执行可区分为两类：一是行政机关的强制执行；二是人民法院的强制执行。由于人民法院不得对行政决定主动执行，人民法院对行政决定的执行必须由行政机关提出申请。因而，人民法院的强制执行往往被称为“申请人民法院强制执行”或“非诉执行”。

2. 对金钱义务的执行与对行为义务的执行

行政强制执行从本质上说，是有权机关强制当事人履行由行政决定所确定的义务。虽然这些义务以法律、法规的规定为基础，但当进入强制执行阶段时，直接的执行依据恰恰就是一个行政决定。行政决定所确定的义务，其实是法律、法规设定义务的转化结果。行政决定所确定的义务可分为两类：一类是金钱给付义务，如当事人对罚款决定的履行和对税收决定的履行等。和民事强制执行不同的是，履行行政强制执行中的金钱给付义务时，当事人是向国家而不是向其他当事人给付金钱。另一类是行为义务。行为义务表现为当事人必须按照行政决定的要求依法作出或不作出一定的行为，如停止违法招生或拆除违法建筑，或者必须容忍公权力主体对其作出的行为，如当事人接受停业决定。由此，便形成了对金钱义务的执行与对行为义务的执行。

3. 对作为义务的执行与对不作为义务的执行

行政强制执行是有权机关对当事人由行政决定所确定的义务的执行，而当事人的义务可分为“作为义务”与“不作为义务”。在上述对金钱义务的执行与对行为义务的执行的分类中，在对金钱义务的执行中，不存在当事人的不作为义务，但在对行为义务的执行中，当事人的义务有两类：一类是作为义务，如清除倾倒在道路上的垃圾；另一类是不作为义务，如不得违法悬挂户外广告牌。所以，在对行为义务的执行中又可划分为对作为义务的执行与对不作为义务的执行。

4. 直接强制执行与间接强制执行

如果从强制执行的方法上考察，还可将行政强制执行划分为直接强制执行与间接强制执行。直接强制执行是指行政机关通过自己的行为直接达到了当事人义务被履行的状态，如当事人拒不缴纳税金的，行政机关直接从当事人的银行账户中划拨款项，或者行政机关自己直接拆除当事人的违法建筑。间接强制执行是指行政机关通过执行罚迫使当事人自己履行义务或者通过第三方的代履行达到当事人义务被履行的状态，如当事人到期拒不缴纳罚款的，行政机关按日对当事人加处3%的罚款。在我国的行政强制执行制度中，以下措施属于直接强制执行的方式：(1)将当事人直接交付拘留所执行行政拘留；(2)直接采取排除妨碍、恢复原状措施；(3)直接到金融机构划拨当事人存款、汇款；(4)拍卖或者依法处理查封、扣押的场所、设施或者财物；(5)其他直接强制执行的方式。而加处罚款或者滞纳金、代履行等则属于间接强制执行的方式。

三、行政强制措施与行政强制执行

在我国，分辨行政强制措施与行政强制执行具有特别重要的意义，因为它们在设定权与程序实施上均有明显区别。

《行政强制法》(2011)第2条对行政强制措施和行政强制执行分别作了定义：行政强制措施，“是指行政机关在行政管理过程中，为制止违法行为、防止证据损毁、避免危害发生、控制危险扩大等情形，依法对公民的人身自由实施暂时性限制，或者对公民、法人或者其他组织的财物实施暂时性控制的行为”；行政强制执行，“是指行政机关或者行政机关申请人民法院，对不履行行政决定的公民、法人或者其他组织，依法强制履行义务的行为”。这两个定义在一定程度上也揭示了行政强制措施和行政强制执行各自的特征，如行政强制措施具有“暂时性”“保障性”特点，行政强制执行具有“以行政决定为前提”和“强制履行义务”的特点。要正确分辨行政强制措施与行政强制执行，必须综合分析以下几个问题。

(一)行为的目的是什么：保障性抑或执行性

行政强制措施与行政强制执行都是一种行政强制行为，但它们的直接目的是有区别的。行政强制措施的直接目的是，“为制止违法行为、防止证据损毁、避免危害发生、控制危险扩大等情形”，是为了维护社会秩序和保障行政管理的正常进行，显然具有“保障性”。而行政强制执行的直接目的是，“对不履行行政决定的公民、法人或者其他组织，依法强制履行义务”，即在当事人拒不履行行政决定确定的义务的前提下，强制执行行政决定，强迫当事人履行义务，这显然具有“执行性”。这就是说，以保障社会秩序为直接目的的强制行为是行政强制措施，以执行行政决定为直接目的的强制行为乃是行政强制执行。

(二)行为在程序上是否封闭：暂时性抑或永久性

行政行为是一个过程，而这个过程中的每一环节又可能是一个支行为，所以，一个行政行为由多个过程行为组成。行政主体对某一事件尚未最终处理完毕时所实施的各种行政行为，可称过程行为，包括预备行为与中间行为；行政主体对某一事件最终处理完毕时形成一个结论性的行为(如一个“决定”或违法建筑被拆除的结果)，可称结果行为。过程行为是一种暂时性行为，结果行为是一种永久性行为。行政强制措施与行政强制执行正好分别验证了这些属性：以查封、扣押、冻结等为主要手段的行政强制措施，本身都不是行为的目的，只属于为保障后续行为的作为而采取的“暂时性”行为；而行政强制执行是对结果行为的执行，它使一个处理结果最终落地，自然具有“永久性”。

（三）被强制履行的义务性质：无法自我履行与可以自我履行

行政强制是强制当事人履行“义务”的行为，否则就不需要强制，但当事人应当履行的义务较为复杂。强制当事人履行法律规定的义务是行政强制措施，强制当事人履行行政决定确定的义务乃是行政强制执行。另外，强制当事人履行无法自我履行的义务是行政强制措施，强制当事人履行可以自我履行的义务乃是行政强制执行。当事人的“义务”，有一类是可以自我履行的，如缴纳罚款、拆除违法建筑；有一类是无法自我履行的，如醉汉无法自我强制约束、当事人无法扣押自己的物品。针对当事人无法自我履行的义务，适用行政强制措施，针对当事人可以自我履行的义务，适用行政强制执行。我国的《行政强制法》以期待当事人自我履行为原则，本身就反映了行政强制执行的这一特点。

第二节　行政强制措施的种类和设定

一、行政强制措施的种类

《行政强制法》(2011)第 9 条规定：“行政强制措施的种类：(一)限制公民人身自由；(二)查封场所、设施或者财物；(三)扣押财物；(四)冻结存款、汇款；(五)其他行政强制措施。”这里所指的行政强制措施“种类”，其实更是指行政强制措施的“手段”和“方式”，表现为行政执法机关所采取的“有形动作”。行政强制措施的“种类”是行政强制措施“设定”的基础和前提，因为针对行政强制措施的不同“种类”，就会有不同的“设定”权限和规则。

（一）限制公民人身自由

限制公民人身自由系指行政机关为了实施行政管理的需要，依据法律对公民的人身自由进行短期内限制的行政强制措施。我国现行规定行政强制措施的法律主要有：《人民警察法》《治安管理处罚法》《集会游行示威法》《禁毒法》《海关法》《传染病防治法》《国境卫生检疫法》《出境入境管理法》《铁路法》《军事设施保护法》《渔业法》《海商法》等。它们所规定的限制公民人身自由的强制措施比较广泛，大致有当场盘查、留置盘问(继续盘问)、强制传讯、拘留审查、强制扣留、强制戒毒、强制治疗、强制约束、强行驱散等。

（二）查封场所、设施或者财物

查封场所、设施或者财物是由《行政强制法》(2011)第 9 条第 2 项所设定的一种行政强制措施种类和手段。这种手段是有关行政机关为了预防和制止违法，保证行政决定的有效作出和执行，通过“就地封存”的方法，在短时间内禁止对场所使用和限制对财物的使用、毁损、转移和处分的行政强制措施。查封是法律法规规定得最多的行政强制措施之一。现在有许多法律法规设定了查封措施，如《行政处罚法》《邮政法》《食品安全法》《专利法》《商标法》《动物防疫法》《反垄断法》《治安管理处罚法》《道路交通安全法》《消防法》《安全生产法》《税收征收管理法》等。

（三）扣押财物

扣押财物是由《行政强制法》（2011）第9条第3项所设定的并与查封相并行的一种行政强制措施种类和手段。扣押与查封措施功能相同，是指有关行政机关为了预防和制止违法，保证行政决定的有效作出和执行，将涉嫌违法的财物移动至有关地点进行直接控制，在短时间内禁止当事人对扣押财物的使用、毁损、转移和处分的行政强制措施。扣押与查封的区别仅仅在于地点不同：对财物的当场处置是查封，对财物的异地处置是扣押。我国有不少法律规定了扣押措施，如《水土保持法》《食品卫生法》《专利法》《反垄断法》《动物防疫法》《农产品质量安全法》《治安管理处罚法》《渔业法》《农业法》《安全生产法》《药品管理法》《税收征收管理法》《道路交通安全法》《枪支管理法》《种子法》《海关法》《邮政法》等。

（四）冻结存款、汇款

冻结存款、汇款是由《行政强制法》（2011）第9条第4项所设定的一种行政强制措施。它是指有关行政执法机关为了防止当事人转移或者隐匿违法资金，损毁证据，或者为了保障行政决定得到有效执行，通过金融机构对当事人的账户采取的停止支付、禁止转移资金的行政强制措施。冻结这一措施与查封、扣押措施有明显的区别，《行政强制法》对它采用了严格的“法律保留原则”。冻结措施必须由法律直接设定，没有直接的法律依据，任何行政机关都不得实施冻结措施。我国有下列法律规定了冻结措施：《海关法》（2021）第61条；《税收征收管理法》（2015）第38条；《证券法》（2019）第170条；《证券投资基金法》（2015）第113条；《反洗钱法》（2006）第26条；《网络安全法》（2016）第75条；《银行业监督管理法》（2006）第41条；《保险法》（2015）第154条；《审计法》（2021）第38条等。

（五）其他行政强制措施

《行政强制法》（2011）第9条第1—4项所确立的行政强制措施，是实践中最为常见和典型的行政强制措施，但无法列举完毕。现实中还有许多行政强制措施尚未列入，如证据保全、冻结价格、冻结产权、各类行政检查特别是进入住宅，还有对违法用具和工具的收缴，等等。为了防止挂一漏万，《行政强制法》（2011）第9条在第5项设计了一个兜底性规定，即“其他行政强制措施”。

二、行政强制措施的设定

根据《行政强制法》（2011）第10—11条规定，行政强制措施原则上必须由法律设定，在一定条件下也可由行政法规和地方性法规设定。

(一)法律对行政强制措施的设定

《行政强制法》(2011)第10条第1款规定:“行政强制措施由法律设定。”这是原则规定,意味着原则上行政强制措施只能由全国人大及其常委会制定的法律设定。

法律对行政强制措施的设定,可以区分为一般设定范围与特别保留范围。对于一般设定范围,法律可以设定,其他法规在一定条件下也可以设定,包括:(1)查封场所、设施或者财物;(2)扣押财物;(3)其他行政强制措施。特别保留范围具有“排他性”,即只能由法律来设定,其他法规、规章和规章以下的规范性文件都不得设定。就目前中国法律制度而言,这种特别保留范围包括:(1)限制公民人身自由;(2)冻结存款、汇款;(3)进入公民住宅;(4)限制公民通信自由和秘密;(5)其他“应当由法律规定的行政强制措施”。

(二)行政法规对行政强制措施的设定

《行政强制法》(2011)第10条第2款规定:“尚未制定法律,且属于国务院行政管理职权事项的,行政法规可以设定除本法第九条第一项、第四项和应当由法律规定的行政强制措施以外的其他行政强制措施。”第11条第2款又规定:“法律中未设定行政强制措施的,行政法规、地方性法规不得设定行政强制措施。但是,法律规定特定事项由行政法规规定具体管理措施的,行政法规可以设定除本法第九条第一项、第四项和应当由法律规定的行政强制措施以外的其他行政强制措施。”

上述规定表明两项意思:(1)行政法规也有权设定行政强制措施;(2)这种设定权是有前提并有条件限制的:一是“尚未制定法律”的情况;二是属于国务院行政管理职权事项范围;三是法律授权特定事项由行政法规规定具体管理措施的。

(三)地方性法规对行政强制措施的设定

地方性法规对行政强制措施的设定权,是由《行政强制法》(2011)第10条作出规定的。该法第10条第3款规定:“尚未制定法律、行政法规,且属于地方性事务的,地方性法规可以设定本法第九条第二项、第三项的行政强制措施。”

这说明,地方性法规在一定条件下可以设定行政强制措施,但受到限制:(1)尚未制定法律、行政法规,且属于地方性事务的;(2)限于设定查封场所、设施或者财物,或者扣押财物,其他措施无权设定。

第三节 行政强制措施的实施主体和程序

一、行政强制措施的实施主体

行政强制措施的实施主体是指实施行政强制措施的有权组织，包括法律、法规直接设定的行政机关，法律和行政法规授权的组织，以及相对集中行政处罚权的行政机关。

（一）法律、法规直接设定的行政机关

《行政强制法》(2011)第16条第1款规定："行政机关履行行政管理职责，依照法律、法规的规定，实施行政强制措施。"第17条第1款规定："行政强制措施由法律、法规规定的行政机关在法定职权范围内实施。行政强制措施权不得委托。"这说明，行政强制措施的实施主体是国家行政机关。但是，**并不是所有国家行政机关都可以当然地成为实施行政强制措施的主体。只有法律和法规直接赋予其行政强制措施权的行政机关，才是行政强制措施的实施主体**。由法律、法规直接设定行政强制措施权的行政机关，是实施行政强制措施的基本主体。目前，公安、交通、卫生、工商、税务、土地、环境、海关等行政管理机关都属此列。之所以称它们是基本主体，是因为我国大量的行政强制措施是由它们实施的，其他实施主体只是这类主体的补充。

（二）法律和行政法规授权的组织

《行政强制法》(2011)第70条规定："法律、行政法规授权的具有管理公共事务职能的组织在法定授权范围内，以自己的名义实施行政强制，适用本法有关行政机关的规定。"这一规定，与其说是《行政强制法》中的准用条款，不如说是行政强制措施实施主体的授权条款。它表明：得到法律、行政法规授权的具有管理公共事务职能的组织也是实施行政强制措施的主体；与由法律、法规设定的行政机关不同，它不是"设定主体"而是"授权主体"。

（三）相对集中行政处罚权的行政机关

相对集中行政处罚权，是指经国务院或者省、自治区、直辖市人民政府决定，将单行法律、法规和规章设定给有关行政机关的行政处罚权的部分或者全部，从原行政机关的管理职能中分离出来，集中到一个行政机关统一行使；行政处罚权相对集中后，被集中的行政机关不得再行使。《行政强制法》(2011)第17条第2款规定："依据《中华人民共和国行政处罚法》的规定行使相对集中行政处罚权的行政机关，可以实施法律、法规规定的与行政处罚权有关的行政强制措施。"

如果说《行政处罚法》创设了"相对集中行政处罚权"制度，那么，《行政强制法》(2011)第17条则创设了"相对集中行政强制措施权"制度。**相对集中行政强制措施权，是指将单行法**

律、法规授权各行政机关的行政强制措施权从原行政机关的管理职能中分离出来，由一个行政机关统一行使；行政强制措施权相对集中后，被集中的行政机关不得再实施原来的行政强制措施。相对集中行政强制措施权制度造就了一个行政强制措施的实施主体，即**只要是集中行使行政处罚权的行政机关，也可以集中行使与该行政处罚有关的行政强制措施**。

二、行政强制措施的一般程序

《行政强制法》对实施行政强制措施的程序非常重视，以一章三节十八个条文对行政强制措施的一般程序和各类程序作出规范。实施行政强制措施的一般程序之基本要求由《行政强制法》（2011）第18条作出规定。根据该条规定，行政机关实施行政强制措施应当遵守下列规定。

（一）事先报批和决定

《行政强制法》（2011）第18条第1项要求，“实施前须向行政机关负责人报告并经批准”。这是一项事先的程序要求，包含两项内容：一是事先报批制。行政执法人员在现场发现有实施行政强制措施的情景，不得擅自实施行政强制措施（紧急情况除外），必须事先向所在行政机关的负责人报告并获得批准后方可实施。这对现场强制无疑是个约束，并且强化了单位领导人的责任。二是事先决定制。以前常将是否存在事先的“行政决定”作为区别行政强制措施与行政强制执行的主要标准，而现在《行政强制法》规定，任何行政强制措施都需要事先制作“行政决定”，而这一决定在实施行政强制措施时是必须交付给当事人的，这一要求已被列为行政强制措施的一般程序要求。

（二）由两名以上行政执法人员实施

这是《行政强制法》（2011）第18条第2项的要求。一般的操作程序是这样的，当行政机关负责人批准实施行政强制措施并作出行政决定时，会同时落实和指定具体的行政执法人员。在落实具体行政执法人员时，必须符合三个要求：一是所落实的行政执法人员必须具备执法资格；二是所落实的行政执法人员必须与本案无利害关系，这既是正当程序的要求，也是制定法的要求；三是行政执法人员必须两名及以上。之所以作出这一要求，既是为了相互监督，防止侵犯当事人权益的行为发生，也是为了保护执法人员，避免当事人诬告、报复、贿赂执法人员的现象发生。

（三）出示执法身份证件

在执法活动中，执法人员出示执法身份证件，既是公共管理的需要，也是执法人员的程序义务。出示执法身份证件的意义在于：一是宣示行政执法人员的法律地位，表明他正代表国家行政机关在进行执法活动；二是便于社会公众对执法人员的执法活动进行监督；三是防止有人假冒国家工作人员“执法”，避免公民上当受骗。出示执法身份证件，原则上是要求出示行政执法证件。在行政执法证件尚不完备的地方和阶段,至少应当出示工作证件。

(四)通知当事人到场

在实施行政强制措施时,通知当事人到场,对行政执法机关及其执法人员来说,是一种法定义务,因为不得背着当事人对当事人的财物实施强制措施。对当事人来说,到达现场,既是权利也是义务:作为权利,只有当事人到达现场,当事人才能有效地主张权利,如陈述、申辩等;作为义务,如对当事人实施限制人身自由的强制措施,只有当事人在场,行政机关才能实施这一强制措施。可见,无论是对行政执法机关还是当事人,无论是针对当事人的权利还是义务,通知当事人到场都是一个实施行政强制措施程序中不可或缺的重要环节。

(五)告知内容、理由和救济权利

实施任何行政强制措施,行政执法机关都必须告知当事人实施该强制措施的内容、理由和救济权利。实施该行政强制措施的内容,系指具体措施的内容,包括当事人、强制对象物和强制手段等,如对张三什么牌号的车辆实施扣留。理由,系指实施该行政强制措施的理由,包括事实证据和法律依据。救济权利,系指当事人事先的陈述权和申辩权、事后的申请复议和提起诉讼的权利。

(六)听取当事人的陈述和申辩

前一环节是“告知”,这一环节是“听取”。这一环节与前一环节并不重复。前一环节“告知”当事人的虽然包括陈述、申辩权和法律救济权,但法律救济权是发生在程序之后的,需待所有措施实施以后当事人才有权申请行政复议或者提起行政诉讼。因而,“告知”以后的程序环节当然就是“听取”当事人的陈述和申辩了。

(七)制作现场笔录

制作现场笔录,系指行政执法机关及其执法人员在行政执法过程中,对实施该执法活动过程所作的书面记录。现场笔录包括现场检查笔录、现场勘验笔录、现场检验笔录、现场实施笔录等。行政强制措施的现场笔录,主要指实施该行政强制措施的过程记录,包括:(1)送达有关行政强制措施的《行政决定》及签收情况;(2)告知当事人有关权利和当事人主张权益的情况;(3)行政强制措施的实施情况等。现场笔录由当事人和行政执法人员签名或者盖章。当事人拒绝的,在笔录中予以注明。当事人不到场的,邀请见证人到场,由见证人和行政执法人员在现场笔录上签名或者盖章。

三、行政强制措施的其他程序和紧急程序

根据《行政强制法》(2011)第18条第10项的规定,行政执法机关及其执法人员除了必须遵循上述七个实施行政强制措施的基本程序外,还必须服从“法律、法规规定的其他程序”。这

里有几个要点必须把握:(1)作为实施行政强制措施的基本程序,上述七个环节并未穷尽,允许其他法律和法规进行补充;(2)其他法律和法规所补充的程序,不得与前七个环节规定相抵触,只是对前者的补充而不是改变;(3)对其他程序的规定,只限于法律和法规,并不包括规章和行政规范性文件。

如果说《行政强制法》(2011)第18条规定了实施行政强制措施的一般程序,那么,第19条的规定属于一般程序之外的"紧急程序"。《行政强制法》(2011)第19条规定:"情况紧急,需要当场实施行政强制措施的,行政执法人员应当在二十四小时内向行政机关负责人报告,并补办批准手续。行政机关负责人认为不应当采取行政强制措施的,应当立即解除。"

第四节 行政强制执行的方式和设定

行政强制执行的方式有两类:一类是行政机关对行政决定实施强制执行所采取的执行方式;另一类是人民法院对行政决定实施强制执行所采取的执行方式。这两类方式在手段上有相同的地方,但区别更多。

一、行政强制执行方式

行政机关对行政决定实施强制执行所采取的执行方式,由《行政强制法》(2011)第12条作出专门规定,由五种方式和一种作为兜底条款的"其他方式"组成。此外,还有行政机关申请人民法院强制执行,人民法院所实施的强制执行方式。

(一)加处罚款或者滞纳金

加处罚款和滞纳金是行政执行罚的两种基本方式。行政执行罚是与直接强制执行相对应的间接强制执行;间接强制执行包括执行罚与代履行;执行罚包括行政执行罚与刑事执行罚;行政执行罚又包括金钱执行罚与人身执行罚;金钱执行罚包括加处罚款与加收滞纳金。可见,**加处罚款或滞纳金,属于一种间接强制执行的金钱执行罚**。

加处罚款和加收滞纳金源自《行政处罚法》和《行政强制法》的有关规定。《行政处罚法》(2021)第72条第1款规定:"当事人逾期不履行行政处罚决定的,作出行政处罚决定的行政机关可以采取下列措施:(一)到期不缴纳罚款的,每日按罚款数额的百分之三加处罚款,加处罚款的数额不得超出罚款的数额……"《行政强制法》(2011)对加处罚款作了扩展性规定,不仅在第12条第1项中将"加处罚款"设定为一种普遍性的行政执行罚措施,而且还在第45条专门规定:"行政机关依法作出金钱给付义务的行政决定,当事人逾期不履行的,行政机关可以依法加处罚款或者滞纳金。加处罚款或者滞纳金的标准应当告知当事人。加处罚款或者滞纳金的数额不得超出金钱给付义务的数额。"

（二）划拨存款、汇款

划拨存款、汇款，是指行政机关对当事人拒不履行行政决定所确定的金钱给付义务，依照法律规定，通过有关金融机构、邮政机构将义务人账户上的存款或者邮寄给其的汇款，直接划入国家账户的执行方式。它是直接强制执行的一种方式。在现行制度中，行政机关实施划拨存款、汇款执行措施的，只适用于税收和征收社会保险费等少数领域，并有几部法律作出了规定，如《税收征收管理法》（2015）第40条、《海关法》（2021）第60条、《社会保险法》（2018）第63条等。

（三）拍卖或者依法处理查封、扣押的场所、设施或者财物

拍卖或者依法处理查封、扣押的场所、设施或者财物，是指行政机关对当事人拒不履行行政决定所确定的金钱给付义务，依照法律规定，对当事人的已被依法查封、扣押的场所、设施或者财物，通过变现方式实行当事人的金钱给付义务的执行方式。这里的“拍卖”，也称竞买，系指按照《拍卖法》的要求，以公开竞价的方式，将特定的物品或财产权利转让给最高应价者的买卖方式。这里的“依法处理”，是指“变卖”等其他方式。“变卖”是指出卖财物，换取现款，属于一般买卖行为。

（四）排除妨碍、恢复原状

排除妨碍、恢复原状，源于《民法典》所规定的一种民事责任形式。作为行政强制执行形式的排除妨碍，系指当事人的行为妨碍了社会管理秩序，行政机关责令其予以纠正，在当事人拒不纠正的情况下，行政机关依法直接排除妨碍的行政强制执行行为。作为行政强制执行形式的恢复原状，系指当事人的行为导致原物状态和功能变化，在行政机关责令其恢复原状而当事人拒不履行该义务时，所采取的直接恢复原状的行政强制执行行为。

（五）代履行

代履行，是指在当事人拒不履行行政决定所确定义务时，由行政机关或者第三人代替当事人履行该义务，并向当事人收取履行费用的执行方式。《行政强制法》（2011）第50条规定：“行政机关依法作出要求当事人履行排除妨碍、恢复原状等义务的行政决定，当事人逾期不履行，经催告仍不履行，其后果已经或者将危害交通安全、造成环境污染或者破坏自然资源的，行政机关可以代履行，或者委托没有利害关系的第三人代履行。”第51条第2款规定：“代履行的费用按照成本合理确定，由当事人承担。但是，法律另有规定的除外。”第52条又规定：“需要立即清除道路、河道、航道或者公共场所的遗洒物、障碍物或者污染物，当事人不能清除的，行政机关可以决定立即实施代履行；当事人不在场的，行政机关应当在事后立即通知当事人，并依法作出处理。”根据上述规定，行政强制执行中的代履行，只允许适用于交通安全、环境污染防治和自然资源保护三个领域。

(六)其他强制执行方式

其他强制执行方式,是《行政强制法》(2011)第12条第1—5项设定五种执行方式(加处罚款或者滞纳金;划拨存款、汇款;拍卖或者依法处理查封、扣押的场所、设施或者财物;排除妨碍、恢复原状;代履行)之后所规定的一个兜底条款,为其他法律设定行政强制执行手段留下空间。其他强制执行方式,是指由法律所设定的,除加处罚款或者滞纳金,划拨存款、汇款,拍卖或者依法处理查封、扣押的场所、设施或者财物,排除妨碍、恢复原状,代履行这五种执行方式以外的强制执行方式。

(七)人民法院的行政强制执行方式

人民法院对行政决定的执行属于非诉执行,适用《行政强制法》、《行政诉讼法》、《民事诉讼法》和最高人民法院《关于人民法院执行工作若干问题的规定(试行)》(2020)的有关规定。

根据上述规定,人民法院的执行方式分为三类:金钱给付的执行、交付财产和完成行为的执行和被执行人到期债权的执行。具体执行方式有:(1)划拨;(2)变价;(3)收入提取;(4)拍卖、变卖;(5)强制交付;(6)迁出房屋、退出土地;(7)代履行;(8)加倍罚息;(9)支付迟延履行金;等等。

我国《民事诉讼法》不仅为人民法院设定了九种执行措施,同时为保障执行措施的落实还设定了一些非常有效的辅助措施。这些措施有:(1)财产报告;(2)查询、查封、扣押、冻结;(3)搜查;(4)限制出境;(5)在征信系统记录;(6)通过媒体公布不履行义务信息;(7)限制高额消费;(8)法律规定的其他措施。

二、行政强制执行方式的设定

行政强制执行的方式,无论是行政机关实施的执行措施,还是人民法院在非诉执行中对行政决定的执行措施,都必须由法律设定。《行政强制法》(2011)第13条第1款明确规定:"行政强制执行由法律设定。"这主要是因为,设定行政强制执行权涉及国家行政机关与国家审判机关之间的关系,而这一关系属于宪法关系,不是一般的行政关系。

第五节 行政强制执行的主体和程序

一、行政强制执行主体:双轨制

世界各国及地区对生效行政决定的强制执行,有的由行政机关执行,有的由司法机关执行,被称作"单轨制";而有的则由行政机关和司法机关共同执行,被称作"双轨制"。我国属于"双轨制",即对生效行政决定的强制执行既可以由行政机关执行,也可以由人民法院执行。

那么,行政强制执行权如何在行政机关与人民法院之间进行划分呢？这取决于下列法律规定。《行政强制法》(2011)第13条规定:“行政强制执行由法律设定。法律没有规定行政机关强制执行的,作出行政决定的行政机关应当申请人民法院强制执行。”第53条又规定:“当事人在法定期限内不申请行政复议或者提起行政诉讼,又不履行行政决定的,没有行政强制执行权的行政机关可以自期限届满之日起三个月内,依照本章规定申请人民法院强制执行。”《行政诉讼法》(2017)第97条规定:“公民、法人或者其他组织对行政行为在法定期限内不提起诉讼又不履行的,行政机关可以申请人民法院强制执行,或者依法强制执行。”

上述规定体现和凝固了一项原则:**法律授权行政机关强制执行的,由行政机关强制执行;法律没有授权行政机关强制执行的,由行政机关申请人民法院强制执行**。这里的“法律”是指全国人大及其常委会制定的法律,不包括行政法规、地方性法规和规章。当下的我国,下列法律直接赋予行政机关强制执行权:

《行政强制法》(2011)。第46条直接赋予行政机关对于在法定期限内不申请复议或者提起诉讼,经催告仍不履行金钱给付义务的当事人,将查封、扣押的财物依法拍卖抵缴罚款的权力;第50条和第52条直接赋予行政机关对于已经或者将危害交通安全、造成环境污染或者破坏自然资源的遗洒物、障碍物或者污染物等,可以实施代履行的权力。

《行政处罚法》(2021)。该法第51条直接赋予作出行政处罚决定的行政机关对于到期不缴纳罚款的当事人,可以实施执行罚,即每日按罚款数额的3%加处罚款。

《治安管理处罚法》(2012)。该法第103条直接赋予公安机关对于行政拘留决定的执行权。

《税收征收管理法》(2015)。该法第40条直接赋予税务机关对于缴税决定和罚款决定的直接执行和间接执行;第68条直接赋予税务机关对于不缴或者少缴税款实施执行罚的权力;第88条直接赋予税务机关对于税务处罚决定具有直接执行和间接执行的权力。

《海关法》(2021)。该法第60条直接赋予海关对税款缴款决定的执行权;第93条直接赋予作出处罚决定的海关,对于逾期不履行海关处罚决定又不申请复议或者提起诉讼的,可以将其保证金抵缴或者将其被扣留的货物、物品、运输工具依法变价抵缴。

《城乡规划法》(2019)。该法第65条直接赋予乡、镇人民政府对于乡、村庄规划区内的违法建筑有直接拆除的权力;第68条直接赋予建设工程所在地县级以上地方人民政府可以强制拆除违法建设工程的权力。

《消防法》(2021)。该法第60条直接赋予消防管理部门的强制执行权;第70条第3款直接赋予作出决定的消防管理部门对逾期不执行停产停业、停止使用、停止施工决定当事人的强制执行权。

《公路法》(2017)。该法第79条直接赋予交通主管部门拆除其他标志的权力;第81条直接赋予交通主管部门拆除当事人违法在公路建筑控制区内修建的建筑物、地面构筑物或者擅自埋设管线、电缆等设施的权力。

《海上交通安全法》(2021)。该法第51条和第106条直接赋予海上交通主管部门强制打捞清除沉没物、漂浮物等代履行权力。

《草原法》(2021)。该法第71条直接赋予草原行政主管部门强制拆除违法建筑物的权力。

《森林法》(2019)。该法第76条直接赋予林业主管部门对补种树木的代履行。

《水法》(2016)。该法第65条直接赋予水行政主管部门拆除违法建筑物、构筑物的权力。

《海域使用管理法》(2001)。该法第47条直接赋予海洋行政主管部门对违法设施和构筑物的拆除权。

《劳动法》(2018)。该法第100条直接赋予劳动行政部门对用人单位无故不缴纳社会保险费的,实施执行罚(加收滞纳金)的权力。

《文物保护法》(2017)。该法第21条直接赋予县级以上人民政府对国有不可移动文物代为履行修缮义务的权力。

《港口法》(2017)。该法第55条直接赋予海事管理机构对养殖、种植设施的强制拆除权。

《水土保持法》(2010)。该法第55条直接赋予县级以上地方人民政府水行政主管部门对于砂、石、土、矸石、尾矿、废渣等有代为清理的权力。

《水污染防治法》(2017)。该法第94条直接赋予县级以上人民政府环境保护主管部门代为治理权。

《防洪法》(2016)。该法第42条直接赋予防汛指挥机构的强行清除和紧急处置权。

《动物防疫法》(2015)。该法第73条直接赋予动物卫生监督机构对动物的代作处理权。

《放射性污染防治法》(2003)。该法第56条直接赋予环境保护行政主管部门代履行的权力。

二、行政机关实施强制执行的程序

(一)行政强制执行的条件

行政强制执行的条件是指行政机关启动行政强制执行程序的前置性要求。《行政强制法》(2011)第34条规定:“行政机关依法作出行政决定后,当事人在行政机关决定的期限内不履行义务的,具有行政强制执行权的行政机关依照本章规定强制执行。”这就意味着,行政机关启动行政强制执行必须符合以下条件:(1)当事人负有行政法上的义务;(2)该义务已由行政基础决定所确定;(3)当事人逾期不履行该义务;(4)当事人无正当理由不履行该义务。

(二)行政强制执行的原则

这里所阐述的**行政强制执行原则,系指由《行政强制法》和有关法律所确立,行政机关在实施强制执行过程中必须遵循的基本规则**。它包括:(1)行政复议、行政诉讼不停止执行原则;(2)间接强制执行优于直接强制执行原则;(3)执行和解原则;(4)文明执行原则。

(三)行政强制执行程序的基本步骤

行政强制执行的基本步骤是行政强制执行程序的核心内容,是实现和达到行政强制执行目标的时间方式和程序保障。行政强制执行的基本步骤又构成了行政强制执行的法定程序，违反该步骤会构成程序违法。

1. 催告和送达

任何行政强制执行都应当期待当事人的自我履行，“催告”便成了“整个行政强制之核心”。催告必须采用书面形式。未采用书面形式的催告，如口头、电话等，不被法律所承认，属于违反法定程序。催告书必须包含完整的有关信息，其中应当包括：履行义务的期限；履行义务的方式；涉及金钱给付的，应当有明确的金额和给付方式；当事人依法享有的陈述权和申辩权。

2. 陈述和申辩

当事人收到催告书后，由于《行政强制法》的规定和催告书的提示，当事人可以行使陈述权和申辩权。陈述是指当事人对自己主张的说明，如当事人对于某项申请的理由作解释和进一步的说明；申辩是指当事人就他人对自己的指控进行辩解和反驳。

3. 记录、复核、处理

当事人依法提出陈述和申辩意见后，行政机关必须保存其书面材料；当事人是口头提出陈述和申辩意见的，行政机关必须负责记录，让当事人核对签字后保存。对于当事人无论是书面还是口头提出的意见，都必须认真核对和考虑，本着实事求是原则，坚持以人为本，兼顾公共利益与当事人的私人权利，进行处理。

4. 强制执行决定

根据《行政强制法》(2011)第37条规定，经催告，当事人逾期仍不履行行政决定，且无正当理由的，行政机关可以作出强制执行决定。强制执行决定是一项程序性决定，应当以书面形式作出并载明下列事项：当事人的姓名或者名称、地址；强制执行的理由和依据；强制执行的方式和时间；申请行政复议或者提起行政诉讼的途径和期限；行政机关的名称、印章和日期。

5. 强制执行决定的送达

行政机关不作出强制执行决定就不得实施行政强制执行；强制执行决定不依法送达当事人就不具有法律效力。《行政强制法》(2011)第38条明文规定，催告书和行政强制执行决定书都应当直接送达当事人。当事人拒绝接收或者无法直接送达当事人的，应当依照《民事诉讼法》的有关规定送达。

6. 实施行政强制执行

强制执行决定作出和送达以后，行政机关应当尽快实施行政强制执行。这时，从法律设计和理论上讲，都不存在期待当事人自我履行、陈述和申辩以及等待其申请行政复议或者提起行政诉讼之环节了，行政机关可以立即强制执行。即使当事人对强制执行决定申请了行政复议或者提起了行政诉讼，也不停止行政强制执行。

三、申请人民法院强制执行的程序

这类强制执行，就行政机关而言，称为“申请人民法院强制执行”；就人民法院而言，称为“非诉执行案件”，它和人民法院执行生效司法裁判的“诉讼执行案件”不同。申请人民法院强制执行的程序包括以下环节。

(一)行政机关提出申请

处理非诉行政执行案件的司法程序以申请人向人民法院提出申请为前提和起点。而在这一程序中的申请人,是作出行政处理决定的行政机关。行政机关只有在以下情况下才可以向人民法院提起执行申请:(1)行政行为依法可以由人民法院执行;(2)行政行为已经生效并具有可执行内容;(3)申请人是作出该行政行为的行政机关或者法律、法规、规章授权的组织;(4)被申请人是该行政行为所确定的义务人;(5)被申请人在行政行为确定的期限内或者行政机关催告期限内未履行义务;(6)申请人在法定期限内提出申请,即当事人在法定期限内不申请行政复议或者提起行政诉讼,又不履行行政决定的,行政机关可以自期限届满之日起3个月内提出申请;(7)被申请执行的行政案件属于受理执行申请的人民法院管辖。

(二)人民法院的审查和受理

行政机关按规定的要求向人民法院提出强制执行的申请后,人民法院应当先作形式审查,符合形式条件的就应当受理。这里的形式条件是:(1)有明确的申请人(行政机关)和被申请人;(2)当事人在法定期限内既不申请行政复议或者提起行政诉讼,又不履行行政决定;(3)行政机关提交的申请材料齐全;(4)行政机关在规定期限内提出申请;(5)行政机关对当事人已送达了执行《催告书》,当事人超过10日仍不履行义务。经审查,人民法院认为行政机关申请强制执行是符合申请条件的,就应当按照《行政强制法》(2011)第56条规定在5日内受理。人民法院要求行政机关补充材料的,补充材料时间不计在内。受理就必须制作受理通知书并送达申请人和被申请人。

(三)人民法院对非诉执行案的审理

人民法院受理行政机关非诉执行的申请之后,执行程序就从受理阶段进入审理阶段。这一阶段的审理与受理前的审查不同。前一阶段的审查主要是审查行政机关申请人民法院强制执行的材料是否齐全,以便决定是否受理;这一阶段的审理则是对作为执行依据的行政决定的合法性审查,以便决定是否准予强制执行。根据《行政强制法》(2011)第57条和第58条规定,人民法院对行政机关强制执行的申请进行书面审查,即不采取开庭审查方式,但人民法院发现有下列情形之一的,在作出裁定前可以听取被执行人和行政机关的意见:(1)明显缺乏事实根据的;(2)明显缺乏法律、法规依据的;(3)其他明显违法并损害被执行人合法权益的。

(四)人民法院的裁决

人民法院对行政机关强制执行的申请进行审查后,对于符合下列条件者,应当作出准予执行的裁定:(1)行政机关已经按要求向人民法院提供了规定的材料。这些材料就是由《行政强制法》(2011)第55条所规定的五个方面的材料。(2)作为执行依据的行政决定已具备法定的执行效力。这一法定的执行效力就是,当事人在法定期限内不履行行政决定所确定的义务,又不申请行政复议或者提起行政诉讼,使得基础决定具有了确定的执行力。(3)没有出现《行政强制法》(2011)第58条和《行政诉讼法解释》(2018)第161条所规定的情形之一,这些情形包括:实施主体不具有行政主体资格的;明显缺乏事实根据的;明显缺乏法律、法规依据的;其他明显违法并损害被执行人合法权益的。关于作出裁定的期限,区分两种情况:执行申请有三种情形之一的,即明显缺乏事实根据的,明显缺乏法律、法规依据的,其他明显违法并损害被执行人合法权益的,适用30日期限;其他适用7日的期限。行政机关对人民法院不予执行的裁定有异议的,可以自收到裁定之日起15日内向上一级人民法院申请复议,上一级人民法院应当自收到复议申请之日起30日内作出是否执行的裁定。

(五)人民法院的执行

关于人民法院对于非诉执行案的执行程序,《行政强制法》、《行政诉讼法》和《行政诉讼法解释》(2018)都未作详细规定。但根据《行政诉讼法》(2017)第101条规定,非诉执行程序应当适用民事案件的执行程序。根据《民事诉讼法》和最高人民法院《关于人民法院执行工作若干问题的规定(试行)》(法释〔2020〕21号)的规定,执行一般经过以下环节:(1)送达强制执行裁定书;(2)异议和处理;(3)采取执行措施。根据最高人民法院《关于人民法院办理执行案件若干期限的规定》(法发〔2006〕35号),非诉执行案件一般应当在立案之日起3个月内执结。

引例分析

城管执法局对当事人的行政强制执行符合《行政强制法》的有关规定。

城管执法局依法对当事人作出行政罚款决定书后,当事人应当在法律规定或者决定书所规定的期限内缴纳罚款;逾期不缴纳的,城管执法局可依据《行政处罚法》(2021)第72条第1款第1项和《行政强制法》(2011)第45条规定每日按罚款额的3%加处罚款,但加处的罚款不得超过原罚款的本数。当事人既不执行原罚款决定(基础决定),又不执行加处的罚款决定(执行决定)的,城管执法局由于没有生活垃圾处罚方面的强制执行权,应当依据《行政强制法》(2011)第53、54条规定,经催告后当事人在法定期限内未申请行政复议或提起行政诉讼,在催告书送达后10日内又未履行上述义务,可向有管辖权的人民法院申请强制执行。在本案中,城管执法局在加处罚款、作出强制执行决定、送达催告书、保障当事人申请复议或提起诉讼权利、申请法院执行等诸多环节中,都遵循了《行政强制法》和《行政处罚法》的有关规定。

复习思考题

1. 行政强制措施与行政强制执行如何区分?
2. 行政机关与人民法院的强制执行权如何分配?
3. 我国有哪些行政强制的方式?法律是如何设定的?
4. 行政强制应当遵循什么样的法定程序?

第八章　其他行政行为

| 引　例 |

张某(男)与李某(女)依法结婚登记为夫妻关系。若干年后,李某患双相障碍(躁狂相),被鉴定为"限制民事行为能力",长期由其母亲照料。某日,张某与李某瞒着李某母亲到婚姻登记机关申请办理离婚登记,当场共同递交了婚姻证明、离婚协议书、身份证、户籍证明等材料,但共同向婚姻登记员隐瞒了李某的病情。婚姻登记员就有关事项对双方进行询问后,又由双方在担任监督人的婚姻登记员面前分别亲自填写了《申请离婚登记声明书》,随后婚姻登记机关作出了"符合离婚条件,准予离婚"的意见,并于当天向两人颁发了离婚证。半年后,李某母亲得知此事,便向人民法院提起行政诉讼,要求宣布该离婚登记无效。但是,针对婚姻登记机关对当事人作离婚登记到底属于行政行为还是民事行为这一问题,当事人之间甚至法院内部都产生了分歧。你认为,婚姻登记机关对当事人作离婚登记到底属于什么行为?

第一节　行 政 命 令

一、行政命令的概念和特性

行政命令是指,行政主体针对特定的行政相对人要求其进行一定作为或不作为的意思表示。它是行政决定的一种表现形式,是一种独立的行政行为。行政命令具有下列法律特性:

第一,行政性。命令可以出现在立法、执法、司法、军事等各个领域,只有作为行政主体的国家行政机关针对作为行政相对人的公民、法人或者其他组织所发布的命令才是行政命令,它是出于行政管理的目的,体现国家行政权运行的一种行政行为。

第二,具体性。行政机关发布的行政命令包括作为抽象规范的行政命令与作为具体决定的行政命令。国务院依据《宪法》(2018)第 89 条第 1 款规定发布的"命令"或县级以上地方各级人民政府依据《宪法》(2018)第 107 条第 1 款规定发布的"命令"更多的属于抽象性的规范文件,不属于这里所讨论的"行政命令"。这里的"行政命令"仅指行政主体向特定行政相对人发出的要求一定的作为或不作为,如责令某当事人拆除违法建筑。

第三,意思性。行政行为可分为意思行为与物理行为。而行政命令属于意思行为,是行政主体要求当事人进行一定的作为(如责令修复)或不作为(责令停止违法行为)的行政决定。行政命令是一种特定的不同于行政许可决定、行政处罚决定、行政征收征用决定的特殊决定。

第四,负担性。行政行为可分为授益行为与负担行为。行政命令是为特定相对人设定一种作为或不作为的义务,并要求当事人在一定期限内履行义务,因而属于负担性的行政行为。

第五,强制性。行政命令具有很强的强制性,行政主体作出行政命令之后,行政相对人必须服从,否则可能引起不利的后果(行政处罚或强制执行)。

第六,依职权性。行政行为可分为依职权行为与依申请行为。行政命令属于前者,是行政主体依职权作出的行政行为,不以相对人申请为前提。

第七,基础性与可执行性。行政行为可分为基础行为与执行行为。行政命令属于基础行为并且具有可执行性。当事人逾期不履行政命令所要求的义务,行政机关有权依法实施强制执行。

第八,可诉性。既然行政命令是一种独立的行政行为,它为相对人设定必须强制履行的义务,对相对人的权利与义务直接发生效果,因而,行政相对人如果对行政命令不服,是可以依法申请行政复议或提起行政诉讼的。

二、行政命令与相近行为的区别

以上对行政命令概念的界定和性质的定位,已经轻松地将行政法上的行政命令与其他领域中的命令区别开来。但是,即使在行政法的范围内,要将作为行政命令的行政行为与其他行政行为中所依附的行政性命令很好地区别开来,还是一件重要而复杂的事,而这正是影响和制约行政命令作为一个独立行政行为存在的关键。

为此,我们要特别关注,以下三种情况中所存在和出现的行政命令不宜作为本节意义上的行政命令对待。

第一,作为行政奖励的命令。行政奖励是指,行政主体对于具有先进行为和事迹,或者符合法定奖励事由的公民、法人或者其他组织,作出表彰和激励的行政行为。它包括物质奖励和精神奖励。有时在精神奖励中,行政机关以颁发嘉奖令的方式实施奖励。这种嘉奖令只是行政奖励的一种表达方式,不应当作为一个独立的行政命令行为来对待。

第二,作为行政处罚的命令。如果行政机关针对相对人的违法行为,依据《行政处罚法》对其作出一种让其承受不利后果的决定,即使以"命令"形式来表达,依然属于行政处罚行为,而不是行政命令行为。如行政机关对违法当事人作出的"责令停产停业"或者"责令关闭"等决定,虽然有"责令"之命令式表达,但依然属于行政处罚行为而不是行政命令行为。

第三,作为行政强制执行的命令。根据《行政强制法》第四章的规定,如果行政机关对当事人作出一个基础决定,当事人逾期不履行的,行政机关可以依法强制执行。而在启动强制执行程序中,行政机关首先应当向当事人发出一个书面的"催告令"(或称"催告书""催告通知"),当事人还不履行的,行政机关就作出一个《强制执行决定》,然后依法强制执行。这里的"催告令"和《强制执行决定》都具有"命令"的功能,但不宜作为独立的行政命令行为对待,它们不过是行政强制执行程序中的一个环节而已,应当总体上作为"行政强制执行"行为对待。

三、行政命令的种类、形式和依据

（一）行政命令的种类

行政命令最本质的特性是，行政主体要求相对人进行一定的作为或不作为，因此，依据行政主体的要求内容进行划分，行政命令无非有两种：一种是要求相对人进行一定作为的命令，称作“令”，如命令纳税、命令（外国人）出境；另一种是要求相对人进行一定的不作为的命令，称作“禁（止）令”，如因修建马路禁止通行、禁止旅客携带危险品上车（见图 8－1）。

图 8－1　行政命令

（二）行政命令的形式

行政命令的形式，是指行政命令内容的表达方式。由于行政命令会对相对人的权利和义务直接产生影响，不仅直接为当事人设定作为或不作为的义务，而且具有强制性，**如果当事人不履行行政命令所要求的义务，会被处罚和被强制执行**，所以，坚持行政命令形式的法定化非常重要。行政命令的形式为三种：书面形式、口头形式和动作形式。具体要求是：(1)坚持以书面形式为原则。原则上，行政命令必须采取书面形式，制作正式的命令文本，送达相对人，否则就不产生效力。(2)在紧急情形下才适用口头形式。在目前没有行政程序法和其他单一法规定的情况下，具体程序可参照适用《行政强制法》(2011)第 19 条规定。(3)在法律允许以动作形体方式执法时，行政命令可采取动作方式。最典型的就是交警执法。

行政命令是一种要求相对人进行一定的作为或不作为的意思表示，本质上也是一种行政决定。从这些决定的名称上看，行政命令有“命令书”“通知书”“责令书”“决定书”等诸多表示方法。**无论采取什么名称，只要这一行为是要求相对人进行一定的作为或不作为的意思表示，就应当认定为行政命令**。在现实中，用“责令”形式表达行政命令最为多见。所以，最高人民法院《关于行政案件案由的暂行规定》（法发〔2020〕44 号）用诸多的“责令”行为来表达行政命令，如“责令退还非法占用土地”“责令交还土地”“责令改正”“责令采取补救措施”“责令停止建设”“责令恢复原状”“责令公开”“责令召回”“责令暂停生产”“责令暂停销售”“责令暂停使用”等。

（三）行政命令的依据

行政命令是行政决定的一种具体形态，被“物化”为行政命令行为。行政命令这种行政行为，自然以行政命令权为基础。具有行政命令权的行政主体方可作出行政命令行为。行政命令权显然属于行政职权的范畴。与其他行政职权不同的是,针对行政相对人,它不是赋予权益而是设定义务的权力,不是处分权益而是为处分权益设置前提和依据的权力。**从某种意义上说,行政职权可以分为行政命令权、行政形成权、行政处分权、行政裁决权和行政强制权**。行政命令权为国家行政管理所必须,同时会形成不利于行政相对人的行政行为。因此,对它的权力形成规则要特别谨慎。在我国尚未制定行政程序法的今天,只能在理论上确立一些规则。

第一,行政命令权以行政执法权为基础。无行政执法权者一定不具有行政命令权,有行政执法权者才会有相应的行政命令权。任何行政命令权都不得超越行政机关的执政执法权限。

第二,行政命令权是行政处罚权和行政执行权等处理权的辅助权和隐含权。也就是说,如果某一行政主体已经拥有行政处罚权,它同时也自然拥有对被处罚人"责令其纠正违法"的命令权;如果某一行政主体已经拥有行政强制执行权,它同时也自然拥有对义务人"责令其限期履行"的命令权。

四、行政命令的独立性与被吸收性

行政命令是一个独立的行政决定和一个独立的行政行为。**这一独立性意味着,这种行为可以接受和应当接受行政法的单独规制,并且,如果当事人对该行为不服可以单独对它提起诉讼以获权利救济**。

在承认行政命令具有"独立性"的同时,还必须看到另一面,那就是行政命令确实与其他行政行为(如行政许可、行政处罚、行政裁决和行政强制等)不同,它容易在一定条件下被其他行政行为所吸收。如当行政主体要进入相对人住宅检查(行政强制措施),同时命令相对人将门开启,这时的行政命令(要求相对人将门开启)就会被行政检查(进入住宅检查)行为所吸收。当行政主体对相对人实施强制执行而对相对人发布一个执行令(催告书),这个执行令就会被行政强制执行所吸收。**当行政命令被其他行政行为吸收时,它就不被作为一个独立的行政行为对待,而是被纳入吸收它的其他行政行为之中,受行政法的统一规制**。

五、行政命令的可诉性

在行政相对人对行政命令不服,且行政命令未被其他行政行为吸收的情况下,可以单独对行政命令申请行政复议和提起行政诉讼。

行政命令也是一种行政决定,这种决定不直接为相对人设定权利与义务,或处分权利与义务,而是表现为要求相对人进行一定的作为或不作为。但行政命令为相对人设定了在不履行行政命令的条件下被处罚和被强制执行的结果,明显而必然地影响着相对人的权利与义务。因而从行政法理和行政诉讼法理上说,行政命令当然是一种可诉的行政行为。

从制度上说,在《行政复议法》(2017)第 6 条关于复议范围的规定中,虽然行政命令未被单列,但在第 6 条第 5、6、7、11 项中都可能涉及行政命令。《行政诉讼法》(2017)也一样,其第 12 条第 1 款第 7、8、9、12 项中也包含了行政命令。2020 年最高人民法院《关于行政案件案由的暂行规定》(法发〔2020〕44 号)也肯定了行政命令行为的可诉性。

第二节　行 政 确 认

一、行政确认的概念和法律意义

行政确认是行政决定的一种行为形态，系指行政主体对既存的法律事实和法律关系进行审查、认定并宣示其法律效力的行政行为。它作为国家行政管理的重要手段，往往成为诸如行政许可、行政给付等其他行政行为的前提。行政确认具有下列法律特征：

第一，既存性。行政确认是行政主体对既存的法律事实和法律关系进行审查、认定并宣示其法律效力的行政行为，它是对业已存在或发生了的事实与关系的认定，因而具有既存性。也就是说，在行政确认中，被确认对象是业已存在的事实和关系。确认除了创设确认本身，并没有创设新的法律事实和法律关系。

第二，非处分性。行政确认并不直接形成或处分相对人的权利与义务，它只是对业已存在的权利与义务关系进行认定，不具有处分性。

第三，中性行为。行政确认行为对行政相对人来说，既不是行政赋权行为，即对相对人的有利行为，也不是行政限权行为，即对相对人的不利行为，而是一种"中性"行为。因为它或许对相对人有利，或许对相对人不利。

第四，宣示性与保护性。行政确认的法律功能在于对世宣示某种已被确认的法律事实与法律关系的存在与效力，并起到对抗善意取得第三人的法律作用。

第五，证据性。行政确认是有关行政主体在法律授权条件下针对相对人有关法律事实和法律关系的一种认定，经过严格的审查程序。确认结果往往可以成为行政主体作出其他行政行为的前提，同时也可构成有关行政行为的证据。

第六，可吸收性。行政确认属于可吸收的行政行为之一。部分行政确认有时被行政许可和行政裁决等行政行为所吸收。

从形式上考察，行政确认通过确认、认定、认证、评定、审定、核定、指定、登记等方式表达出来。

行政确认的法律意义在于证据性和对抗性。证据性表现为，行政确认书可以成为被确认之法律事实和法律关系的当然证明，具有证据的效力。例如，结婚证是行政确认行为的载体，具有证明男女婚姻关系的证据效力，除非存在有效的反证。对抗性表现为，被行政确认了的财产权可以对抗善意第三人。例如，经过产权登记的房产可以对抗善意的第三人；没有经过产权登记的产权就不具有这一对抗性。

二、行政确认的种类

行政确认是行政主体对既存的法律事实和法律关系进行审查、认定并宣示其法律效力的行政行为。根据行政确认的内容或确认途径,对行政确认可作以下分类。

(一)对人身关系的确认与对财产关系的确认

行政确认主要包括对人身关系的确认与对财产关系的确认。**人身关系是指自然人基于人格和身份而产生的,不以经济利益而是以特定精神利益为内容的人与人之间的相互关系**。人身关系虽然没有财产内容,但可以成为财产关系的前提,如夫妻关系可以成为财产法定继承的基础。有的人身关系需要得到国家的特别保护,须通过行政确认肯定和宣示这种关系,如夫妻关系的结婚登记或收养人与被收养人之间的收养登记。

财产关系是指人们在社会生产、分配、交换与消费中所形成的,基于物质利益而形成的社会关系。财产关系包括静态的财产支配关系,如所有权关系;还包括动态的财产流转关系,如债权债务关系。我国对不动产实施登记制度。《民法典》(2020)第208条第1句规定:"不动产物权的设立、变更、转让和消灭,应当依照法律规定登记。"对不动产进行登记就是对财产关系进行行政确认的体现。

(二)对权利的确认与对责任的确认

行政确认既有对当事人权利的确认,也存在对当事人责任(义务)的确认。前者如对不动产所有权、使用权的确认,后者如对交通事故责任的认定和火灾事故责任的认定等。

(三)对主体资格的确认与对行为及结果状态的确认

主体资格,是指主体从事某项工作、职业、活动时依照法律或专业规范应当具备的相应资质。主体资格常常须经行政机关的认定。对主体资格的认定往往成为行政许可的前提和依据。例如,当事人经法律职业资格考试获得相关资格,司法行政部门发给他相关证书。前者是行政确认行为,后者是行政许可行为。**行为及结果状态的确认,是指对当事人某种行为性质及其状态和程度的认定**。对工伤的认定便是一例。

(四)通过登记的确认与通过裁决的确认

行政确认的方式具有多样性。但最主要的是这两种方式:一是通过登记确认,如产权登记、机动车登记等;二是通过行政裁决,即当事人之间发生有关自然资源所有权或使用权的纠纷,由行政机关居间作出裁决决定,以确定财产权的归属。

三、行政确认的权力基础

行政确认是通过审查以认定行政相对人有关的法律事实和法律关系为特征的一种行政决定,同时又"物化"为一种行政行为。**这种行为的权力基础是行政确认权**。行政确认权当然属于行政职权的一部分,但并不是所有行政机关当然拥有的一项普遍职权。

鉴于行政确认的结果能使相对人的某种行为、权利、关系产生法律效果(可以是正面的,也可以是反面的),其权利还可对抗善意第三人,而且能够成为行政主体另一行政行为的证据和依据,**行政确认权不应当成为行政机关的普设权,也不应当成为行政管理的附带权**。

从现行法律制度看,行政确认权一般来自法律、法规的直接赋权,如《民法典》和《婚姻登记条例》将对婚姻关系的确认权赋予民政部门;《道路交通安全法》和《道路交通安全法实施条例》将交通事故责任的认定权赋予公安机关交通管理部门;等等。

从权力形成视角考察,行政确认权可分为两类:独立性的行政确认和被吸收的行政确认。前者是指该行政确认的作出是基于独立的法律目的,它的存在具有独立的法律意义,并且行政确认主体与另一个相关行政行为的主体不是同一个主体,如政府民政部门对男女婚姻关系的确认(颁发结婚证),公安机关交通管理部门对交通事故责任的认定,社会保险行政部门对职工工伤的认定等,都属于独立的行政确认。后者是指,该行政确认的作出不具有独立的法律意义,它是为后续的行政行为服务的,并且行政确认主体与后续行政行为主体又是同一个主体。例如,司法行政部门颁发律师执业证(行政许可)往往以确认其律师资格(通过律师资格证进行行政确认)为前提,这里的行政确认就被后续的行政许可所吸收。

上述两种不同的行政确认权,其产生的规则是不同的:**对于独立的行政确认权,根据职权法定原则,应当由法律和行政法规设定;对于被吸收的行政确认权,它依附于后续行政行为职权并属于后一行政职权的隐含权,因而无需法律和行政法规作单独设定,任何具有后续行政行为的职权主体自然拥有前置性的行政确认权**。

四、行政确认的法律制度

我国现行的行政确认制度,主要有以下几种。

第一,对身份关系的确认。对身份关系的确认主要表现为结婚登记和收养登记等。

第二,对财产关系的确认。对财产关系的确认,具体表现为对财产权的登记,包括不动产登记、机动车登记、船舶登记等。

第三,对交通事故的责任认定。对交通事故的责任认定制度,源于《道路交通安全法》《道路交通安全法实施条例》的有关规定,具体的操作依据是公安部《道路交通事故处理程序规定》。

第四,对工伤的认定。工伤认定是劳动行政部门依据法律的授权对职工因事故伤害(或者患职业病)是否属于工伤或者视同工伤给予定性的行政确认行为。工伤认定的法律依据是《劳动法》《社会保险法》《工伤保险条例》。

第五,对有关"情形"的认定。作为行政确认意义上的行政主体对相对人有关"情形"的认定,主要发生在证券监管领域。根据国务院《证券公司监督管理条例》(2014)第10条规定,有关单位或者个人具有某种"情形"之一的,不得成为持有证券公司5%以上股权的股东、实际控制人,其中有些"情形"必须由国务院证券监督管理机构认定。此外,在商标管理等领域同样存在对有关情形的认定问题。根据《商标法》(2019)第14条规定,在商标注册审查、工商行政管理部门查处商标违法案件过程中,为相关公众所熟知的商标,持有人认为其权利受到侵害时,当事人可以请求驰名商标保护。这时,商标局根据审查、处理案件的需要,可以对商标驰名情况作出认定。商标局依法对商标驰名情况的认定,也属于行政确认。特定行政机关对有关“法定情形”的认定之所以属于行政确认,是因为这些特定的“情形”直接包含当事人的法律责任,它将直接成为行政机关作出对当事人不利或有利决定的必要条件。

第六,其他行政确认行为。除上述制度外,还有不少法律制度也属于行政确认制度。例如,公安消防部门依据《消防法》对火灾事故进行性质和责任认定以及消防验收等;海关依据《海关审定进出口货物完税价格办法》的有关规定估定完税价格;国家知识产权局依据《专利法》和《商标法》的有关规定,对当事人进行专利的授予和商标的注册;公安机关或者其委托的戒毒医疗机构依据《禁毒法》和《吸毒成瘾认定办法》的有关规定,对吸毒人员进行人体生物样本检测、收集其吸毒证据或者根据生理、心理、精神的症状、体征等情况,判断其是否成瘾以及进行是否成瘾严重的“吸毒成瘾”的认定;教育行政部门对留学生境外学历、学位的认定;等等。

五、行政确认的法律救济

对于行政确认的法律救济问题,从理论上说不会有分歧。因为行政确认是行政决定的一种行为形态,是一种独立的行政行为,它当然适用行政复议与行政诉讼,而且司法实践上也基本上是这么做的。最高人民法院《关于行政案件案由的暂行规定》(法发〔2020〕44 号)也将“行政确认”独立地列为第七类行政行为和案由。

在行政确认制度中,一种例外情况是,公安机关对道路交通事故的责任认定是否适用行政复议与行政诉讼。对于这一问题的态度连最高人民法院也在变化。

我们的观点是,只要行政确认是一种独立的行政行为,自然是可诉的,否则是违背行政法理的。需要注意到的一个情况是,如前所述,行政确认与行政命令、行政调查一样,属于一种“可被吸收”的行政行为。在一定条件下,行政确认可以被后续的行政许可、行政处罚等行政行为所吸收。当行政确认被后续的行政行为吸收时,就没有必要作为一种独立的行政行为适用法律救济,后续行政行为的法律适用同时包含了对它的救济。所有“被吸收行政行为”都适用这样的法律救济规则。最高人民法院办公厅《行政审判办案指南(一)》(法办〔2014〕17 号)指出,行政确认如果成为行政程序中的一个环节,是不可诉的;但如果该确认直接对公民、法人或者其他组织的权利义务产生实质影响的,则具有可诉性。

第三节 行政裁决

一、行政裁决的概念和特征

在中国,虽然行政性的“裁决”被用于各种场合,但作为一种行政决定形态的行政行为,是**特指行政主体依照法律授权,根据当事人的申请,居间对特定的民事纠纷进行处理的行政**

行为。

这种意义上的行政裁决,具有下列法律特征:

第一,性质上的行政性和具体性。行政裁决虽是行政机关对民事纠纷的裁决,但它属于行政行为,而不是司法行为或立法行为。因为它是由法律授权行政机关行使的一种职能。此外,行政裁决是针对特定的当事人的特定关系所作的一种裁决,因而具有具体性,属于行政决定的范畴而不是行政规定的范畴。

第二,对象上的民事性。行政裁决是行政主体对民事纠纷而不是行政纠纷的裁决。行政主体对行政纠纷或行政关系上的裁决,都不是行政法学意义上的行政裁决。作为行政裁决对象的民事纠纷,包括民事赔偿纠纷、有关财产所有权和使用权的纠纷等。

第三,身份上的中间性。行政裁决虽是由行政主体作出的一种行政行为,但它与其他行政行为不同的是,它不是双方关系(管理方行政主体与被管理方相对人)中的一方,而是三方关系中的一方,是作为平等的双方当事人之外的第三方并作为中间人身份出现。换句话说,行政裁决是行政主体以中间人的身份对平等主体间的民事关系的裁决,从这一点讲具有"准司法"的性质。

第四,法律上的授权性。《民事诉讼法》(2021)第 3 条和第 127 条表明:平等主体间的民事纠纷原则上由人民法院通过民事诉讼程序解决;如果由其他组织处理的,必须具有"法律"(狭义)的明文规定。所以说,行政机关的行政裁决权必须来自全国人大及其常委会的特别授权。

第五,程序上的准司法性。行政裁决虽然属于行政行为而不是司法行为,但无可否认的是,它是由作为中间人和裁决者的行政机关处理民事纠纷,因而在程序上具有而且应当具有"准司法性"。首先,它应当是个依申请行为,必须由一方或双方当事人申请;其次,行政裁决机关必须举行听证会,听取双方的意见,并允许双方当事人辩论,否则属于违反正当程序;最后,还必须作出正式的书面裁定,写明事实与理由、法律依据、裁定内容、救济途径等。

二、行政裁决的相关区别

行政裁决最易与行政确认、行政确权相混淆。

(一)行政裁决与行政确认

行政裁决与行政确认都是行政决定的一种行为形态,都是独立的行政行为。但行政裁决系指行政主体依照法律授权,以中间人的身份,对特定的民事纠纷进行审理和公断的行政行为;行政确认则是行政主体对既存的法律事实和法律关系进行审查、认定并宣示其法律效力的行政行为。具体区别在于:

第一,行政裁决属于纠纷解决制度,是行政主体对于已经发生的纠纷的一种公断;而行政确认是一种认定制度,是行政主体对行政相对人的主体资格及有关法律事实或法律关系的一种认定。

第二,行政裁决是对民事关系的处理,行政确认则是对行政关系的处理。

第三,行政裁决中行政主体是作为第三方中间人的身份出现的,行政裁决发生在三方关系之中;而行政确认是发生在行政主体与行政相对人的双方关系之中,行政主体是以管理方身份而不是以第三方中间人身份出现。如图 8-2、图 8-3 所示:

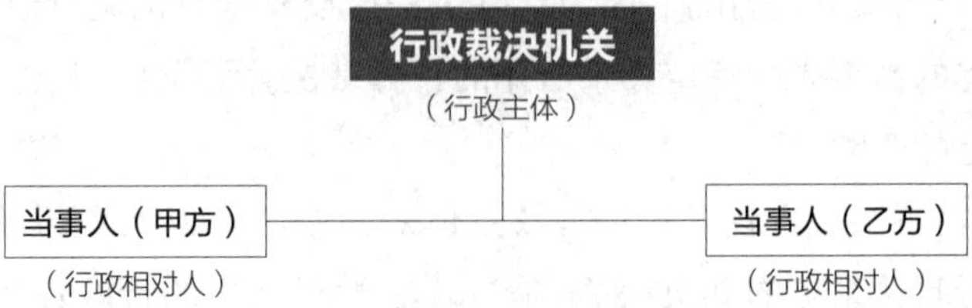

图 8-2 行政裁决关系

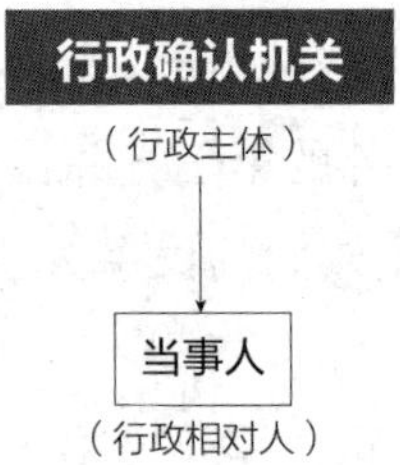

图 8-3 行政确认关系

从某种意义上讲,部分行政裁决是以行政确认为前提的,此时的划分方法是:**如果行政确认进入行政裁决程序作为行政裁决的前置行为而存在,那么,行政确认被行政裁决所吸收,总体按行政裁决行为对待;如果行政确认发生在行政裁决程序以外,那么,行政确认与行政裁决就分别作为两个独立的行政行为而存在**。

(二)行政裁决与行政确权

我国的行政裁决主要表现在为解决当事人之间对自然资源所有权、使用权的争议而进行的确权,所以,行政裁决往往与行政确权等同。从行政法理上说,行政裁决与行政确权之间有交叉,但不宜画上等号。

我国行政法上的行政确权,从提出和形成过程都可以发现,它始终与自然资源和不动产权利有关。最初,不少法律都规定了"确认"自然资源的"所有权""使用权",从而被简称为"确权"。后来,2005 年最高人民法院行政审判庭《关于行政机关颁发自然资源所有权或者使用权证的行为是否属于确认行政行为问题的答复》(〔2005〕行他字第 4 号)又将"确认"解释为当事人对自然资源的权属发生争议后,行政机关对争议的自然资源的所有权或者使用权所作的"确权"决定,而这种意义上的"确权",其实就是"行政裁决"。最高人民法院《关于审理涉及农村集体土地行政案件若干问题的规定》(法释〔2011〕20 号)第 6 条第 1 款是这样使用"确权"一词的:"土地权利人认为乡级以上人民政府作出的土地确权决定侵犯其依法享有的农村集体土地所有权或者使用权,经复议后向人民法院提起诉讼的,人民法院应当依法受理。"可见,我国不少部门是将"确权"与自然资源等不动产"登记"联用的。

由此可以推断，行政确权特指行政机关在法律授权的前提下，通过一定的法律程序，确认自然资源等不动产的所有权、使用权归属的行政行为。它与行政确认、行政裁决都是一种交叉关系。在行政行为的分类上，由于行政确权是通过直接的确认登记或者行政裁决来实现的，而行政确认和行政裁决都已被作为独立的行政行为对待，那么，行政确权就已被两者分解。**行政确权凡通过直接的确认登记实现确权者，归附于行政确认行为；凡通过行政裁决实现确权者，归附于行政裁决行为**（见图8－4）。

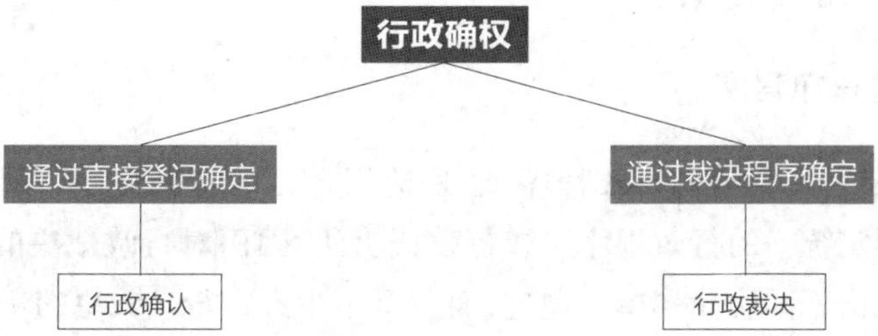

图8－4　行政确权与行政确认、行政裁决之间的关系

三、行政裁决的主要制度

（一）对土地等自然资源所有权、使用权归属的裁决

现行的行政裁决基本上被局限于通过裁决程序的行政确权，即当公民、法人或其他组织间因森林、土地、矿产和草原等自然资源的所有权或者使用权产生争议时，由有关行政机关依法处理。这种处理具有行政裁决的性质。例如，有关地方人民政府依据《土地管理法》（2019）第14条规定，对当事人之间土地所有权、使用权之间争议的处理；依据《森林法》（2019）第22条规定对当事人之间发生的林木、林地所有权和使用权争议的处理；依据《草原法》（2021）第16条规定对当事人之间发生的草原所有权、使用权争议的处理；等等。

（二）对矿山企业之间的矿区范围归属的裁决

《矿产资源法》（2009）第49条规定："矿山企业之间的矿区范围的争议，由当事人协商解决，协商不成的，由有关县级以上地方人民政府根据依法核定的矿区范围处理；跨省、自治区、直辖市的矿区范围的争议，由有关省、自治区、直辖市人民政府协商解决，协商不成的，由国务院处理。"矿区不仅在地上，更多的是在不能直接看见的山下、地下，所以，矿山企业之间关于矿区范围的争议时有发生。《矿产资源法》为此设立了行政裁决制度。对于矿山企业之间的矿区范围的争议，按属地管理原则，由县级以上地方人民政府根据依法核定的矿区范围处理；跨省、自治区、直辖市的矿区范围的争议，由有关省、自治区、直辖市人民政府协商解决，协商不成的，由国务院处理。这种"处理"，在性质上属于行政裁决。矿山企业之间矿区范围争议的处理，在程序上要坚持"先行协商"。协商不成的，才进行行政裁决。

(三)对专利强制许可费用纠纷的裁决

行政裁决还存在于有关专利方面的争议处理。《专利法》(2020)第62条规定:"取得实施强制许可的单位或者个人应当付给专利权人合理的使用费,或者依照中华人民共和国参加的有关国际条约的规定处理使用费问题。付给使用费的,其数额由双方协商;双方不能达成协议的,由国务院专利行政部门裁决。"这里,由国务院专利行政部门对当事人之间的强制许可费用的纠纷的裁决,是典型的行政裁决。

四、行政裁决的法律程序

关于行政裁决是适用普通的行政程序,还是适用自己的特别程序,世界上的做法不统一。在中国,由于尚未制定统一的行政程序法或行政裁决法,因而对行政裁决的程序未作统一的规定,各种行政裁决系由不同法律作单一规定,而且有不少设定行政裁决的法律并未规定程序。

中国将来对行政裁决程序的设置,可以通过两个途径解决:一是通过制定一个行政裁决法对行政裁决程序作出统一的规定;二是通过制定行政程序法,在程序法中既为行政裁决设置适用所有行政行为的一般程序,又为行政裁决单设特别程序。

五、行政裁决的法律救济

行政裁决是一种行政行为,它不得"一裁终身",行政裁决必须适用司法审查。根据《行政复议法》、《行政诉讼法》及最高人民法院有关行政诉讼的司法解释的规定,行政裁决的可诉性是十分明确的,当事人对行政裁决不服,可以依法申请行政复议或提起行政诉讼。

由于行政裁决发生在三角关系中,其当事人的确认有一定的特殊性。**经过行政机关行政裁决之后,当事人不接受的,都可以行政裁决机关为被告,针对行政裁决决定提起行政诉讼,不得以另一方当事人为被告提起民事诉讼**。

提起行政诉讼时,当事人一方或双方都可以原告身份,以行政裁决机关为被告,针对行政裁决决定提起诉讼。如果只有一方当事人起诉的,那么,另一当事人就列为第三人,不得列为被告。在行政裁决案件的行政诉讼中,无论什么情况,都由行政裁决机关作为被告。

行政复议与上同理。

第四节 行政给付和奖励

一、行政给付

(一)行政给付的国家背景

行政给付是一种独立的行政行为,是行政决定的一种形态。就行为结果与当事人权利的关系而言,这是一种授益行为。**行政给付是国家发展到一定阶段的产物,是从“行政国家”转向“福利国家”的体现,也是国家的行政从“秩序行政”向“福利行政”转变的反映**。

在我国,行政给付的宪法基础是《宪法》(2018)第45条规定,“中华人民共和国公民在年老、疾病或者丧失劳动能力的情况下,有从国家和社会获得物质帮助的权利。国家发展为公民享受这些权利所需要的社会保险、社会救济和医疗卫生事业。国家和社会保障残废军人的生活,抚恤烈士家属,优待军人家属。国家和社会帮助安排盲、聋、哑和其他有残疾的公民的劳动、生活和教育”。

(二)行政给付的概念和特征

行政给付是行政决定的一种形态,是一种与行政命令、行政许可、行政确认、行政处罚等相并列的独立的行政行为。具体言之,**行政给付系指行政主体根据相对人的申请,依据国家法律,考虑相对人的具体条件,决定无偿给予一定财物的行政行为**。这种意义上的行政给付,具有下列法律特征:

第一,财物性。行政给付表现为行政主体给予相对人一定的财物,以金钱或物质为给付内容。不具有“财物性”的给付不属于这种意义上的行政给付。

第二,单向性。行政给付与行政征收不同,它不是由相对人向国家交纳财物,而是国家(通过行政主体)向相对人支付财物,所以具有行政主体针对行政相对人的单向性。

第三,无偿性。行政给付是国家针对一些生活困难者或其他需要救助的情况,依据法律给予救助的行为,是国家福利政策的表现,因而是无偿的。任何对价性的、有偿性的支付均不属于行政给付。

第四,依申请性。行政给付属于依申请行为而不是依职权行为。它一般需由当事人向特定的行政主体申请,行政主体对其情况与条件进行审查,并依法决定给予或不给予救助。但是,法律另有规定,或者紧急状态等特别情形例外。

第五,救助和福利性。行政给付是给付行政的体现,而给付行政又是福利国家和福利行政的反映,因此,行政给付的一个明显功能不是出于刺激一种行为或者对损失的弥补,而是对公民生活困难的一种救助和补助。救助和福利性恰恰是行政给付的本质特征。

对照以上法律特征,有些行为和做法是否属于行政给付应当给予明确:

一是行政奖励不是行政给付。行政奖励也是一种授益行为,但它不属于行政给付。因为行政奖励不是国家给予国民的福利政策,不具有救助性和福利性。

二是给经营者的优惠政策不是行政给付。地方政府在招商引资中往往给一些企业优惠政策,如免税和土地出让金的返还等。这些措施无论是否合法,都不属于行政给付。因为这是对特定主体的刺激措施而不是针对国民的福利措施。

三是国家给相对人提供行政保护的行为不是行政给付。政府保护国民的安全,特别是人身安全和财产安全,乃是国家和政府的法定职责,如解救人质、打击违法犯罪等。这些行为自然让国民受益,但不属于行政给付,因为它不具有财物上的福利性和救济性。

四是行政赔偿和行政补偿不是行政给付。行政机关行政行为违法侵害了当事人的合法权益,行政机关必须依据《国家赔偿法》给予行政赔偿;或者国家对当事人的财物进行征收和征用,必须依法对当事人补偿,这些赔偿和补偿虽然也表现为国家给付当事人金钱,但同样不属于行政给付。因为行政赔偿和补偿并不是国家给予当事人的一种额外福利,而是对当事人财产损失的等价和对价性的弥补,不具有无偿性。

(三)行政给付的形式与制度

我国行政给付散见于各类给付制度之中,包括给付抚恤金、给付基本养老金、给付基本医疗保险金、给付失业保险金、给付工伤保险金、给付生育保险金、给付最低生活保障金,等等。这些行政给付行为分属于下列各类法律制度之中。

1. 行政保障制度

行政保障制度是指行政机关在当事人因发生年老、疾病或丧失劳动能力等情况时,或者在其他特殊情况下,依照有关法律规定,赋予其实质利益的制度。这是我国目前数量最大,也是比较成熟的制度。但是我国目前没有统一的保障法,各类制度渊源分散于《残疾人保障法》(2018)、妇女《权益保障法》(2022)、《老年人权益保障法》(2018)、国务院《关于安置老弱病残干部的暂行办法》(1978)、国务院《关于工人退休、退职的暂行办法》(1978)、国务院《关于老干部离职休养的暂行规定》(1980)、《城市居民最低生活保障条例》(1999)等法规之中。

行政保障制度是当前行政给付制度中较为发达的部分。行政保障的形式种类较多,分类较细,一般包括发给牺牲、病故军人、警察以及国家公务人员家属的抚恤金;发给革命残疾军人的抚恤金;发给烈军属、复员退伍军人的生活补助费等;发给退职人员的离退休金;对低于最低生活保障标准的城市居民提供生活保障费等。

2. 行政救助制度

行政救助是指行政机关应申请给予面临或遭遇巨大困难或危险的公民、法人或其他组织帮助,使其摆脱困境或危险的行政行为。行政救助制度包括灾害救济制度、社会救济及福利事业规定两大类临时性、应急性的行政给付制度。

第一,灾害救济制度。灾害救济包括洪涝灾害救济、防震减灾救济、地质灾害救济、森林火灾救济、突发公共卫生事件救济等。如《防洪法》(2016)第47条规定:"发生洪涝灾害后,有关人民政府应当组织有关部门、单位做好灾区的生活供给、卫生防疫、救灾物资供应、治安管理、学校复课、恢复生产和重建家园等救灾工作以及所管辖地区的各项水毁工程设施修复工作。水毁防洪工程设施的修复,应当优先列入有关部门的年度建设计划。国家鼓励、扶持开展洪水保险。"在生活供给、卫生防疫、救济物资供应、恢复生产和重建家园方面,有关人民政府及其相关部门承担大量行政给付职责。

第二,社会救济制度。社会救济主要包括对城市生活无着的流浪乞讨人员救助和农村特困户救济。如根据《城市生活无着的流浪乞讨人员救助管理办法》(2003)的有关规定,县级以上城市人民政府应当根据需要设立流浪乞讨人员救助站;救助站对流浪乞讨人员的救助是一项临时性社会救助措施,应当提供符合食品卫生要求的食物,提供符合基本条件的住处,对在站内突发急病的及时送医院救治并帮助与其亲属或者所在单位联系,对没有交通费返回其住所地或者所在单位的提供乘车凭证。农村特困户救济,包括对"五保户"的生活保障。

第三,行政补助制度。行政补助制度由行政补助制度、行政助长制度两大类制度组成。前者包括对不可移动文物保护的补贴、扑救森林火灾人员医疗与抚恤、粮食生产补贴、增加农民收入的补贴、促进就业补贴等。如《文物保护法》(2017)第 21 条规定,非国有不可移动文物有损毁危险,所有人不具备修缮能力的,当地人民政府应当给予帮助。其中的财物性帮助属于行政给付。后者包括国家助学贷款、义务教育经费。如《义务教育法》(2018)第 42 条规定,义务教育经费全面纳入财政保障范围,由国务院和地方各级人民政府依照本法规定予以保障。

(四)行政给付的法律救济

行政相对人对行政给付决定不服,适用行政复议和行政诉讼。

首先,从理论上说,由于行政给付是行政决定的一种形态,是一种独立、形成性的行政行为,直接关系行政相对人权利与利益的给予与否,因而当然适用行政复议和行政诉讼。

其次,我国在法律规定上,对此也是明确的。我国《行政复议法》(2017)第 6 条规定:"有下列情形之一的,公民、法人或者其他组织可以依照本法申请行政复议……(十)申请行政机关依法发放抚恤金、社会保险金或者最低生活保障费,行政机关没有依法发放的……"我国《行政诉讼法》(2017)第 12 条第 1 款规定:"人民法院受理公民、法人或者其他组织提起的下列诉讼:……(十)认为行政机关没有依法支付抚恤金、最低生活保障待遇或者社会保险待遇的……"

虽然《行政复议法》与《行政诉讼法》在当时规定的表达上有点狭窄,似乎没有覆盖所有的"行政给付",但无论是《行政复议法》还是《行政诉讼法》,在受案范围上都有一个兜底条款,故不会发生遗漏问题。2020 年最高人民法院《关于行政案件案由的暂行规定》将"行政给付"单列为一种独立的行政诉讼案由,规定公民对行政机关给付抚恤金、基本养老金、基本医疗保险金、失业保险金、工伤保险金、生育保险金和最低生活保障金等行政行为不服的,有权依法提起行政诉讼。

二、行政奖励

行政奖励和行政给付一样,也是一种独立的行政行为,而且属于授益行为。

(一)行政奖励的理论基础和作用

行政奖励作为一种政府管理的手段被世界各国广泛采用,不仅有一定的时代背景,而且有深厚的理论基础。政府代表国家对社会的管理,经历了从消极行政到积极行政、从秩序行政到福利行政、从直接行政到间接行政,以及从国家行政到公共行政的过程。

在中国,行政奖励作为一种政府管理的新型手段,受到空前的重视和关注,几乎所有的法律法规都会有"奖励"的条款,好像"无奖励规定便不成法";行政奖励作为一种常态的行政行为受到行政法理论的承认,并被纳入行政复议和行政诉讼的范围。这是中国推进国家治理现代化和法治化的体现和要求。

政府在行政管理中要实现行政目标,既需要行政处罚,也需要行政奖励。两者相辅相成,缺一不可。如果说行政处罚通过对违法者的鞭笞来保证社会秩序,那么,行政奖励恰恰通过表彰先进来引导社会进步。但是,行政奖励还具有行政处罚所不具有的优势:降低管理成本,减少社会对抗,有助社会和谐。

虽然我国尚未制定统一的行政奖励法,因而也未确立统一的奖励原则,但是行政奖励的若干原则已被行政法理所肯定,也为不少法律法规所体现,如依法奖励原则、公正公平公开原则、物质奖励与精神奖励相结合原则。

(二)行政奖励的概念和特征

行政奖励,是指行政主体对于具有先进行为和事迹,或者符合法定奖励事由的公民、法人或者其他组织,给予物质上和精神上的利益,以表彰先进、激励后进的行政行为。行政奖励也是一种行政行为,但和其他行政行为不同,具有独特的法律特征。

第一,实施行政奖励行为的主体是行政主体,是国家行政机关和得到法律法规授权的组织。所以,党组织、权力机关、监察机关、司法机关、军事机关和民间组织所实施的奖励就不是行政奖励。

第二,行政奖励的对象是作为行政相对人的公民、法人或者其他组织。一个单位内部的先进个人和先进集体的奖励,以及对先进党员和先进公务员的奖励,不属于行政奖励。

第三,行政奖励的起因是基于被奖励人作出了某种应当被奖励的行为,如见义勇为等。

第四,行政奖励的法律效果是被奖励人因奖励而获得精神上的满足和物质上的利益。因此,行政奖励属于一种授益行政行为。

(三)行政奖励的外部边界

准确把握行政奖励这种特殊的行政行为,仅仅掌握行政奖励的内涵和法律特征是不够的,还必须划清它与相近行为的外部边界。

1. 行政奖励与行政给付

行政奖励分为物质奖励与精神奖励。其中物质奖励与行政给付很接近,都表现为行政机关对行政相对人给予一定的金钱;行政机关不履行奖励或给付职责的,相对人可提起给付之诉,在行政诉讼中可纳入履行法定职责之诉。但两者的目的与性质是不同的,行政奖励是出于对先进的表彰,以行政奖励法为基础和依据,而行政给付是福利行政的体现,是一种社会救助制度,它以社会救助法为基础和依据。

2. 行政奖励与享受优惠政策

政府在招商引资中往往会给企业和投资者一定的优惠政策,如免税五年、返还土地出让金等。这些应当作为行政补贴行为,而不作为行政奖励对待。

3. 行政奖励与国家奖励

行政奖励其实属于政府奖励，它由行政机关依法决定并实施该奖励，而国家奖励则是以国家的名义所实施的奖励，具体由全国人民代表大会常务委员会决定，比政府奖励的层次要高。依据《国家勋章和国家荣誉称号法》(2015)所实施的奖励就是国家奖励。

4. 行政奖励与其他组织奖励

行政奖励是行政机关对公民、法人或者其他组织所实施的奖励。其他组织对本单位的职员或者本系统人员的奖励不属于行政奖励，如党组织对先进党员和先进支部的奖励、部队对军人的奖励、司法机关对司法人员的奖励，等等。单位给职工发放奖金不属于行政奖励。换言之，我国《公务员法》《监察官法》《法官法》《检察官法》《现役军官法》所规定的奖励，都不属于行政奖励。

5. 行政奖励与民间奖励

民间奖励是指非政府组织以自己的民间资金依章程奖励特定个人和事项的行为。国务院办公厅于 2017 年印发了《关于深化科技奖励制度改革方案的通知》(国办函〔2017〕55 号)，鼓励民间资金支持科技奖励，鼓励学术团体、行业协会、企业、基金会及个人等设立科学技术奖。以民间组织和民间资金所实施的奖励就是民间奖励。

6. 行政奖励与民事奖励

民事奖励是指民事主体之间基于民事活动所给予的奖励。如《专利法》(2020)第 15 条规定："被授予专利权的单位应当对职务发明创造的发明人或者设计人给予奖励；发明创造专利实施后，根据其推广应用的范围和取得的经济效益，对发明人或者设计人给予合理的报酬。国家鼓励被授予专利权的单位实行产权激励，采取股权、期权、分红等方式，使发明人或者设计人合理分享创新收益。"这类奖励属于民事奖励，受民法调整。

(四)行政奖励的种类和设定

首先，行政奖励可分为物质奖励与精神奖励。物质奖励是指以增加物质利益的方式对当事人进行表扬和鼓励，包括给予金钱或车、房等有形物质。精神奖励也称"荣誉奖励"，包括口头表扬、口头嘉奖，给予肯定性、表彰性的名誉、荣誉、称号等。

其次，行政奖励可分为对个人的奖励与对组织的奖励。前者包括对公民和外国人的奖励；后者包括对法人或其他组织的奖励，对象也包括一定条件下的外国组织。

授予荣誉、称号等精神奖励是一件非常严肃的事情，给予金钱或有形物质的物质奖励事关国家财产收入的支配，行政奖励是一种严肃的行为，不是任何行政机关和执法人员都可以任意实施的行政行为。

行政奖励必须坚持"奖励法定"原则。这就要求奖励的种类、形式、条件和主体都必须依法设定。在目前尚未制定行政奖励法或行政程序法的背景下，由什么"法"设定行政奖励，尚无统一的规则。从行政法理上说，应当限于法律和法规为宜。

我国有大量的法律都规定了行政奖励制度，如《野生动物保护法》(2022)、《科学技术进步法》(2021)、《人口与计划生育法》(2021)、《安全生产法》(2021)、《草原法》(2021)、《消防法》(2021)、《森林法》(2019)、《民办教育促进法》(2018)、《文物保护法》(2017)、《环境保护法》(2014)、《教师法》(2009)、《农业法》(2012)、《人民警察法》(2012)。此外,行政法规和地方性法规也有不少规定,如行政法规《国家科学技术奖励条例》(2020)和地方性法规《浙江省见义勇为人员奖励和保障条例》(2020)等。

(五)行政奖励的可诉性

《行政复议法》(2017)第6条和《行政诉讼法》(2017)第12条都未将"行政奖励"直接列入具体明示的受案范围。但行政奖励是一种行政行为,因而可以列入《行政复议法》和《行政诉讼法》受案范围中的"侵犯合法权益的其他行政行为"。

在行政法学界,学者们认为,既然行政奖励也是一种行政行为,那么,公民、法人或者其他组织认为该行政奖励行为不合法并侵害当事人合法权益的,当然有权申请复议或者提起行政诉讼。

最高人民法院的司法文件从制度上肯定和明确了这一观点。最高人民法院《关于行政案件案由的暂行规定》(法发〔2020〕44号)明确将"行政奖励"列入第十一种案由,包括行政机关授予荣誉称号和发放奖金的行为。

第五节 行政征收和征用

行政征用和行政征收是一对"孪生兄弟",属于国家合法干预私人财产权的两种并行手段。行政征用和行政征收各自都是独立的行政行为。对行政相对人来说,都是负担行政行为。

一、行政征收

(一)行政征收的概念和特征

行政征收是指政府出于公共利益的需要,依照法律规定强制性地将非国有财产(包括不动产和动产)征为国有,同时给予补偿的行政法制度。行政征收的核心形式是行政征收决定。它是一种独立的负担行政行为。行政征收行为具有以下法律特征:

第一,财产性。财产是为组织或个人所拥有的金钱、物资、房屋、土地等物质财富,包括动产、不动产。行政征收是对原有国家与私人之间的财产利益关系的一种重新调整,让某些私人所有的财产变为国家所有。显然它是对财产权的一种处分,而不是对人身权的限制和处分。行政征收只是对财产的征收,而不是对人的征收。对人可以征调,但无法征收。因此,行政征收是一种财产类行为,而不是人身类行为。

第二,私人性。财产可以分为国有财产和私人财产。行政征收所针对的财产是指私人财产,不是国有财产。对国有财产只发生调配问题,不发生征收问题。在中国,作为行政征收对象的财产,是指非国有财产,包括集体所有的财产、个人投资企业和财产,以及其他非国有组织的财产。行政征收是对私人财产权的干预,而不是对国有财产的干预。

第三,处分性。行政征收是国家行政主体对行政相对人财产所有权的一种处分,不包括对财产使用权的限制。在物权法上,征收是物权变动的一种情形,直接导致标的物所有权的取得和丧失。行政征收的直接法律效果,是导致行政相对人对自己财产所有权的丧失。通过征收之后,原属于自己的财产,无论是动产还是不动产,就不再属于自己,而是国家的了。一句话,行政征收是处分私人财产"所有权"的行为,而不是限制私人财产"使用权"的行为。

第四,负担性。行政征收是一种负担行政行为,而不是授益行政行为。尽管被征收人因征收而获得一定的补偿,但最主要的是,其原有的财产所有权被强制性地剥夺了,被征收人具有很大程度上的不利性。

第五,强制性。行政征收决定属于行政机关的单方行为,不以相对人是否同意为前提。征收决定一经依法作出,当事人必须服从和配合。被征收人可以和征收机关协商的,仅仅是补偿的方式和数量问题,而且也被限定在法定的裁量范围内。之所以行政征收被赋予强制性,是因为征收是为了公共利益,为了国家的建设和发展。

第六,公益性。由于行政征收的结果是对私人财产所有权的剥夺,因而政府对于行政征收不得随意发动,只有出于公共利益的需要方可进行。公共利益是行政征收的前提条件,而且是非常严格的条件。

第七,法定性。对于行政征收,我国实行严格的法律保留制度:(1)行政征收制度应当由法律直接设定,行政法规、地方性法规和规章等不得设定行政征收制度;(2)行政机关只有在具有直接的法律依据的条件下才可实施行政征收行为。

第八,补偿性。我国各类行政征收制度严格规定,征收机关的征收行为必须以保证补偿为前提。无补偿便无征收。因此,征收和补偿必须同步进行。正因如此,行政征税和行政收费等就不属于行政征收,它们不存在补偿问题。必须指出的是,行政征收必然伴随行政补偿,不具有补偿性的行政行为肯定不是行政征收行为;但是,具有补偿性的行为不全是行政征收行为。

(二)行政征收的原则

行政征收的原则,系指法律、理论和实践所确立的,行政机关实施行政征收所必须遵循的基本行为准则,同时作为一种条件对行政征收进行约束。它包括公益原则、法定原则、比例原则和补偿原则。公益原则解决行政征收的目的;法定原则解决行政征收的依据;比例原则解决行政征收的选择;补偿原则解决行政征收的对价。

1. 公益原则

公益原则是公共利益原则的简称,是指**行政机关实施行政征收必须出于公共利益的目的,不得出于其他的目的**。这一原则旨在解决行政征收的目的,构成了实施行政征收的出发点和标准条件,挡住了不符合公共利益的各类征收。公共利益是与个人利益相对应,包括国家利益、社会公共利益和不特定的社会成员所享有的利益的总称。公共利益首先应当包括国家利益和社会公共利益。国家利益最重要的是国家的核心利益，即"国家主权，国家安全，领土完整，国家统一，中国宪法确立的国家政治制度和社会大局稳定，经济社会可持续发展的基本保障"。社会公共利益应当是指受益面较大的不特定的社会成员受益的公共设施和事业政策等，具有公众性和抽象性。公众性是指其肯定是为大多数人服务而不是为少数人、个别人服务的；抽象性是指其是让不特定的公众受益，而不是只让特定的少数人群受益。

2. 法定原则

行政征收的法定原则，是指**行政征收必须依法设定并依法实施**。它是作为行政法基本原则的"行政法定"在行政征收领域的贯彻和体现。行政征收必须由法律设定。根据《宪法》(2018)第13条第3款、《民法典》(2020)第117条、《立法法》(2023)第11条规定，行政机关实施行政征收必须具有明文的法律依据。行政法规、地方性法规和规章不得成为行政征收的合格依据。行政征收必须依法实施，要求做到征收主体合格、遵循法律规定的征收程序等。

3. 比例原则

比例原则，又称均衡原则或者平衡原则，是指**行政机关在行使行政权的过程中，对于在法律依据范围之内可以采取的各种措施，必须选择使相对人利益受到限制或损害最小的方式来行使，同时，所采取的方式对相对人个人利益造成的损害与所追求的行政目的或者所要实现的公共利益相适应**，从而既能够充分实现公共利益又合理保护公民合法权益。比例原则包括三个子原则：妥当性原则、必要性原则和狭义比例原则，从比例原则的内容看，其核心在于行为手段与行为目的之间的考量。这一比例原则落实到行政征收，就要以相对人所受财产最小损失来实现行政征收所期望达到的目标。当可征收或可不征收，不轻易启动征收；当可征收大范围和小范围，尽量减少征收范围。

4. 补偿原则

补偿原则，是指政府实施行政征收，必须给予被征收人行政补偿。补偿构成征收的条件，不补偿不得征收，这就演化为**"无补偿无征收"**原则。我国行政征收中的补偿原则已拓展为"合理补偿""公平补偿""平等补偿""足额补偿""同时补偿""先行补偿""公开补偿"等。

（三）行政征收的基本制度

我国已有几百个法律对行政征收作出规定。在尚无统一的行政征收法的背景下，行政征收法律制度正在逐步形成。现在已有几种行政征收制度比较定型。

1. 土地征收制度

我国的土地征收，是指政府为了公共利益的需要，依法将集体所有的土地收为国有，并给予补偿的行政行为及其法律制度。土地征收的根本特征是土地所有权从集体所有变成国家所有。国家将依法出让的国有土地使用权提前收回，即便是出于公共利益的需要，也不属于土地征收，因为没有导致土地所有权的变化。我国的《宪法》和《土地管理法》等直接设定了土地征收制度。

2. 房屋征收制度

对集体所有土地上的房屋的征收,是作为被征收土地附属物按照土地征收程序处理。这里的房屋征收是指国有土地上的房屋征收。城市房屋征收,系由《城市房地产管理法》作直接授权,由《国有土地上房屋征收与补偿条例》作具体规定。《城市房地产管理法》(2019)第6条规定:"为了公共利益的需要,国家可以征收国有土地上单位和个人的房屋,并依法给予拆迁补偿,维护被征收人的合法权益;征收个人住宅的,还应当保障被征收人的居住条件。具体办法由国务院规定。"《国有土地上房屋征收与补偿条例》(2011)第2条也规定:"为了公共利益的需要,征收国有土地上单位、个人的房屋,应当对被征收房屋所有权人(以下称被征收人)给予公平补偿。"

3. 其他征收

我国的行政征收,除了对集体土地的征收、城市房屋的征收,还包括对企业征收和对动产的征收。

企业征收,系指国家为了公共利益的需要,依法将非国有企业收归国有并给予补偿的行为和制度。我国的法律立场是:非国有企业的合法权益受到法律保护,原则上不得对非国有企业进行征收;如果出于公共利益的需要,并有法律的明文依据,国家可以对其实施征收,但必须给予合理补偿。我国《中小企业促进法》(2017)第50条,《外商投资法》(2019)第5、20条,《台湾同胞投资保护法》(2019)第4条等都作出了相应的规定。

动产征收。根据《民法典》(2020)第117条规定,行政征收应当包括对不动产的征收和动产的征收。动产是指能够移动而不损害其经济用途和经济价值的物。不动产是指依自然性质或法律规定不可移动的土地、土地定着物、与土地尚未脱离的土地生成物、因自然或者人力添附于土地并且不能分离的其他物。我国行政征收,除了对土地、房屋等不动产的征收,还应当包括对动产的征收。

(四)行政征收的可诉性

行政征收是一种行政决定,是一种负担行政行为,其行为结果会导致被征收人财产所有权的丧失。因此,如果被征收人或其他利害关系人认为行政征收行为违法的,有权申请行政复议或提起行政诉讼。

我国的有关法律也明文肯定了行政征收的可诉性。《行政复议法》(2017)第6条规定:"有下列情形之一的,公民、法人或者其他组织可以依照本法申请行政复议:……(七)认为行政机关违法集资、征收财物、摊派费用或者违法要求履行其他义务的……"《行政诉讼法》(2017)第12条第1款规定:"人民法院受理公民、法人或者其他组织提起的下列诉讼:……(五)对征收、征用决定及其补偿决定不服的……"此外,我国《国有土地上房屋征收与补偿条例》(2011)也明文规定了"行政征收决定"的可诉性。该法第14条规定:"被征收人对市、县级人民政府作出的房屋征收决定不服的,可以依法申请行政复议,也可以依法提起行政诉讼。"还有,《国家赔偿法》(2012)第4条规定:"行政机关及其工作人员在行使行政职权时有下列侵犯财产权情形之一的，受害人有取得赔偿的权利……（三）违法征收、征用财产的……”最高人民法院《关于行政案件案由的暂行规定》（法发〔2020〕44 号）单设了三个诉讼案由：“43. 征收或者征用房屋；44. 征收或者征用土地；45. 征收或者征用动产。”

二、行政征用

行政征用与行政征收一样，是一种独立的负担性的行政行为。国外的行政征用被行政征收所包含和吸收，不作为独立的概念；在中国，行政征用也是事后从行政征收概念中分离出来的。

（一）行政征用的概念和特征

行政征用有着和行政征收相同的理论基础、基本原则和适用条件，所以我国宪法和法律常常对它们作一并规定。但是，行政征用毕竟是一种独立的行政行为，它与行政征收还是存在一定的区别。《民法典》（2020）第 245 条对行政征用作了单独的规定：“因抢险救灾、疫情防控等紧急需要，依照法律规定的权限和程序可以征用组织、个人的不动产或者动产。被征用的不动产或者动产使用后，应当返还被征用人。组织、个人的不动产或者动产被征用或者征用后毁损、灭失的，应当给予补偿。”这是确立行政征用概念和特征的法律依据。

根据《民法典》（2020）第 245 条的规定，**行政征用是特指政府出于抢险救灾、疫情防控等紧急需要，依照法律规定强制性地使用非国有单位和个人的财产（包括不动产和动产）并给予补偿的行政法制度**。

这一意义上的行政征用，反映了几个法律特征。除了和行政征收所共有的财产性、私人性、负担性、强制性、公益性、法定性、补偿性之外，还具有行政征用本身所特有的紧急性、使用性、返还性和短期性。

第一，紧急性。行政征用出于公共利益需要还不够，还必须出于抢险救灾、疫情防控等紧急需要。行政征收可以出于抢险救灾、疫情防控等紧急需要，也可以不出于紧急需要，只要符合公共利益就行。而紧急需要是行政征用的必备条件，不处于紧急需要状态，不得实施行政征用。这是行政征用与行政征收之间的最大区别点。在平常，政府要借用私人财产，就按平等关系的民事借用行为对待，不具有强制性。从这一意义上说，行政征用其实是一种紧急行政行为，应当纳入“紧急行政法”的理论范畴。

第二，使用性。行政征用不是政府处分私人财产所有权，而只是在短时间内强制性地使用私人财产。行政征用不是对私人财产所有权的剥夺，而仅仅是对其财产使用权短期内的转移。在征用期间，只有政府可以使用该财产，原财产所有人无法使用该财产。

第三，返还性。由于行政征用本质上是一种强制性“借用”，因而用毕必须返还。返还是征用机关的法定义务。无法返还的，征用机关必须按照实际价值补偿。

第四，短期性。由于行政征用是发生在抢险救灾、疫情防控等紧急需要的状态下，向非国有单位或个人强制性地“借用”财产用于抗险。抗险结束后，政府必须及时返还所征用的财产并给予补偿。可见,行政征用是一项短期性行为。

(二)对“紧急需要”的界定

出于抢险救灾、疫情防控等“紧急需要”,是行政征用的关键特征和显著标志,也是认定行政征用的突出标准。但要准确界定“紧急需要”,必须厘清两大关系。

1. 紧急需要与公共利益

我国有不少法律规定“紧急需要”,如《消防法》(2021)第45条第3款规定:“根据扑救火灾的紧急需要,有关地方人民政府应当组织人员、调集所需物资支援灭火。”《海警法》(2021)第19条规定:“海警机构因处置海上突发事件的紧急需要,可以采取下列措施……”明确表明作为行政征用必备条件的“紧急需要”是《民法典》(2020)第245条的规定,表达为“因抢险救灾、疫情防控等紧急需要”。行政征用中的“紧急需要”,应当是指抢险救灾、疫情防控和执行公务等领域和过程中发生的,不及时处置会造成或者可能造成严重社会危害的情形。而公共利益,如前所述,主要是指国家利益和社会公共利益,即国家、社会和不特定的社会成员所享有的利益之总称。行政征用中的紧急需要本身就属于公共利益,不属于公共利益中的紧急需要就不属于行政征用中的紧急需要。所以,行政征收中的紧急需要以公共利益为前提,本身又属于公共利益。

2. 紧急需要与紧急状态

“紧急需要”易与“紧急状态”相混淆。要认知“紧急状态”就应当从“应急状态”讲起。因为“紧急状态”只是“应急状态”中的一种状态而已。应急状态由突发事件所引起。突发事件是指突然发生,造成或者可能造成重大人员伤亡、财产损失、生态环境破坏和严重社会危害,危及公共安全的紧急事件。它包括自然灾害、事故灾难、公共卫生事件和社会安全事件。国家和政府应对突发事件的状态就是应急状态。应急状态可以从广义和狭义上理解。广义上的应急状态包括三种状态:一是应急状态(狭义);二是紧急状态;三是战争状态。这三种状态在确认和宣布机关、法律适用和程序等方面都是有所区别的。狭义上的应急状态,不包括紧急状态与战争状态。在广义的应急状态中,政府机关会比较多的使用行政征用措施。但不等于只有社会进入应急状态才可发动行政征用,在应急状态之外就不得发动行政征用。因为行政征用中的紧急需要主要存在于应急状态,但也存在于应急状态之外,如发生在消防灭火、警察执法中。

(三)行政征用的基本制度

我国尚未制定统一的行政征用法,但分散的法律、法规也已形成了行政征用的基本制度。我国行政征用法律制度大体包括以下几类。

1. 应急状态中的征用

前面已述,我国应对突发事件的状态有应急状态、紧急状态和战争状态。应急状态是指由于突发事件的发生,政府依据《突发事件应对法》等法律法规依法进行应对处置的法律状态。在应急状态中,行政征用是政府机关常常采取的应对措施之一。

《突发事件应对法》(2007)第12条规定:“有关人民政府及其部门为应对突发事件,可以征用单位和个人的财产。被征用的财产在使用完毕或者突发事件应急处置工作结束后,应当及时返还。财产被征用或者征用后毁损、灭失的,应当给予补偿。”第52条第1款规定:“履行统一领导职责或者组织处置突发事件的人民政府,必要时可以向单位和个人征用应急救援所需设备、设施、场地、交通工具和其他物资,请求其他地方人民政府提供人力、物力、财力或者技术支援,要求生产、供应生活必需品和应急救援物资的企业组织生产、保证供给,要求提供医疗、交通等公共服务的组织提供相应的服务。”这里表明,为应对突发事件,履行统一领导职责或者组织处置突发事件的人民政府,有权向单位和个人征用应急救援所需设备、设施、场地、交通工具和其他物资。

另根据《传染病防治法》(2013)第45条规定,传染病暴发、流行时,根据传染病疫情控制的需要,国务院有权在全国范围或者跨省、自治区、直辖市范围内,县级以上地方人民政府有权在本行政区域内,紧急调集人员或者调用储备物资,临时征用房屋、交通工具以及相关设施、设备。临时征用房屋、交通工具以及相关设施、设备的,应当依法给予补偿;能返还的,应当及时返还。

2. 紧急状态中的征用

紧急状态是指发生特别重大突发事件,有关部门采取《突发事件应对法》和其他有关法律、法规、规章规定的应急处置措施不能消除或者有效控制突发事件,经国务院或全国人大常委会决定,有关部门可采取非常措施的法律状态。在紧急状态可采取的非常措施包括戒严等。

根据《戒严法》(1996)第17条规定,戒严地区的县级以上人民政府,根据执行戒严任务的需要,可以临时征用国家机关、企业事业组织、社会团体以及公民个人的房屋、场所、设施、运输工具、工程机械等。在非常紧急的情况下,执行戒严任务的人民警察、人民武装警察、人民解放军的现场指挥员可以直接决定临时征用,地方人民政府应当给予协助。实施征用应当开具征用单据。临时征用物,在使用完毕或者戒严解除后应当及时归还;因征用造成损坏的,由县级以上人民政府按照国家有关规定给予相应补偿。

3. 国防征用

国防事关国家主权和国家安全。在国防建设和国防斗争中,有时也会涉及对非国有财产的征用。在国防征用中,有的征用主体是军事机关,而大多是由政府机关出面征用。所以,国防征用主要还是行政征用。我国《国防法》《国防动员法》《国防交通法》《民用运力国防动员条例》《国防交通条例》等都对国防征用作出了规定。此外,国家安全人员、情报人员在执行职务时对民间财物的征用也属于国防征用。如《国家情报法》(2018)第17条第2款规定,国家情报工作机构工作人员根据工作需要,按照国家有关规定,可以优先使用或者依法征用有关机关、组织和个人的交通工具、通信工具、场地和建筑物,必要时,可以设置相关工作场所和设备、设施,任务完成后应当及时归还或者恢复原状,并依照规定支付相应费用;造成损失的,应当补偿。

4. 其他征用

这里的其他征用是指应急状态（广义）征用和国防征用之外的行政征用。行政征用除了发生在应急状态处理期间和国防动员期间，在其他期间也会发生。其他征用包括：对土地的征用；对房屋的征用；对通信、交通等工具的征用；对投资的征用等。

（四）行政征用主体、对象、补偿和程序

从以上行政征用基本制度考察可以发现，和行政征收制度比较，行政征用制度相对薄弱，但是有几项要求还是大体确定的。

1. 征用主体

行政征用的主体必须限于县级以上人民政府，或者是法律特别授权的执法主体和执行人员。

2. 征用对象

行政征用和行政征收一样，限于对非国有财产的征用。对于国有财产属于“征调”的范畴。行政征用除了法律规定不得征用的，原则上动产和不动产都可征用。

3. 征用补偿

行政征用和行政征收都必须对当事人依法补偿，这一点是相同的。但在行政征收中，被征收物被征为国有，不存在返还问题，而行政征用存在返还义务，所以补偿上会有差异。对于行政征收的补偿，实际上是按被征物的实际购买价补偿；而对于行政征用的补偿，要明确几点：(1)必须原物返还。有损坏的，必须修复。同时还要折旧或损耗补偿。(2)原物无法返还的，按实际价值补偿。(3)不补偿可得利益。

4. 征用程序

由于行政征用都发生在“紧急需要”之时，大多又处于“应急状态”，所以其程序也反映出“紧急性”特点，一般无法按照征收程序办理。但是，有几个环节是必须具备的：(1)向被征用人告知征用主体，即出示证件，告知征用机关和征用人员，包括编号、电话等。(2)制定和送达征用决定。如果当场来不及，必须事后尽快补上。(3)列出被征用物的清单，双方签字。(4)用毕返还和及时补偿。

（五）行政征用的可诉性

行政征用和行政征收一样，是一种行政决定和负担性行政行为，**其行为结果虽不导致被征用人财产所有权的丧失，但直接影响被征用人对自己财产的使用权和收益**。因此，如果被征用人或其他利害关系人认为行政征用行为违法的，同样有权申请行政复议或提起行政诉讼。

我国的有关法律在规定行政征收可诉性时，同步规定了行政征用的可诉性。《行政复议法》(2017)第6条、《行政诉讼法》(2017)第12条都明文规定了对征收、征用决定及其补偿决定的可诉性。《国家赔偿法》(2012)第4条第3项也同样规定，行政机关及其工作人员“违法征收、征用财产的”，必须承担赔偿责任。

第六节 行政征缴和收费

行政征缴和行政收费是两种涉及相对人财产权的行政行为。行政征缴又包括行政征税和行政征费。

一、行政征缴

行政征缴是指国家为了保障社会秩序的有序运行及社会公共服务的质量等，通过政府机关依法强制性地从公民、法人或者其他组织的收入中收取一部分作为社会公共财政储备或用于特定的社会公共领域等的行政行为。它是行政主体处理相对人财物的一种行政决定，是一种负担性行政行为。**行政征缴和行政征收、征用不同的是，它不以补偿作为条件**。实施行政征缴不存在补偿问题。

（一）行政征税

国家税务机关依法向纳税人收取税收的行为就是行政征税行为，它是一种负担性行政行为。

税，亦称税收，是国家税收机关凭借其行政权力，依法强制无偿取得财政收入的一种手段。按照征税对象的不同，可分为流转税、资源税、收益（所得）税、财产税和行为税五种。按照税收支配权的不同，可分为中央税、地方税和中央地方共享税。

国家通过对各种税的征管，达到调节资源分配和收入分配、各行各业协调发展的目的。通过对中央税、地方税和中央地方共享税的合理分配，兼顾中央和地方的利益，有利于市场经济条件下宏观调控的实施。

由于税收是对私人财产与国家财产的调节，其法律效果是使私人财产以税收形式转变为国家财产，因而法治国家无不确立"税收法定"原则。我国的"税收法定"最终落实到"法律保留"原则，即"税种的设立、税率的确定和税收征收管理等税收基本制度"必须由全国人大及其常委会的法律设定，行政法规、地方性法规和规章都无权设定税种、税率和税收征收管理等制度。

税务机关行政征税权力和征税行为的存在系以公民和企业的纳税义务为前提。如果行政相对人没有纳税义务，行政主体就不会有征税权力，从而不会发生行政征税行为。我国公民和企业的纳税义务是由宪法和法律所直接设定的。《宪法》《企业所得税法》《个人所得税法》等都规定了公民、法人或者其他组织的纳税义务。

根据《税收征收管理法》（2015）第88条规定，纳税人、扣缴义务人、纳税担保人同税务机关在纳税上发生争议时，必须先依照税务机关的纳税决定缴纳或者解缴税款及滞纳金或者提供相应的担保,然后可以依法申请行政复议;对行政复议决定不服的,可以依法向人民法院起诉。当事人对税务机关的处罚决定、强制执行措施或者税收保全措施不服的,可以依法申请行政复议,也可以依法向人民法院起诉。当事人对税务机关的处罚决定逾期不申请行政复议也不向人民法院起诉、又不履行的,作出处罚决定的税务机关可以采取《税收征收管理法》(2015)第40条规定的强制执行措施,或者申请人民法院强制执行。

(二)行政征费

在税收以外,国家向公民收取费用有一定的普遍性。我国存在两类行政收费:一类是带"征"字的费,如征缴社会抚养费、征缴社会保险费、征缴污水处理费、征缴防空地下室易地建设费、征缴水土保持补偿费、征缴土地闲置费、征缴土地复垦费和征缴耕地开垦费等;另一类是不带有"征"字的费,如证照费、工本费、登记费、考务费和其他手续费等。前者带有"强制性",接近税收性质;后者是接近"服务性"的收费。前者的改革方向是并入"税收",后者的改革方向是走向立法规范。本部分所述行政征费显然是指前者,后者作为"行政收费"将在下文讨论。

作为征缴意义上的**行政征费,是指行政主体依据法律和行政法规向特定公民、法人或者其他组织强制收取一定费用用于特定目的的行政行为**。行政征费一般通过"行政征费决定"表达,是一种负担性的行政行为。其财产性、处分性、负担性、强制性、法定性和行政征收、行政征税相通、一致。

关于行政征费与行政征税的异同,它们都带有一个"征"字,表明都具有"单方性"和"强制性"。行政征费、行政征税都由征收机关单方依法决定,包括该缴以及缴纳多少,不是由被征收人的意志所决定;征收机关作出"征收决定"之后,当事人就必须服从和配合,否则会导致不利的法律后果。它们之间的区别最为突出的一点是:税收入库后,无论是什么税种,国家打通使用,都处于国家整体支配之中,通过国家预算支出,统一用于社会各方面的需要,而不直接返还给纳税人或用于税收的这个项目。而行政征费为特定目的而征,征后又用于这一目的,不得移作他用。如征缴社会保险费,为公民提供社会保险而征,也必须用于公民的社会保险;征缴防空地下室易地建设费,所征款项只能用于地下防空设施的建设。从这个意义上说,"税"是国家统筹使用的"费";"费"是为了特定目的并用于特定目的的"税"。

我国没有统一的行政征费法,行政征费制度由单行法作单一规定。目前存在下列行政征费:(1)征缴社会保险费;(2)征缴污水处理费;(3)征缴防空地下室易地建设费;(4)征缴水土保持补偿费;(5)征缴土地闲置费;(6)征缴土地复垦费;(7)征缴耕地开垦费。

行政征费与行政征税一样,是一个独立的负担性行政行为,行政相对人对其不服,有权申请行政复议或提起行政诉讼。

二、行政收费

从广义上说,除了"税"之外,只要政府向公民、法人或者其他组织收取费用,都是行政收费,包括行政征费和其他行政收费。本部分所阐述的"行政收费",是基于狭义理解,它是指行政征费以外的其他行政收费。因为行政征费带有“征”字，和行政征税一起已被纳入行政征缴的行政行为范畴之内。

这种意义上的**行政收费，特指基于行政法律关系，行政主体因向特定公民、法人或者其他组织提供社会公共服务，就支出的成本向他们依法收取一定费用的行为**。它是一种行政决定的形态化，是一种负担性的行政行为。

行政收费的行政性、财产性、处分性、负担性与行政征收、行政征税、行政征费等行为相同，但其他特征具有一定的特殊性。

第一，服务性。行政收费是因政府向特定公民、法人或者组织提供服务而收取费用。当事人交费乃是对政府所提供服务的一种对价和回报。

第二，统筹性。行政收费所收之费，纳入政府财产，统筹支配，不像行政征费中征得经费必须用于征收的目的，专款专用。

第三，法定性。行政收费必须有法律和法规的依据，并且必须取得收费许可证。

行政收费与行政征费的相同点在“费”，不同点在“征”。行政收费与行政征费，对行政机关来说，都是一种“收费”；对行政相对人来说，都是一种“交费”，落脚点都在于“费”，都表现为对金钱的收取和交纳，这是形式上的相同之处。但严格地说，这两种“费”也是不同的。**行政征费中的“费”接近于“税”，是为了特定目的并用于特定目的的“税”。而行政收费则不同，是因相对人在行政主体那里受到特定服务而必须支付的“对价”**。

更重要的是，行政收费与行政征费两者的“收取”有所不同，行政收费是“收”，而行政征费是“征”。“征”不同于一般的“收”，具有明显的单方性和强制性，当事人拒绝交纳，会带来惩罚性和强制执行后果。而在行政收费中当事人拒不交费的，后果一般是行政机关不提供服务而已。因为在行政收费中，这一服务当事人可以接受，也可以不接受；可以在这家接受，也可以在另一家接受，具有一定的自由度和选择性。从一定意义上说，行政收费中行政主体所提供的服务与相对人的付费，是一种合同关系。如当事人在国家公路停车位中停车，就必须付费。这一对价关系和在私人停车场内停车付费是同一个道理。无非前者是行政协议，后者是民事协议而已。

中国当下的行政收费，主要有但不限于以下几种：(1)证照费；(2)车辆通行费；(3)企业注册登记费；(4)不动产登记费；(5)船舶登记费；(6)考试考务费；(7)停车费。

行政收费是一种负担性行政行为，公民、法人或者其他组织对行政机关的行政收费行为不服的，当然有权依法申请行政复议或提起行政诉讼。

我国行政法规范也肯定了行政收费的可诉性。《行政复议法》(2017)第 6 条第 7 项规定，公民、法人或者其他组织“认为行政机关违法集资、征收财物、摊派费用或者违法要求履行其他义务的”，有权依法申请行政复议。《行政诉讼法》(2017)第 12 条第 1 款第 9 项规定，公民、法人或者其他组织“认为行政机关违法集资、摊派费用或者违法要求履行其他义务的”，有权依法提起行政诉讼。最高人民法院《关于行政案件案由的暂行规定》(法发〔2020〕44 号)单列一种行政行为即“行政收费”，并确立了 6 种行政诉讼的案由。

第七节　行政公开

行政公开可以指一种“状态”,也可以指一种“行为”。而本节的行政公开是“政府信息公开行为”的简称。**行政公开既是一种特殊的行政行为,也是一种中性的行政行为**。

一、知情权与政府信息公开制度

行政机关的行政公开行为是依附于政府信息公开制度而存在的。**而政府信息公开制度又是以公民的知情权为基础的**。公民的知情权就会形成对应的行政机关对政府信息的公开义务。政府信息的公开行为其实就是政府机关履行政府信息公开义务的行为状态。

知情权是指公民接受、寻求和获取官方所掌握的情报信息的自由和权利。我国2007年制定、2019年修订的《政府信息公开条例》是对公民知情权的直接表达和保护。2020年通过的《民法典》第四编人格权专设第六章隐私权和个人信息保护,对个人知情权在内的信息权保护进行了专门规定。2021年制定的《个人信息保护法》第一次确立了“个人信息权益”的概念。

保护个人信息权益的一个重要方面就是政府所掌握的信息必须依法公开。中华人民共和国成立以来,特别是改革开放以来,党和政府一直推进法治化建设,政务公开作为一项重要内容和抓手得到重视。在政策层面,中共中央办公厅和国务院办公厅于2011年就印发了《关于深化政务公开加强政务服务的意见》,2016年又印发了《关于全面推进政务公开工作的意见》(中办发〔2016〕80号)。就法律层面而言,国务院于2007年制定了《政府信息公开条例》(国务院令第492号),2019年该行政法规得到修订。由此建立和完善了我国政府信息公开制度。

二、行政公开行为

这里的行政公开不是泛指行政机关的行政公开化活动,或者作为行政行为的程序原则,而是指基于《政府信息公开条例》而形成的政府信息公开行为。按理说,行政公开是一种程序性的事实行为,因为它并不直接形成或者处分行政法上的权利与义务。但由于《政府信息公开条例》及相关性法的存在,使得公开政府的相关信息成为行政机关针对相对人的法定职责,它能间接地影响相对人的权利与义务。因此将行政公开看作一种特殊的行政行为是有理由的。

这种意义上的**行政公开,是指行政主体依照《政府信息公开条例》,基于行政相对人的知情权,依法公开或不公开、主动公开或者依相对人的申请公开政府信息的行政行为**。其法律特征是:

第一,行政公开行为以政府信息为行为标的。行政公开不是指行政主体公开任何信息,而是特指公开由《政府信息公开条例》及相关法规所规定的必须公开的政府信息。行政公开行为特指法定义务机关公开政府信息的行为。

第二,行政公开行为以行政主体的公开义务和相对人的知情权为基础。行政相对人的知情权是指公民接受、寻求和获取官方所掌握的情报信息的自由和权利。它已被联合国列为一种公民的基本权利。作为相对人知情权的对价,行政机关负有公开有关信息的法定义务。行政公开行为正是基于上述权利与义务关系而存在。

第三,行政公开行为既是物理行为,也是意思行为。行政机关可以不作行政决定而直接公开或不公开某种政府信息,这表现为一种物理行为。但是,许多政府信息公开或不公开行为往往是基于一个关于该政府信息是否公开的行政决定而进行,特别是在相对人申请政府信息公开的情况下,行政机关往往会作出一个公开或不公开的行政决定,这个决定就是意思行为。

第四,行政公开行为既是事实行为,也是法律行为。行政公开在没有行政决定的情况下是一种物理行为,而且无论行政机关是否同意公开,都不直接限制或剥夺当事人的实体权利与义务,因而可以说是事实行为。但由于相对人的知情权已列入行政复议和行政诉讼所保护的范围,行政机关侵害当事人知情权的,相对人也有权申请行政复议或提起行政诉讼,从这一意义上说,行政公开行为也已成为法律行为。

三、政府信息及其公开原则

行政公开行为以"政府信息"为行为标的。政府信息是政府和公民赖以工作和生活的资源。尤其是大数据时代,人们已越来越离不开政府信息。根据《政府信息公开条例》(2019)第2条规定,**政府信息是指行政机关在履行职责过程中制作或者获取的,以一定形式记录、保存的信息**。

关于政府信息公开,世界上大多国家都确立了"以公开为原则,以不公开为例外"的原则。中国于2007年制定的《政府信息公开条例》第6条第1句规定:"行政机关应当及时、准确地公开政府信息",体现了"政府信息公开"原则。2019年修订的《政府信息公开条例》第5条规定:"行政机关公开政府信息,应当坚持以公开为常态、不公开为例外,遵循公正、公平、合法、便民的原则。"特别是首次宣布了**"以公开为常态、不公开为例外"**,这在中国政府信息公开的立法史上具有宣示的意义。

政府信息的公开,采取主动公开与依申请公开相结合的方式。

四、政府信息公开的范围

对于政府信息,根据《政府信息公开条例》(2019)的规定,就是否应当公开的态度而言,可分为四类:第一类是应当主动公开的信息;第二类是依当事人的申请而公开的信息;第三类是不得公开的信息;第四类是可以不公开的信息。第一类、第二类是对公开的肯定;第三类是对公开的否定;第四类是中性态度,公开或不公开视条件而定,不构成违法。

(一)应当主动公开的政府信息

《政府信息公开条例》(2019)第19条要求,对涉及公众利益调整、需要公众广泛知晓或者需要公众参与决策的政府信息,行政机关应当主动公开。根据该要求,第 20 条规定,行政机关应当主动公开本行政机关的下列政府信息:(1)行政法规、规章和规范性文件;(2)机关职能、机构设置、办公地址、办公时间、联系方式、负责人姓名;(3)国民经济和社会发展规划、专项规划、区域规划及相关政策;(4)国民经济和社会发展统计信息;(5)办理行政许可和其他对外管理服务事项的依据、条件、程序以及办理结果;(6)实施行政处罚、行政强制的依据、条件、程序以及本行政机关认为具有一定社会影响的行政处罚决定;(7)财政预算、决算信息;(8)行政事业性收费项目及其依据、标准;(9)政府集中采购项目的目录、标准及实施情况;(10)重大建设项目的批准和实施情况;(11)扶贫、教育、医疗、社会保障、促进就业等方面的政策、措施及其实施情况;(12)突发公共事件的应急预案、预警信息及应对情况;(13)环境保护、公共卫生、安全生产、食品药品、产品质量的监督检查情况;(14)公务员招考的职位、名额、报考条件等事项以及录用结果;(15)法律、法规、规章和国家有关规定规定应当主动公开的其他政府信息。

除了上述应当主动公开的政府信息,设区的市级、县级人民政府及其部门还应当根据本地方的具体情况,主动公开涉及市政建设、公共服务、公益事业、土地征收、房屋征收、治安管理、社会救助等方面的政府信息;乡(镇)人民政府还应当根据本地方的具体情况,主动公开贯彻落实农业农村政策、农田水利工程建设运营、农村土地承包经营权流转、宅基地使用情况审核、土地征收、房屋征收、筹资筹劳、社会救助等方面的政府信息。

(二)依当事人申请而公开的政府信息

根据《政府信息公开条例》(2019)第 27 条规定,除行政机关主动公开的政府信息外,公民、法人或者其他组织可以向地方各级人民政府、对外以自己名义履行行政管理职能的县级以上人民政府部门申请获取相关政府信息。这意味着**除行政机关依法必须主动公开的政府信息外,其他的政府信息,只要不是法律、行政法规禁止公开的,都属于当事人申请公开的范围**。这样的定位,才体现了"以公开为常态、不公开为例外"的原则。

当事人向行政机关申请公开政府信息的,应当提交政府信息公开申请。申请包括以下内容:(1)申请人的姓名或者名称、身份证明、联系方式;(2)申请公开的政府信息的名称、文号或者便于行政机关查询的其他特征性描述;(3)申请公开的政府信息的形式要求,包括获取信息的方式、途径。

(三)不予公开和可以不公开的政府信息

不予公开的政府信息,是指法律和行政法规禁止公开的政府信息。行政机关及其工作人员对这些信息负有保密的义务,擅自公开须承担相应的法律责任。上述行政机关应当主动公开的政府信息和依当事人申请公开的政府信息,都不包括不予公开的政府信息。换言之,**不得将依法不予公开的政府信息列入行政机关应当主动公开的或者依当事人申请公开的政府信息**。它们之间不是包含与被包含的关系,而是排斥关系。

根据《政府信息公开条例》(2019)第 14—15 条规定,依法不予公开的政府信息包括:

(1)依法确定为国家秘密的政府信息;(2)法律、行政法规禁止公开的政府信息;(3)公开后可能危及国家安全、公共安全、经济安全、社会稳定的政府信息;(4)涉及商业秘密、个人隐私等公开会对第三方合法权益造成损害的政府信息。但是,第三方同意公开或者行政机关认为不公开会对公共利益造成重大影响的,可予以公开。

可以不予公开的政府信息,是指行政机关对此没有公开的义务,但也没有保密的责任。是否公开视行政机关和信息的条件而定。根据《政府信息公开条例》(2019)第16条规定,可以不予公开的政府信息包括:(1)行政机关的内部事务信息,包括人事管理、后勤管理、内部工作流程等方面的信息;(2)行政机关在履行行政管理职能过程中形成的讨论记录、过程稿、磋商信函、请示报告等过程性信息以及行政执法案卷信息。对于这类可以不公开的信息,应当把握两点:一是只要不属于依法不予公开的政府信息,行政机关应当尽可能公开,以方便群众;二是法律、法规、规章规定应当公开的信息,就应当无条件公开。

五、政府信息公开的方式和程序

政府信息公开有两种方式:一是政府主动公开;二是经公民、法人或者其他组织申请才公开。

行政机关制作的政府信息,由制作该政府信息的行政机关负责公开;行政机关从公民、法人或者其他组织获取的政府信息,由保存该政府信息的行政机关负责公开。法律、法规对政府信息公开的权限另有规定的,从其规定。属于主动公开范围的政府信息,应当自该政府信息形成或者变更之日起20个工作日内予以公开。法律、法规对政府信息公开的期限另有规定的,从其规定。

对于属于申请公开的政府信息,相对人申请获取的,应当采用书面形式(包括数据电文形式);采用书面形式确有困难的,申请人可以口头提出,由受理该申请的行政机关代为填写政府信息公开申请。政府信息公开申请应当包括下列内容:(1)申请人的姓名或者名称、身份证明、联系方式;(2)申请公开的政府信息的名称、文号或者便于行政机关查询的其他特征性描述;(3)申请公开的政府信息的形式要求,包括获取信息的方式、途径。

对申请公开的政府信息,行政机关收到相对人申请后,根据不同情况依法分别处理。依申请公开的政府信息公开会损害第三方合法权益的,行政机关应当书面征求第三方的意见。行政机关收到政府信息公开申请,能够当场答复的,应当当场予以答复。行政机关不能当场答复的,应当自收到申请之日起20个工作日内予以答复;如需延长答复期限的,应当经政府信息公开工作机构负责人同意,并告知申请人,延长答复的期限最长不得超过20个工作日。申请公开的政府信息涉及第三方权益的,行政机关征求第三方意见所需时间不计算在期限内。

六、行政公开行为的法律救济

从《行政复议法》和《行政诉讼法》的规定看,行政法上法律救济的两种基本形式,即行政复议和行政诉讼,限于救济行政相对人的人身权和财产权等;但对于旨在保护相对人知情权的行政公开行为，是否可以适用行政复议和行政诉讼，没有明确规定。根据《行政诉讼法》(2017)第12条第2款的规定，人民法院还可受理法律、法规规定可以提起诉讼的其他行政案件。基于这一立法授权，《政府信息公开条例》(2019)第51条规定："公民、法人或者其他组织认为行政机关在政府信息公开工作中侵犯其合法权益的，可以向上一级行政机关或者政府信息公开工作主管部门投诉、举报，也可以依法申请行政复议或者提起行政诉讼。"根据该行政法规的规定，行政相对人对行政机关的行政公开行为不服提起行政诉讼的，人民法院应当依法受理。

第八节 行政协议

行政协议是现代政府管理社会的一种特殊方式，体现了现代行政从命令行政向协商行政的转变。**行政协议属于一种行政关系；行政主体有关行政协议的行为同样属于行政行为。**

一、行政协议的概念和特征

行政协议，也称行政合同或行政契约，系指行政主体为了实现行政管理目的，与行政相对人经双方协商一致所达成的，能够形成、变更或消灭相对人行政法权利义务关系的合意。基于这一定义，并结合最高人民法院《关于审理行政协议案件若干问题的规定》(法释〔2019〕17号)第1条，行政协议具有下列法律特征，覆盖四个要素：

第一，主体要素。行政协议是"行政机关与公民、法人或者其他组织"之间签订的协议，发生在行政主体与行政相对人之间。行政主体之间的协议属于其他行政协议(内部行政协议)，不属于行政诉讼法意义上的行政协议；相对人之间可以签订民事协议，但不可能形成行政协议。

第二，目的要素。行政协议是"为了实现行政管理或者公共服务目标"而签订的协议。行政协议是政府机关实施国家行政管理的一种方式，是为了落实行政管理任务和提供社会公共服务。不是基于这种目的者就不是行政协议。

第三，意思要素。行政协议是行政主体与行政相对人"协商订立"的协议。行政协议与行政命令、行政处罚、行政强制等行政行为不同，它是一种双方行为，须经双方协商、意思达成一致才能成立。行政协议是行政主体与相对人双方的合意行为。行政主体不得强迫相对人签订行政协议。这正是行政协议作为"协议"与"合同"的本质要素。没有这一要素，就称不上"协议"与"合同"。

第四，内容要素。行政协议"具有行政法上的权利义务内容"。行政协议的内容是由行政协议的目的决定的。行政主体出于行政管理和公共服务的需要，便需要与相对人之间形成、变更或消灭特定的权利与义务关系。这些"行政法上的权利义务"，对行政主体而言，表现为特定的行政职权与职责；对行政相对人而言，表现为行政法上的权利与义务。

二、行政协议的范围

根据《行政诉讼法》(2017)第12条第1款第11项和最高人民法院《关于审理行政协议案件若干问题的规定》(法释〔2019〕17号)规定，行政协议应当包括：

第一，政府特许经营协议。这种协议是指政府通过招标等公平竞争方式，许可特定经营者经营某项公共产品或者提供某项公共服务，和特定经营者之间所签订的经营协议。特许经营的项目广泛存在于城市供水、供气、供热、污水处理、垃圾处理、城市公共交通等公用事业领域。

第二，土地、房屋等征收补偿协议。这种协议是指政府部门依据《土地管理法》或《国有土地上房屋征收与补偿条例》的规定，因征收集体所有土地而给予补偿，或者因征收集体土地上的房屋和城市国有土地上的房屋而给予的补偿，政府部门与被征收组织或个人之间就补偿方式和内容签订的协议。

第三，土地、房屋等征用补偿协议。征用与征收不同，是指有关政府部门出于抢险救灾、疫情防控等紧急需要，依照法律规定强制性地使用非国有单位和个人的财产(包括不动产和动产)并给予补偿的行政法制度。与行政征收不同的是，行政征用并不导致被征用物所有权的转移。作为征用方的政府机关与被征用的组织或个人之间因征用土地、房屋等而签订的补偿协议，就属于此类协议。

第四，矿业权等国有自然资源使用权出让协议。我国土地、矿藏等自然资源都属于国家。矿业权包括探矿权和采矿权等。矿业权出让协议是指行政机关代表国家将矿业自然资源使用权出让给相对人，允许相对人在一定期限内使用探矿权和采矿权，相对人支付一定的出让金的协议。

第五，政府投资的保障性住房的租赁、买卖等协议。政府为了保障人民群众的住房需要，推行和实现住房福利政策，投资建设了许多保障性住房。政府将这些保障房出售或租赁给相对人，为此所签订的保障房租赁、买卖协议，就属于行政协议。

第六，政府与社会资本合作协议。这类协议也称PPP协议、公私合作协议，是指行政机关为了公共基础设施的建设，引入社会资本共同投资建设的合作协议。这类协议具有很强的社会公益目的，因而属于行政协议。

第七，其他行政协议。除了上述类型的行政协议，在现实中还存在其他行政协议，或者还会出现新的行政协议形式，如治安担保协议、鼓励生育协议、招商引资协议、行政和解协议、国有资产承包经营出售或者租赁合同、行政机关委托科研咨询协议等。

三、行政协议的行为

与行政协议相关联的概念是“行政协议行为”。有关行政协议的行为既有行政主体作出的，也有相对人作出的。这里所述的行政协议行为，是对一种特殊行政行为的考察，因而只限于阐述行政主体有关行政协议的行为。这种意义上的**“行政协议行为”，特指作为行政协议一**

方当事人的行政主体,对行政协议不履行或单方变更和解除行政协议的行为。行政协议行为就是一种行政行为,准确地说,是一种特定的行政行为和中性的行政行为。它具体包括:(1)不履行行政协议的行为,包括不履行、不依法履行和不依约定履行行政协议的行为。(2)变更行政协议的行为,包括违法变更或单方变更行政协议。(3)解除行政协议的行为,包括解除、废止、撤销、撤回已签订的行政协议。

正因为存在"行政协议"与"行政协议行为"之间的关系,行政协议方面的案件也随之分为两大类(见图8-5)。

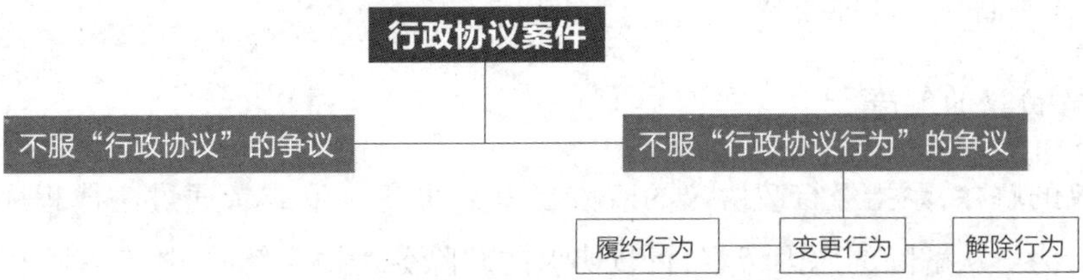

图8-5　行政协议案件

四、行政协议的缔结、变更和解除

(一)行政协议的缔结

行政协议的缔结,系指行政主体与行政相对人对行政协议的签订,属于行政协议"成立"的范畴。行政协议虽然是行政主体与相对人的一种双方合意,但依然由行政主体主动发起。这就需要解决行政主体对行政协议的缔结权问题,即是否任何行政主体在任何领域都可以和相对人通过行政协议的方式实施行政管理。

由于我国尚未制定行政法总则、行政程序法、行政协议法,行政主体到底具有多大的行政协议缔结权,可以按下列规则进行:一是法律对行政协议作出规定的,行政机关必须采取行政协议方式实施行政管理。例如,根据《城市房地产管理法》(2019)第15条规定,政府代表国家出让国有土地使用权必须签订出让协议。根据《国有土地上房屋征收与补偿条例》(2011)第25条第1款规定,房屋征收部门征收房屋必须与被征收人签订补偿协议。二是在法律不禁止的前提下,行政机关出于公共利益的需要,可以和特定相对人签订行政协议。

行政协议的缔结,与普通合同一样,可通过协议、招标、拍卖等方式进行。行政协议必须采取书面形式,除非法律另有特别规定。

(二)行政协议的变更

协议的变更有广义与狭义之分。广义的变更包括协议主体和内容的变更;狭义的变更仅指协议内容的变更。**由于行政协议中当事人的特定和恒定性,行政协议的变更应当是指狭义的变更,是指在行政主体与相对人不变的前提下协议内容的改变**。行政协议变更的法律特征是:

第一,行政协议的变更是对原协议的变更。所以,它以原行政协议已经成立为前提。原行政协议尚未签订的,无以发生行政协议的变更问题。此外,原行政协议尚未履行完毕。如果原行政协议已经履行完毕,行政协议的变更就失去意义。

第二,行政协议的变更是指协议内容的改变而不是指协议主体的改变。协议内容的改变包括协议标的物数量和协议履行方式等内容的变化。如果是行政协议主体的改变,那就属于行政协议的转让,或者是原行政协议的消灭和新协议的形成,不再属于行政协议的变更范畴。

行政协议签订生效之后,双方当事人必须依法依约履行,谁也不得单方改变。确需改变的,必须经双方协商一致才能改变。

(三)行政协议的解除

行政协议的解除,系指经行政协议的双方当事人协商一致或者通过法律程序消灭原行政协议效力的行为。从解除的原因考察,行政协议的解除分为协商解除、约定解除和法定解除。

鉴于行政协议的特殊性,就协议解除的方式和途径而言,对于协议一方当事人的行政相对人来说,无论是遇到约定解除还是法定解除情形,都无权单方宣布解除协议。在作为协议另一方当事人的行政主体拒绝解除的情况下,相对人只能通过行政诉讼途径来实现自己的请求。但对于协议的另一方当事人行政主体来说,当出现约定解除和法定解除事由时,其有权单方决定解除协议,但必须事先听取相对人意见,作出解除决定后必须书面通知相对人。相对人对此不服的,可以提起行政诉讼。

五、行政协议及行为的违法、撤销和无效

行政协议及其行为的违法、撤销和无效,是对行政协议及其行为违法状态的具体定性,目的在于指引行政监督机关和司法机关对它们进行针对性的监督和救济。

(一)行政协议的违法

行政协议的违法,是指行政协议内容的违法,包括:(1)内容违反法律规定;(2)违背公共利益和公序良俗;(3)处分了法律保留事项;(4)其他违法。

(二)行政协议的撤销

关于行政协议的撤销,根据最高人民法院《关于审理行政协议案件若干问题的规定》(法释〔2019〕17号)第14条规定,对于存在胁迫、欺诈、重大误解、显失公平等情形的行政协议,可以依法撤销。

(三)行政协议的无效

行政协议的无效是最严重的违法状态。根据最高人民法院《关于审理行政协议案件若干问题的规定》(法释〔2019〕17号)第12条和《行政诉讼法》(2017)第75条规定,如果行政协议

存在签订协议的行政机关不具有行政主体资格,或者没有依据等重大且明显违法的情形,可以依法确立该协议无效。另外,由于行政协议的无效可以适用民事法律规定,根据《民法典》(2020)第 144、146、153 条规定,下列行政协议亦属无效:(1)签订行政协议的相对人为无民事行为能力的人;(2)协议双方或一方以虚假的意思表示签订协议;(3)协议的签订或协议的内容违反了法律、行政法规的强制性规定;(4)协议的内容违背公序良俗。

(四)行政协议行为的违法、撤销和无效

这里的行政协议行为,特指作为协议一方当事人的行政主体针对行政协议所作出的行政行为。**行政协议行为的违法,是行政协议撤销和无效的前提**。行政协议行为的违法,主要包括以下情形:(1)拒绝依法与特定相对人签订行政协议;(2)违背相对人的意志,通过胁迫、欺诈等方式强制当事人签订行政协议;(3)行政协议依法签订生效之后,行政主体拒不依法依约履行行政协议;(4)在没有法律依据或协议依据的前提下,单方变更或解除行政协议;(5)以"可能出现严重损害国家利益、社会公共利益"为由滥用行政优益权;(6)违反法定程序或正当程序单方变更或解除行政协议;(7)其他违法情形。

对于违法的行政协议行为,行政复议机关和人民法院应当依法撤销;如果没有撤销内容,或者撤销已无意义的,就可确认该行为违法而不撤销;对于重大且明显的违法,可以依法确认该行为无效。

六、行政协议的履行、违约责任和强制执行

(一)行政协议的履行

行政协议的履行,是指协议双方当事人必须按照合同约定或法律规定,全面、适当地履行合同所约定的义务。**行政协议一经签订生效后,合同双方当事人无论是行政主体还是相对人都必须履行,谁都不存在可以不履行的"特权"**。

行政主体因"法定情形"不能履行协议,并要变更或解除行政协议的,应当按照法定程序作出决定并通知对方当事人。对方当事人对此不服的,有权依法提起行政诉讼。

行政相对人因"法定情形"不能履行协议,并要变更或解除行政协议的,有权通过行政诉讼提出自己的主张。

(二)违约和违约责任

当事人拒不履行或者不依约履行行政协议所规定的义务,就是违约行为;违约必须承担违约责任。这是合同的基本原则。该原则对合同双方当事人(行政主体与行政相对人)同样适用。

违约责任非常广泛,包括继续履行协议、采取补救措施、赔偿损失等。当然,就每个行政协议而言,应当承担哪种违约责任以及如何承担,不能一概而论,应当就具体的违约情形、合同的具体约定和法律的具体规定而定。

行政机关对相对人违约行为的处理，作为合同当事人的行政机关只能追究相对人的违约责任。至于相对人的违约同时构成违法，其他行政机关依法追究相对人的违法责任，这是可以的，并且是应当的。行政机关作为“裁判员”与“运动员”的身份不得混淆。

（三）行政协议的强制执行

行政相对人拒不履行行政协议规定的义务，行政机关是否可以对相对人实施强制执行，严格地说，这不是行政协议的问题，而是行政强制执行制度的一部分。

行政强制执行就是强制当事人履行“行政决定”所确定的“义务”，而这一“义务”同样包括由“行政协议”所确定的“义务”。所以，对行政协议所确定义务的强制执行适用《行政强制法》。

七、行政协议的法律适用与可诉性

行政协议的法律适用是一个非常特殊而复杂的问题。

行政协议属于特殊的“合同”，行政机关作出的有关行政协议的行为属于特殊的“行政行为”。根据“特别法优于一般法”的规则，**对于行政协议，行政法有特别规定的，优先适用行政法，行政法没有特别规定的，适用《民法典》合同编的有关规定；对于行政协议行为，行政法对行政协议行为有特别规定的，优先适用特别规定，无特别规定的，适用行政法关于行政行为的一般原理**。

在相当长的一段时间里，行政协议和行政机关的行政协议行为都未被纳入行政诉讼受案范围，《行政诉讼法》2014 年的修改改变了这一现状。根据《行政诉讼法》（2017）第 12 条第 1 款和最高人民法院《关于审理行政协议案件若干问题的规定》（法释〔2019〕17 号）第 2 条规定，相对人对行政协议本身或者对行政机关作出的有关行政协议的行为（如单方变更或解除等）都有权依法提起行政诉讼。

引例分析

有一种观点认为，婚姻关系是平等的自然人之间的人身关系，属于民事关系而不是行政关系。结婚和离婚都是民事行为。根据国务院《婚姻登记条例》第 12 条第 2 项规定，婚姻登记机关不予受理属于限制民事行为能力的当事人的离婚登记。所以，婚姻登记机关对当事人的离婚登记是违法的，并且，当事人对婚姻登记机关的婚姻登记行为不服的，应当以另一方当事人为被告提起民事诉讼，不得提起行政诉讼。

笔者不赞同上述观点。婚姻关系确是民事关系，结婚和离婚也确是民事行为。但是婚姻登记机关对当事人申请结婚或离婚进行婚姻登记却是行政行为，而且准确地说，是行政确认行为。因为：（1）婚姻登记机关是行政机关（一般是民政部门），它是行政主体；（2）婚姻登记机关对当事人结婚或离婚进行婚姻登记，是代表国家的公信力对当事人的婚姻关系进行认定和宣示，使当事人之间的自然婚姻关系提升为法律婚姻关系，以便在全社会范围内对法律婚姻关系进行更有效的保护。为此，当事人对婚姻登记机关的登记行为不服的，应当以婚姻登记机关为被告提起行政诉讼，双方当事人起诉的，双方当事人都是原告；一方当事人起诉的，起诉方当事人为原告，另一方当事人为第三人。

复习思考题

1. 什么是行政命令？它在什么情况下具有独立的可诉性？
2. 什么是行政征收？什么是行政征用？它们之间有什么区别？
3. 哪些政府信息是必须公开的？哪些是不得公开的？
4. 哪些协议属于行政协议？行政协议应当适用行政法还是民法？

第九章　行政证据与依据

| 引　例 |

当事人明知涉案货物为走私进口仍提供卸储服务，某海关依据当时的《海关法行政处罚实施细则》第6条第2款规定，对当事人作出行政处罚决定，决定没收违法所得人民币33,766,530元，并处罚款900万元。当事人以事实不清、适用法律法规错误为由提起行政诉讼。当年，作为海关处罚依据的《海关法行政处罚实施细则》系国务院制定的行政法规，并依据《海关法》而制定。海关依据当时的《海关法行政处罚实施细则》对当事人进行处罚时，《海关法》已经修改，但当时的《海关法行政处罚实施细则》既未废止也未修改。请问：《海关法》修改以后，依据修改之前的《海关法》制定的《海关法行政处罚实施细则》是否依然可以成为行政行为的有效依据？

第一节　行 政 证 据

行政法的主要任务在于保障行政主体所作行政决定的合法性。任何行政主体要作出一个合法有效的行政决定，必须具备行政决定赖以作出的事实依据与法律依据。这是"以事实为根据，以法律为准绳"原则的体现。

一、行政证据的基本概念

（一）行政证据的概念

行政证据是指在行政程序而不是行政诉讼中所使用的证据。完整地说，**行政证据是指在行政程序中，由行政主体所收集或相对人所提供的，用以证明行政法事实的一切材料**。这说明：第一，行政证据是能够证明行政法事实的一切材料，如用以证明当事人违法的证人证言，或用以证明当事人收入情况的材料。第二，行政证据发生在行政程序中，不是发生在行政诉讼程序中（后者是行政诉讼证据），如行政处罚、行政给付、行政许可中所收集和提供的证据。第三，行政证据包括行政主体收集和使用的证据，也包括相对人收集和提供的证据。

（二）行政证据的法律特征

行政证据，在法律特征上，是共性与个性的结合体。行政证据，作为一种证据，自然具有证据的共性，即客观性、关联性和合法性。证据的三大属性同时构成证据的三大法律特征。

除了作为“证据”的“共性”之外，行政证据还存在个性。行政证据必须发生于行政程序之中，它是在行政程序中，按法律及程序要求，由当事人、证人提供或者由行政机关调取收集的，由行政处理机关审查取舍，便于作出有关行政决定的客观材料。**行政证据受行政程序法而不是行政诉讼法规制**，并且是为行政主体作出行政决定服务的，这是行政证据不同于其他证据的最大“个性”。

（三）行政证据与行政诉讼证据

如果站在广义的行政法学视角，证据就有两类：一是在行政执法阶段所使用的证据，也可称为行政程序证据。例如，行政机关对当事人张三进行处罚，行政机关收集并使用了证明张三违法的证据；公民向政府申请低保待遇，其向政府提交用以证明经济状况的证据。二是在行政诉讼阶段所使用的证据。例如，案件受理之后，被告行政机关向法院提交的用以证明被诉行政行为合法的证据，或者由原告向法院提交的用以证明自己行为合法、被告行为违法的证据。为论述方便，这里就把前一类证据称作“行政证据”，把后一类证据称作“诉讼证据”。行政证据与行政诉讼证据之间的关系表现为同一性、区别性与关联性。

首先，行政证据与行政诉讼证据都是证据，因而无疑具有作为证据的共性，都有客观性、相关性与合法性的要求，这就是它们的“同一性”。

其次，行政证据与行政诉讼证据虽然都是证据，但毕竟还是有区别的。这一“区别性”表现在：一是行政证据是直接为行政主体作出行政决定服务的，而行政诉讼证据则是直接为人民法院作出行政裁判服务的；二是行政证据由行政主体依职权收集或由行政相对人提供，而行政诉讼证据则由诉讼当事人提供（大多由行政主体提供，作为被告的行政主体对被诉行政行为的合法性负举证责任）或由人民法院依职权收集；三是行政证据更多的是现实的反映，行政诉讼证据如同其他司法证据一样，更多的是对过去事实的反映；四是在行政诉讼中，当事人提供证据受严格的举证期限的限制，而在行政程序中，当事人提供证据的期限不那么严格。

最后，行政证据与行政诉讼证据虽然有区别，是两种不同的法律程序，但是行政程序与行政诉讼程序中的证据制度之间有关联。由于行政程序一般与行政诉讼相衔接，不少行政行为经过行政程序后会进入行政诉讼，所以，行政诉讼中的证据要求会反致影响对行政程序中的证据的要求。

在中国目前尚无行政程序法和行政证据法的情况下，行政证据的有关规则可以参照适用《行政诉讼法》的有关规定。

二、行政证据的种类和载体

行政证据的分类符合一般证据的分类方法，此外，行政证据还可以分为行政主体收集的证据与行政相对人提供的证据，这一分类与行政主体、相对人的举证责任分配有关。一般说来，对于依职权行政行为，行政主体负有举证责任；而对于依申请行政行为，行政相对人负有举证责任。

从证据的载体上分类,我国三大诉讼法所规定的证据是非常接近的。由于行政证据不是诉讼证据,因此更多地要借助行政实体法的规定。《行政处罚法》(2021)第46条第1款规定:"证据包括:(一)书证;(二)物证;(三)视听资料;(四)电子数据;(五)证人证言;(六)当事人的陈述;(七)鉴定意见;(八)勘验笔录、现场笔录。"这可以覆盖行政程序中的所有证据。

三、行政证据举证责任与证明标准

(一)行政证据的举证责任

举证责任系指当事人根据法律规定对特定的事实提供相关的证据加以证明的义务,举证义务人若不能按要求提供证据,将在法律程序中承担不利后果的法律制度。

行政程序中的举证责任,应当区别依申请行政行为与依职权行政行为。**在依申请行政行为中,应当由提出申请的当事人,即行政相对人,负举证责任**。如《行政许可法》(2019)第31条第1款规定:"申请人申请行政许可,应当如实向行政机关提交有关材料和反映真实情况,并对其申请材料实质内容的真实性负责……"**在依职权行政行为中,应当由行政主体方负举证责任**。如《行政处罚法》(2021)第40条规定:"公民、法人或者其他组织违反行政管理秩序的行为,依法应当给予行政处罚的,行政机关必须查明事实;违法事实不清、证据不足的,不得给予行政处罚。"

在行政证据举证问题上,还应当注意和确立以下几点:一是要将"**增加相对人提供证据的权利,减少其举证责任**"作为举证责任分配的要求。二是即便应当由相对人提供的证据,如果行政机关已经掌握,或者能够在政府平台中找到有关信息,尽量由政府部门自行解决,减免当事人提供证据的责任。三是行政机关不得要求当事人提供法律法规要求以外的证据,不得要求提供无法证明的证据。四是不得要求重复提供证据。在前置性行政行为中已提供了证据的,不得在后置性行为中再次要求提供证据。

(二)行政证据的证明标准

行政证据的证明标准,系指在行政程序中,利用证据对有关事实加以证明所要达到的程度。这一证明程度直接决定当事人举证的深度与有权机关利用证据认定事实的密度。

在刑事诉讼中,我们采取了"排除合理怀疑"的证明标准;在民事诉讼中,我们采用了"优势证据"的证明标准;在行政诉讼中,人民法院采用了"主要证据""确凿"的标准。

行政程序中的证明标准可以比司法程序中的证明标准略低。但鉴于目前行政诉讼中的证明标准并不太高,它没有要求"充分证明",只要求"**主要证据**""**确凿**",所以这一标准可以同时作为行政程序中的证据证明标准。

四、行政证据的认证规则

行政证据的认证规则,系指行政处理机关审查、采信、使用证据的基本规则。它对行政处

理机关和行政程序当事人都有约束力。行政证据的认证规则，主要包括证据决定主义、证据案卷主义、非法证据排除、最佳证据和自认证据等规则。

（一）证据决定主义

“以事实为根据，以法律为准绳”，这是我国行政程序与司法程序中的基本要求。行政决定必须根据事实来作出，而事实必须根据证据来证明。无证据证明的事实不能作为行政决定所依据的事实。

“事实”可分为“客观事实”与“法律事实”。“客观事实”已经过去，不可复原。通过证据对原始事实的复原便形成“法律事实”。无论是行政判决或行政决定都是依据“法律事实”作出，而“法律事实”又是依据“行政证据”加以证明的。行政决定必须依据由行政证据证明的“法律事实”作出，此乃是证据决定主义的核心要义。

最高人民法院《关于行政诉讼证据若干问题的规定》（法释〔2002〕21 号）第 53 条规定：“人民法院裁判行政案件，应当以证据证明的案件事实为依据。”这一规则同样适用于行政机关作出行政决定。

（二）证据案卷主义

证据案卷主义，也称案卷排他性原则，原是法院诉讼中的一项原则。它要求法院在进行司法审查时，只限于依据案卷内的证据进行审查，不得另行收集证据并依据案卷外的证据进行审查和裁判。

证据案卷主义要求，**行政主体作出行政决定，必须收集完整的证据并入案卷，行政决定必须依据案卷内的证据作出**。行政机关依据案卷外的证据作出行政决定，视作该决定没有事实依据。

（三）非法证据排除

非法证据，指以违反法律禁止性规定或者侵犯他人合法权益的方法取得的证据。非法证据排除，系指非法证据不得作为裁决的依据。非法证据排除规则，在我国诉讼法中均有体现。这一认证规则同样适用于行政程序。**行政机关作出行政决定，必须依据合法的证据作出**。**违法取得的证据不得作为行政决定的依据**。

至于非法证据的范围，根据最高人民法院《关于行政诉讼证据若干问题的规定》（法释〔2002〕21 号）第 57 条规定，主要包括：（1）严重违反法定程序收集的证据材料；（2）以偷拍、偷录、窃听等手段获取侵害他人合法权益的证据材料；（3）以利诱、欺诈、胁迫、暴力等不正当手段获取的证据材料。

（四）最佳证据规则

最佳证据规则，是指当多个证据都具有证明力时，只能采用可能得到的最令人信服和最有

说明力的证据予以证明的制度。根据最高人民法院《关于行政诉讼证据若干问题的规定》(法释〔2002〕21号)第63条规定,证明同一事实有数个证据时,其证明效力一般可以按照下列情形分别认定:(1)国家机关以及其他职能部门依职权制作的公文文书优于其他书证;(2)鉴定结论、现场笔录、勘验笔录、档案材料以及经过公证或者登记的书证优于其他书证、视听资料和证人证言;(3)原件、原物优于复制件、复制品;(4)法定鉴定部门的鉴定结论优于其他鉴定部门的鉴定结论;(5)法庭主持勘验所制作的勘验笔录优于其他部门主持勘验所制作的勘验笔录;(6)原始证据优于传来证据;(7)其他证人证言优于与当事人有亲属关系或者其他密切关系的证人提供的对该当事人有利的证言;(8)出庭作证的证人证言优于未出庭作证的证人证言;(9)数个种类不同、内容一致的证据优于一个孤立的证据。

上述最佳证据规则,同样适用于行政机关在行政程序中作出行政决定的过程。

(五)自认证据规则

自认仅指一方当事人对对方当事人所主张的不利于己的案件事实承认其真实的意思表示。**自认是对事实的承认,而不包括对对方当事人法律主张和请求的认诺**。

自认证据规则已引入我国行政诉讼领域。根据最高人民法院《关于行政诉讼证据若干问题的规定》(法释〔2002〕21号)第65条规定,在庭审中一方当事人或者其代理人在代理权限范围内对另一方当事人陈述的案件事实明确表示认可的,人民法院可以对该事实予以认定。第67条还规定,在不受外力影响的情况下,一方当事人提供的证据,对方当事人明确表示认可的,可以认定该证据的证明效力。

但是,自认证据存在几点例外:(1)即使当事人作了自认,但有相反证据证明相反事实的除外;(2)调解时当事人为达成调解协议而对案件事实的认可,不得在其后的诉讼中作为对其不利的证据。

上述自认证据规则,同样适用于行政机关在行政程序中作出行政决定,尤其是在行政裁决程序中。

第二节　行政依据

行政行为的法律依据,准确地说,应当是指据以作出行政行为的“规范依据”。因为“行政依据”的范围远大于“法律依据”的范围。

一、行政依据的理论基础

(一)行政依据的概念

行政依据,从广义理解,系指行政主体作出行政行为的依据,包括事实依据和法律依据。

事实依据就是行政行为的证据问题,法律依据系指行政行为的规范依据问题,涉及行政行为的法律适用。但从狭义上言之,**行政依据仅指法律依据,即指行政主体作出行政行为的规范依据**。

本章基于狭义。狭义上的行政依据,有两个基本问题需要讨论:(1)哪些行政行为需要有规范依据,特别是法律依据?这旨在讨论行政行为的范围。(2)哪些规范可以成为行政行为的依据?这旨在讨论规范依据的范围。

第一个问题涉及行政依据的理论基础,第二个问题则涉及行政依据的范围。

(二)关于行政依据的理论基础

一定的行政行为必须有直接明文的法律依据,否则不得实施行政行为。然而,这些被要求有直接法律依据的行政行为,目前主要表现为行政许可、行政处罚和行政强制。行政许可、行政处罚和行政强制必须依法设定,已分别由我国的《行政许可法》《行政处罚法》《行政强制法》明文确立。

但是,需要有直接法律依据的行政行为,并非只限于上述三种行政行为。从原则上说,行政主体实施行政行为,必须有法律依据。行政行为必须有法律依据是行政合法性原则的体现和基本要求,也是公法学上"**公权力,法不授权便无权;私权利,法不禁止便自由**"法则的延伸结果。

但是,行政行为必须有法律依据,并不意味着每一个行政行为都必须有直接而明文的法律条文依据。哪些行政行为需要有直接明文的法律条文依据,哪些行政行为可以不作这样的严格要求,只需要符合一般的法律精神便可。一般说来,直接关系行政相对人行政法上的基本权利的行政行为,特别是对行政相对人不利的行为,需要有直接明文的法律依据。

二、行政依据的范围

完整地说,行政依据并不只限于规范依据,行政协议或上级行政机关的命令也可成为作出行政行为的依据。但本章所阐述的行政依据,只限于规范依据。可以成为行政行为依据的规范,首先是法律规范,包括宪法、法律、行政法规、地方性法规、规章、自治条例和单行条例、经济特区的法规、特别行政区的法律法规、法律解释、国际条约、行政协定、国际惯例等。当然,**行政依据的范围会大于法律依据的范围,行政依据除了法律依据,还包括行政规范性文件**。

第一,宪法。宪法是国家的根本法,集中反映人民的意志和利益,规定了国家和社会的基本制度和基本原则、国家机构和组织、公民的基本权利和义务等带有根本性的问题。其主要功能是制约和平衡国家权力,保障公民权利。《宪法》在我国法律体系中具有最高的法律地位和法律效力,是我国最高的法律渊源。宪法是最高、最权威的行政依据。

第二,法律。法律是全国人民代表大会及其常务委员会根据宪法或依职权制定的规范性法律文件,是我国法律的基本形式和基本渊源。法律分为基本法律和其他法律。基本法律是指有关国家刑事、民事、国家机构等方面的基本规定;其他方面的基本规定属于其他法律。法律是最基本的行政依据。

第三,行政法规。行政法规是指国务院为领导和管理国家各项行政工作,根据宪法法律,或者依据全国人大及其常委会的授权,或者依职权所制定的有关政治、经济、教育、科技、文化、外事等各类法规的总称。国务院是国家最高行政机关,是全国行政管理的最高指挥机关。制定行政法规是国务院领导全国行政工作的一种有效手段。行政法规是我国法律的重要形式和渊源,是国家治理和社会治理的重要依据,是行政行为的主要依据。

第四,地方性法规。地方性法规是指享有地方性法规制定权的地方国家权力机关依照法定的权限,在不同宪法、法律和行政法规相抵触的前提下,制定的在本行政区域内实施的规范性文件。它包括省、自治区、直辖市人民代表大会及其常务委员会制定的地方性法规;设区的市人民代表大会及其常务委员会制定的地方性法规;自治州人民代表大会及其常务委员会制定的地方性法规;广东省的东莞市和中山市、甘肃省的嘉峪关市、海南省的三沙市四个不设区的市人民代表大会及其常务委员会制定的地方性法规。地方性法规是我们实施地方治理的法律依据之一,也是我国法律的渊源和形式。

第五,规章。规章,也称政府规章或行政规章,是有关国家行政机关依据法律、法规,在本职权范围内制定的具有普遍约束力的规范性文件。它同样属于我国的一种法源。规章可以分为国务院部门规章和地方人民政府规章。部门规章是指国务院各部、委员会、中国人民银行、审计署和具有行政管理职能的直属机构以及法律规定的机构,根据法律和国务院的行政法规、决定、命令,在本部门的权限范围内制定的规章。地方人民政府规章是指:(1)省、自治区、直辖市人民政府制定的规章;(2)经济特区所在地的市人民政府制定的规章;(3)设区的市人民政府制定的规章;(4)自治州人民政府制定的规章。地方政府规章同样是有关行政机关依法行政的依据。

第六,自治条例和单行条例。根据《宪法》(2018)第116条、《立法法》(2023)第85条和《民族区域自治法》(2001)第19条规定,民族自治地方的人民代表大会有权制定自治条例和单行条例。自治条例是指民族自治地方的人民代表大会,即自治区、自治州、自治县的人民代表大会,依照当地民族的政治、经济和文化的特点,经法律程序制定的,用以全面调整本自治地方事务的综合性、规范性文件。单行条例是指民族自治地方的人民代表大会,即自治区、自治州、自治县的人民代表大会,依照当地民族的政治、经济和文化的特点,经法律程序制定的,用以全面调整本自治地方某个方面事务的单项规范性文件。自治区的自治条例和单行条例,报全国人民代表大会常务委员会批准后生效。自治州、自治县的自治条例和单行条例,报省或者自治区的人民代表大会常务委员会批准后生效,并报全国人民代表大会常务委员会备案。自治条例和单行条例是我国的法律渊源之一,它直接为我国地方民族自治提供了法律依据。

第七,经济特区法规。《立法法》(2023)第84条第1款规定:"经济特区所在地的省、市的人民代表大会及其常务委员会根据全国人民代表大会的授权决定,制定法规,在经济特区范围内实施。"经济特区的人民代表大会及其常务委员会,既可制定地方性法规,也可制定经济特区法规。经济特区法规是我国地方立法的一种特殊形式。我国的经济特区和经济特区立法是改革开放的产物。经济特区法规与地方性法规的区别在于:经济特区法规可以根据授权变通法律、法规,但只限于经济特区范围内实施。经济特区法规是经济特区行政机关在经济特区范围内依法行政的依据。

第八,法律解释。法律解释指人们对法律规范含义以及所使用的概念、术语、定义所作的说明和解释。法律解释可分为有权解释和无权解释。无权解释(学理解释)没有法律效力,因此不能成为行政法的渊源。有权解释包括立法解释、司法解释和行政解释。法律解释与被解释法律具有同等效力,是行政主体依法行政的依据。

第九,国际条约和行政协定。国际条约是指两个或两个以上国家在政治、经济、贸易、法律、文化、军事等方面规定相互权利和义务的各种协议的总称。行政协定是指两个或两个以上的政府相互之间签订的有关政治、经济、贸易、法律、文化和军事等方面内容的协议。国家或政府签订了条约或协定,所签订的条约和协定对国内的机关、组织和公民同样具有法律拘束力。因此,它们也可以成为我国依法行政的依据。

第十,行政规范性文件(行政规定)。行政依据除了以上各类法律规范之外,还包括行政规范性文件。行政规范性文件是除国务院的行政法规、决定、命令以及部门规章和地方政府规章外,由行政机关或者经法律、法规授权的具有管理公共事务职能的组织依照法定权限、程序制定并公开发布,涉及公民、法人和其他组织权利义务,具有普遍约束力,在一定期限内反复适用的公文。行政规范性文件不属于"法"的范畴,不能成为人民法院审理行政案件的法律依据,但在一定条件下可以成为下级行政机关实施行政行为的依据。

三、行政依据的地位、分类和合法性

(一)行政依据的地位

作为行政行为依据的各类法律规范处于一定的法律位阶之中,由此决定了其法律效力等级的高低。法律效力等级的高低又决定了行政依据在法律适用中地位的高低。法律位阶高的称"上位法",法律位阶低的称"下位法"。在法律适用中,下位法必须服从上位法。行政依据法律位阶的排列从高到低是:宪法—法律—行政法规—地方性法规—规章—行政规范性文件。但是,法律与法律解释、部门规章与部门规章、部门规章与地方政府规章之间具有同等效力。

(二)行政依据的分类

1. 权力依据、行为依据和程序依据

行政行为的规范依据,旨在解决几个主要问题:一是谁可作出该行政行为?这是行政主体资格和权限问题。二是作出的行政行为内容和形式是否符合规范的要求?这是行政行为内容与形式的合法性问题。三是作出该行政行为是否符合法定程序?这是行政行为的程序合法性问题。分别对应三个方面问题的规范依据就可分别称为权力依据、行为依据和程序依据。行政依据的这一分类,对于我们具体而对应地寻找和分析行政行为的规范依据具有方法上的意义。另外,对于有关机关对行政行为的合法性审查也是一个指引。

2. 直接依据与间接依据

如果行政主体直接依据某一规范就能直接作出某一行政行为，该规范属于直接依据；如果行政主体仅仅依据这一规范还无法作出某一行政行为，必须同时结合其他规范才能作出某种行政行为，这类规范就是间接依据。区分直接依据与间接依据的法律意义在于，行政执法机关必须依据“直接授权规范”进行执法，不得依据“间接授权规范”进行直接执法，否则会被视为“没有依据”。

3. 义务规范依据与责任规范依据

依据就是规范。规范可分为义务规范与责任规范。要求当事人进行一定的作为或不作为，这就是义务规范。义务规范又可分为积极义务规范与消极义务规范（禁止性规范）。前者如规范公民有服兵役的义务和纳税的义务；后者如禁止当事人殴打他人、损害他人财产等。责任规范，是指当事人因违反义务规范而必须承担的法律后果，包括处罚、强制、赔偿等。责任规范以义务规范为前提，无义务规范就不存在责任规范。但并不是所有的义务规范都必须配设责任规范，因为对于有些违法行为未必给予行政处罚，批评教育即可。行政主体在实施行政处罚中，区分义务规范与责任规范非常重要。行政主体实施行政处罚，只有在既存在义务规范，又存在责任规范的立法背景下方可实施。

（三）行政依据的合法性

行政依据必须合法，才能成为行政行为的有效依据。而要保证行政依据的合法性，就必须符合行政依据的合法要件，具体应当做到下列几点：(1)行政依据必须由具有规范制定权的主体制定；(2)行政依据内容必须符合规定事项范围；(3)行政依据的内容不得与上位依据相抵触；(4)行政依据内容不得违背法治原则；(5)行政依据的制定不得违背法定程序。

四、行政依据的冲突及处理

（一）行政依据之间的“抵触”与“不一致”

我国的法律体系要求法律规范之间协调一致，但是，由于不同的依据规范由不同的部门制定，加之法律规范的表达技术还做不到完美无缺，如何保证依据规范之间的科学衔接和协调统一是一项非常复杂的工作，这就使依据规范之间出现抵触或不一致的现象客观存在，依据规范冲突无法完全避免。

“抵触”和“不一致”是“依据冲突”的两种情形。“依据冲突”是依据规范之间“抵触”与“不一致”的合称。从语义上说，“抵触”或“不一致”，都是指两个规范在内容上的“非同一性”；而且它们有程度上的差别，可以说“抵触”是极端的“不一致”，“不一致”是轻微的“抵触”。但是，《立法法》将“纵向”法与法之间的法律冲突称为“抵触”，把“横向”法与法之间的冲突称为“不一致”。这样，在《立法法》的意义上，“抵触”与“不一致”不是一种法律冲突程度上的区别，而是一种法律冲突情景上和性质上的区别：**下位依据与上位依据冲突称为“抵触”，同位法之间的冲突称为“不一致”。**

下位依据与上位依据的“抵触”包括这些情形:(1)下位依据扩大或缩小了上位依据规定的主体范围,包括权利主体和义务主体;(2)下位依据扩大或缩小了上位依据所规定的权利(职权)内容范围,包括权利的种类、数量和幅度等;(3)下位依据扩大或缩小了上位依据所规定的义务(职责)内容范围,包括义务的种类、数量和幅度等;(4)下位依据扩大或缩小了上位依据所规定的责任内容范围,包括责任的种类、数量和幅度等;(5)下位依据增加或缩减了取得权利、履行义务或承担责任的条件,包括条件的提高或降低,条件的增多或减少;(6)下位依据改变了上位依据所规定的取得权利、履行义务或承担责任的期限;(7)下位依据改变了上位依据的法律规范性质;(8)下位依据改变了上位依据规定的“度量衡”等技术标准;(9)其他抵触情景。

将以上的“情形”“横”过来,就成了行政依据之间“不一致”的情形:(1)规定的主体范围不一致;(2)规定的权利范围不一致;(3)规定的义务范围不一致;(4)规定的责任范围不一致;(5)规定的取得权利、履行义务或承担责任的条件不一致;(6)规定的取得权利、履行义务或承担责任的期限不一致;(7)规定的法律规范性质不一致;(8)对“度量衡”等技术标准规定的不一致;(9)其他不一致的情景。

(二)对行政依据冲突的裁决

所谓对行政依据冲突的裁决,系指当行政依据之间规定不一致,有关机关不知如何适用时,报请有权机关裁断,决定如何适用的法律制度。对行政依据冲突的裁决,大多针对具有同等效力的行政依据之间的关系。因为,针对不同效力等级之间的行政依据之适用问题,一般可按“适用规则”自然解决。

我国不存在对行政依据的普遍裁决制度,由《立法法》所确立的法规裁决制度使一部分行政依据纳入了裁决轨道。根据《立法法》(2023)的有关规定,我国已确立了下列规范适用上的裁决机制:(1)法律之间对同一事项的新的一般规定与旧的特别规定不一致,不能确定如何适用时,由全国人民代表大会常务委员会裁决。(2)行政法规之间对同一事项的新的一般规定与旧的特别规定不一致,不能确定如何适用时,由国务院裁决。(3)地方性法规或规章,同一机关制定的新的一般规定与旧的特别规定不一致时,由制定机关裁决。(4)地方性法规与部门规章之间对同一事项的规定不一致,不能确定如何适用时,由国务院提出意见;国务院认为应当适用地方性法规的,应当决定在该地方适用地方性法规的规定;认为应当适用部门规章的,应当提请全国人民代表大会常务委员会裁决。(5)部门规章之间、部门规章与地方政府规章之间对同一事项的规定不一致时,由国务院裁决。(6)根据授权制定的法规与法律规定不一致,不能确定如何适用时,由全国人民代表大会常务委员会裁决。

(三)对行政依据的改变或者撤销

对行政依据的改变或者撤销,系指当行政依据违法或不适当时,有权机关依法对其改变或者撤销的法律制度。我国《宪法》《地方各级人民代表大会和地方各级人民政府组织法》《立法法》对这一制度的建立提供了完整的法律依据。

根据上述法律规定,(1)全国人民代表大会有权改变或者撤销其常务委员会制定的不适当的法律,有权撤销全国人民代表大会常务委员会批准的违背《宪法》和《立法法》第85条第2款规定的自治条例和单行条例;(2)全国人民代表大会常务委员会有权撤销同《宪法》和法律相抵触的行政法规,有权撤销同《宪法》、法律和行政法规相抵触的地方性法规,有权撤销省、自治区、直辖市的人民代表大会常务委员会批准的违背《宪法》和《立法法》第85条第2款规定的自治条例和单行条例;(3)国务院有权改变或者撤销不适当的部门规章和地方政府规章;(4)省、自治区、直辖市的人民代表大会有权改变或者撤销其常务委员会制定的和批准的不适当的地方性法规;(5)地方人民代表大会常务委员会有权撤销本级人民政府制定的不适当的规章;(6)省、自治区的人民政府有权改变或者撤销下一级人民政府制定的不适当的规章;(7)授权机关有权撤销被授权机关制定的超越授权范围或者违背授权目的的法规,必要时可以撤销授权。

(四)行政依据的备案审查

行政依据的备案审查,是指行政依据制定以后,在规定时间内按规定程序向有关部门报备,有关部门事后对其进行合法性审查的法律制度。它是为保证国家法制的统一,协调依据规范冲突的方式之一。行政依据的备案审查制度被法规、规章的备案审查制度所覆盖。在法规、规章的备案审查制度中,备案是审查的前提和主要途径,审查是备案的主要目的。

根据《宪法》《立法法》《地方各级人民代表大会和地方各级人民政府组织法》《各级人民代表大会常务委员会监督法》《国务院组织法》《法规、司法解释备案审查工作办法》《法规规章备案条例》等规定,行政法规、监察法规、地方性法规、自治州和自治县的自治条例和单行条例、经济特区法规、最高人民法院和最高人民检察院作出的司法解释、政府规章等必须接受备案审查。此外,根据国务院办公厅《关于全面推行行政规范性文件合法性审核机制的指导意见》(国办发〔2018〕115号)的规定,凡涉及公民、法人和其他组织权利义务的规范性文件,均要纳入合法性审核范围,确保实现全覆盖,做到应审必审。

通过对法规、规章和行政规范性文件的合法性审查,保证了行政依据之间的协调性和统一性。

五、行政依据的适用规则

行政依据之间应当协调一致。行政依据之间有矛盾时,应遵循程序和规则处理,但需要时间过程。如果所有的行政依据须待协调完毕后方可启动适用,那么,国家行政管理活动和司法活动的效率会明显低下。为解决这一问题,行政法及行政法学为行政依据的适用设置了规则。这些规则用以在行政依据之间矛盾尚未协调时,事先正确合法地选择适用行政依据。

(一)高位法优于低位法

高位法优于低位法,是指不同位阶的行政依据发生冲突时,下位法必须服从上位法,具体是指:

第一,宪法具有最高的法律效力,一切法律、行政法规、地方性法规、自治条例和单行条例、规章都不得同宪法相抵触。否则无效,不能适用。

第二,法律的效力高于行政法规、地方性法规、规章。行政法规、地方性法规、规章与法律冲突的,应当适用法律。

第三,行政法规的效力高于地方性法规、规章。地方性法规、规章(包括国务院部门规章与地方政府规章)与行政法规冲突的,应当适用行政法规。

第四,地方性法规的效力高于本级和下级地方政府规章。地方政府规章与同级或上级地方性法规冲突的,应当适用地方性法规。

第五,省、自治区的人民政府制定的规章的效力高于本行政区域内的设区的市、自治州的人民政府制定的规章。前者与后者冲突时,应当适用前者。

第六,行政规范性文件(行政规定)不得和宪法、法律、法规、规章相抵触。和前者规定不一致时,优先适用前者。在行政规范性文件中,由于制定机关的不同,它们也还会有高低之分。原则上,上级行政机关制定的规范性文件高于下级机关制定的规范性文件。

(二)新法优于旧法

"新法优于旧法",又称"后法优于前法",系指同一机关制定的不同规定之间,前后规定不一致的,应当优先适用新的规定。因为从道理上讲,越是后面作出的规定,越接近于实际情况,所以更应优先适用。

新法优于旧法这一规则只适用同一机关制定的规范之间,不适用不同机关制定的规范之间。如果是不同机关制定的依据之间,必须适用高法优于低法的规则。所谓"同一机关",系指制定机关在法律关系中具有独立的名义,具有独立的职权与职责,具有独立的机构代码。

(三)特别法优于一般法

"特别法优于一般法",或称"特别法优于普通法",系指同一事项上存在两个或以上的法律规范,当一般法律规范与特别法律规范不一致时,优先适用特别法律规范。关于特别法与一般法的区别标准,一般要从四个要素即人、事、地、时进行综合考量。

这一规则的适用,还应当把握以下几点:(1)这里的特别法与一般法既适用两个及以上法规之间的关系,也适用同一个法规中的特别规定与一般规定之间的关系;既适用于法与法之间,也适用于规定与规定之间。大量的一般规定与特别规定恰恰存在于同一个法律之中。(2)和"新法优于旧法"规则一样,"特别法优于一般法"规则只有在同一机关制定的法律之间才适用这一规则,不同机关制定的法律之间如何优先适用,应按有关规则处理。

(四)变通法优于被变通的法

变通法优于被变通的法原则,系指当某一下位依据依法对上位依据进行变通时,在这一区域内应当优先适用变通的法。目前,我国下位法对上位法的变通只有两种情况:一是自治条例和单行条例依法对法律、行政法规、地方性法规作变通规定；二是经济特区法规对法律、行政法规、地方性法规作变通规定。在下位法对上位法变通的情况下，下位的变通法优先适用，但只限本自治地方或本经济特区。

（五）其他规则

根据最高人民法院《关于审理行政案件适用法律规范问题的座谈会纪要》（法〔2004〕96号）的规定，还有几个法律适用规则须在行政执法和行政审判中遵循。

1. 新旧法律与适用对象之间的关系

当新旧法律进行交替时，如果行政相对人的行为发生在新法施行以前，行政行为作出在新法施行以后，实体问题适用旧法规定，程序问题适用新法规定，但下列情形除外：(1)法律、法规或规章另有规定的；(2)适用新法对保护行政相对人的合法权益更为有利的；(3)按照行政行为的性质应当适用新法的实体规定的。

2. 法律与法律的实施条例之间的关系

在我国法律体系中常常存在一个法规是另一法律的实施条例（实施办法、实施细则等），该法规依据为落实法律而制定，如《土地管理法实施条例》依据《土地管理法》而制定，《道路交通安全法实施条例》依据《道路交通安全法》而制定。当法律已修改而实施条例未修改，也未被宣布废止时，须服从下列规则：(1)实施条例与修改后的法律相抵触的，不予适用；(2)因法律修改，相应的实施条例规定丧失依据而不能单独施行的，不予适用；(3)实施条例中的规定与修改后的法律不相抵触的，继续适用。

3. 法律之间新的一般规定与旧的特别规定之间的关系

法律之间对同一事项的新的一般规定与旧的特别规定不一致的，应当这样处理：(1)新的一般规定允许旧的特别规定继续适用的，适用旧的特别规定；(2)新的一般规定废止旧的特别规定的，适用新的一般规定。

4. 地方性法规与部门规章之间的关系

地方性法规与部门规章之间对同一事项的规定不一致的，按照下列情形适用：(1)法律或者行政法规授权部门规章作出实施性规定的，其规定优先适用；(2)尚未制定法律、行政法规的，部门规章对于国务院决定、命令授权的事项，或者对于中央宏观调控的事项、需要全国统一的市场活动规则及对外贸易和外商投资等需要全国统一规定的事项作出的规定，应当优先适用；(3)地方性法规根据法律或者行政法规的授权，根据本行政区域的实际情况作出的具体规定，应当优先适用；(4)地方性法规对属于地方性事务的事项作出的规定，应当优先适用；(5)尚未制定法律、行政法规的，地方性法规根据本行政区域的具体情况，对需要全国统一规定以外的事项作出的规定，应当优先适用；(6)能够直接适用的其他情形。

5. 部门规章与地方政府规章之间的关系

部门规章与地方政府规章之间对相同事项的规定不一致的，按照下列情形适用：(1)法律或者行政法规授权部门规章作出实施性规定的，其规定优先适用；(2)尚未制定法律、行政法规的，部门规章对于国务院决定、命令授权的事项，或者对属于中央宏观调控的事项、需要全国统一的市场活动规则及对外贸易和外商投资等事项作出的规定，应当优先适用；(3)地方政府规章根据法律或者行政法规的授权，根据本行政区域的实际情况作出的具体规定，应当优先适用；(4)地方政府规章对属于本行政区域的具体行政管理事项作出的规定，应当优先适用；(5)能够直接适用的其他情形。

6. 部门规章之间的关系

国务院部门之间制定的规章对同一事项的规定不一致的，按照下列情形选择适用：(1)适用与上位法不相抵触的部门规章规定；(2)与上位法均不抵触的，优先适用根据专属职权制定的规章规定；(3)两个以上的国务院部门就涉及其职权范围的事项联合制定的规章规定，优先于其中一个部门单独作出的规定；(4)能够选择适用的其他情形。

引例分析

本案涉及法律适用规则问题。当一个“实施条例”依据某个“法律”制定，如《土地管理法实施条例》依据《土地管理法》制定，《道路交通安全法实施条例》依据《道路交通安全法》制定，如果“法律”已经修改，而“实施条例”未修改时，后者是否依然有效？这确实是一个棘手的问题。

从理论上说，“实施条例”是依据“法律”制定的，当“法律”修改时，“实施条例”也必须随之修改。但在实际操作中往往做不到同步，“法律”的修改与“实施条例”的随之修改往往存在时间差。在这一过渡期，既不能一概认定“实施条例”有效，也不能一概认定“实施条例”无效，应当视情况的不同而设立不同的规则。最高人民法院《关于审理行政案件适用法律规范问题的座谈会纪要》(法〔2004〕96号)规定：“法律、行政法规或者地方性法规修改后，其实施性规定未被明文废止的，人民法院在适用时应当区分下列情形：实施性规定与修改后的法律、行政法规或者地方性法规相抵触的，不予适用；因法律、行政法规或者地方性法规的修改，相应的实施性规定丧失依据而不能单独施行的，不予适用；实施性规定与修改后的法律、行政法规或者地方性法规不相抵触的，可以适用。”

在本案中，作为海关处罚依据的《海关法行政处罚实施细则》虽然没有随《海关法》的修改而修改，也未被宣布废止，但由于行政处罚所适用的《海关法行政处罚实施细则》中的具体条文并未与新修改的《海关法》相抵触，因此，它依然可以成为本案行政处罚的依据。

复习思考题

1. 什么是行政证据？它与行政诉讼证据有何区别？
2. 行政证据的举证责任在行政程序中如何分配？
3. 如何理解行政依据？行政依据与行政审判依据是何关系？
4. 是否什么行政行为都需要有法律依据？哪些规范性文件可以成为行政依据？
5. 行政依据之间相互矛盾时如何选择适用？

第十章 行政程序

| 引 例 |

某区人行道建设工程在建设过程中发生人员死亡事故。涉案工程的建设方是该区的某镇人民政府，当事人笛建公司是该工程的供货商。事故发生后，区政府组建了事故调查组，调查组由包括某镇人民政府在内的有关组织和人员组成。调查组形成的《事故调查报告》认定当事人负有责任。《事故调查报告》按规定报送区人民政府审批。区人民政府作了同意批复。《事故调查报告》和批复送达当事人之后，当事人不服，以区人民政府为被告提起了行政诉讼。当事人除了对事实认定有异议外，特别指出：涉案工程的建设方是该区的某镇人民政府，也是涉案工程的当事人，对涉案工程工地也有安全生产监管责任。该镇人民政府现在不仅没有回避，而且成为事故调查组的主要成员。这样的程序是不公正的。而区人民政府答辩说：其对《事故调查报告》的批复是履行国务院《生产安全事故报告和调查处理条例》第32条规定的职责，而事故调查组的组建又是依据该条例第22条规定。该条例没有规定人民政府的回避制度。你认为在本案中，涉案工程的建设方即该区的某镇人民政府没有遵循回避原则，是属于违反法定程序还是违反正当程序?

第一节 行政程序概述

行政程序是衡量行政行为是否合法有效的标准之一。一个合法有效的行政行为，除了要求行政职权来源合法，具有充分的行政证据和准确的行政依据以外，还必须符合行政程序。而**行政程序又可分为法定程序与正当程序**。

一、行政程序的概念和特征

行政程序是行政行为在时间与空间上的存在方式，是由法律所设定的行政主体在实施行政行为时必须遵循的途径、方式、步骤和时限等义务的总称。行政程序的时间要素表现为行政行为的步骤、顺序和时限等，行政程序的空间要素表现为行政行为的形式和管辖等。

这种意义上的行政程序既不同于行政实体，也不同于立法程序和司法程序，具有以下法律特征：

第一，行政程序具有行政性。行政程序是行政行为的程序，体现的是行政权的运行，而不是国家立法权和司法权的运行。因而，行政程序不同于立法程序和司法程序。同时必须说明，国务院制定行政法规和有关行政机关制定规章的程序也不是行政程序。因为国务院制定行政法规和有关行政机关制定规章的行为属于《立法法》所规制的“立法行为”，而不是行政行为。行政程序只能限定为行政行为的程序。

第二，行政程序具有时空性。行政程序是行政行为时间与空间的存在方式。从时间上讲，行政程序表现为行政行为的步骤、顺序、时限等；从空间上讲，行政程序表现为行政行为的形式以及行政管辖。这就是说，行政程序不仅仅是行政行为的过程而已。

第三，行政程序具有依附性。行政程序依附于行政实体行为而存在。行政实体行为不存在或者不成立，行政程序当然随之不存在或者不成立。行政实体与行政程序之间是“皮”与“毛”的关系。皮之不存，毛将焉附。

第四，行政程序具有参与性。虽然行政程序是行政行为的程序，而不是相对人行为的程序，但是现代行政程序没有一项程序是“纯行政行为”的程序，都与行政相对人的参与有关。例如，行政听证程序既是行政主体实施和组织的程序，同时也是行政相对人得到听证的程序。可以说，行政程序是由行政主体与相对人共同完成的程序。

第五，行政程序具有法定性。由于行政程序事关行政实体权利与义务的实现，所以行政程序不可由行政机关及其工作人员人为设定。程序法定是职权法定的延伸；职权法定则是行政法治的基本要求。行政程序必须由“法”来设定，而“法”的范围就是《立法法》所规定的法律、行政法规、地方性法规和规章。由“法”以外的规范所设定的程序并非行政法意义上的行政程序。

二、行政程序的两大原则

（一）程序法定原则——法定程序

法定性是现代行政程序的固有特征，由程序法定原则所决定。程序法定是行政法治的基本要求之一。**程序法定原则，系指行政程序必须依法设定，行政主体及其相对人必须依法遵守**。程序法定原则显然包含两大内容和要求：

第一，行政程序必须由法设定。行政程序并不是行政行为的自然过程，而是法律化了的程序要求，这些要求必然来自法的设定，而不能由行政机关及其工作人员随意规定。

第二，行政程序必须依法遵守。行政程序被依法设定后，该行政程序便成了法定程序，无论是行政处理机关还是程序当事人，都必须严格遵守该程序。行政程序必须依法遵守，这是依法行政的延伸和体现，它使法定程序和正当程序能够真正“落地”。

（二）程序正当原则——正当程序

如果说程序法定原则旨在解决行政程序的形式问题，那么，程序正当原则旨在解决行政程序的内容问题，**它要求行政程序的内容符合“正当性”**。无论是大陆法系还是英美法系，无论是已制定了还是尚未制定“行政程序法”，现在越来越多的国家接受一个观念：正当程序是行政法的核心。在正当程序原则的支配下，作为下位原则的程序公开原则、程序平等原则、程序参与原则，以及事先告知、听证、回避和说明理由等制度便自然而然地建立起来。

三、行政程序的分类和过程

(一)行政程序的分类

对行政程序进行分类,直接关系对行政程序的审查要求以及在该程序中运行的行政行为的后果和效力。这里从两个层面对行政程序进行分类。

从理论上说,行政程序可以分为内部程序与外部程序、强制性程序与任意性程序、主要程序与次要程序、有利程序与不利程序等。

从制度上说,行政程序又可分为行政规定程序与行政决定程序、简易程序与基本程序、一般程序与特别程序等。

(二)行政程序的过程

行政程序的过程可以分为三个阶段,即程序的开始、程序的进行和程序的结束。这个过程是一个行政行为从发动到完成的过程。

四、行政程序的管辖和时间制度

(一)行政管辖

如同在司法制度中存在诉讼管辖,在行政制度中同样存在行政管辖。没有诉讼管辖制度,人民法院处理案件就会出现"重复管辖"或者"空白管辖"。没有行政管辖制度,行政机关实施行政管理同样会出现"管理重叠"抑或"管理真空"。行政管辖是一项行政程序制度,它只适用于行政程序。**行政管辖是由法律为行政主体所设定的在行政程序中管理某一行政事务的分工制度。它是解决对于某一类或某一项行政事务由哪一地、哪一级或哪一个行政主体处理的权限问题**。行政管辖和诉讼管辖一样,可分为地域管辖、级别管辖、专属管辖和其他管辖。

地域管辖,系指在同层级行政机关之间,确定由哪一地行政机关管辖的法律制度。我国的地域管辖一般采取"属地管辖"。如果行政行为的处理对象是相对人行为的,那就由相对人行为所在地行政机关管辖。如《行政处罚法》(2021)第 22 条规定:"行政处罚由违法行为发生地的行政机关管辖。法律、行政法规、部门规章另有规定的,从其规定。"如果行政行为的处理对象是不动产的,原则上由不动产所在地行政机关管辖。如《不动产登记暂行条例》(2019)第 7 条第 1 款规定:"不动产登记由不动产所在地的县级人民政府不动产登记机构办理;直辖市、设区的市人民政府可以确定本级不动产登记机构统一办理所属各区的不动产登记。"其他行政事务,原则上也是由该行政事务所在地行政机关管辖。

级别管辖,系指不同层级行政机关之间,确定由哪一级行政机关管辖的法律制度。它又分为政府级别管辖与部门级别管辖。前者如国务院,省级人民政府(省、自治区、直辖市),县、市人民政府和乡、镇人民政府。后者如公安部、公安厅、公安局等。我国大多行政管辖是限于县级以上人民政府的工作部门。如《行政处罚法》(2021)第 23 条规定:"行政处罚由县级以上地方人民政府具有行政处罚权的行政机关管辖。法律、行政法规另有规定的,从其规定。”有的级别管辖设得比较高。征用农村土地的,审批权是属于国务院或省级人民政府。

专属管辖,系指由法律直接设定,超越地域关系和层级关系,特定的行政事务由特定专一的行政机关管辖的法律制度。如根据《商标法》(2019)第2条第2款的规定,国务院工商行政管理部门设立商标评审委员会,负责处理商标争议事宜。商标评审委员会负责处理商标争议事宜,就属于专属管辖。又如根据《专利法》(2020)第3条第1款规定,国务院专利行政部门负责管理全国的专利工作,统一受理和审查专利申请,依法授予专利权。这里,国务院专利行政部门统一受理和审查全国的专利申请,这也是专属管辖。

地域管辖、级别管辖、专属管辖之外的都称其他管辖。其他管辖包括共同管辖、移送管辖、指定管辖和管辖权的提级与下放等。

(二)行政程序期限

程序期限是行政程序的重要内容。**行政程序期限是指行政主体实施某种行政行为所被要求的时间长度限制**。例如,行政许可机关原则上必须在20日内作出许可决定;相对人不服行政决定的,必须在收到行政决定书之日起60日内申请行政复议。

这种期限的法律意义在于,它会影响行政主体行政行为的合法性和有效性,也会影响行政相对人权益的形成或者灭失。行政主体必须在法定期限内完成行政行为,这是法定程序的要求;必须为相对人提供合理的获得权利的期限,这是正当程序的要求。它们都与期限有关。

行政行为的期限,首先可以划分为法定期限与约定期限。前者系指由法律、法规或者规章所规定的期限;后者指由行政主体指定或者由有关当事人共同约定的期限。前者如《行政许可法》规定的作出行政许可的期限,后者如行政机关所承诺或与相对人之间的合同所约定的期限。

行政行为的期限还可分为:行政行为的完成期限与追诉期限。前者如《行政处罚法》(2021)第60条规定了作出行政处罚决定的期限,表达了行政机关必须在此期限内完成行政行为的义务,违反了属于程序违法。后者如《行政处罚法》(2021)第36条规定了追究违法当事人行政制裁责任的期限,称为“行政追诉时效”。它表达了行政机关超越此期限后不得作出行政行为的要求。违反追诉时效继续追诉的,属于适用法律错误。行政行为的完成期限可以是法定的,也可以是约定的;但对于追诉期限,采取法律保留原则,必须由法律作出规定。

此外,行政行为的期限还可划分为一般期限与特别期限。前者是指常态下的行为期限,后者则是例外期限,是由其他法律法规规定的特别期限。如《行政复议法》(2017)第9条第1款规定:“公民、法人或者其他组织认为具体行政行为侵犯其合法权益的,可以自知道该具体行政行为之日起六十日内提出行政复议申请;但是法律规定的申请期限超过六十日的除外。”这里由《行政复议法》(2017)规定的申请复议期限60日为一般期限,由其他法律规定的60日以上的申请期限为特别期限。

超过期限所引起的特定法律效果便是时效。时效有形成时效与消灭时效之分。如果超过某个期限,行政主体就会取得某种公权力,或者行政相对人便会形成某种权利,这就是形成时效。相反,便是消灭时效。但鉴于公权力与私权利存在一定的对应性,有时,对行政相对人来说是形成时效,但是对行政主体来说可能是个消灭时效。这种现象自属正常。

第二节 法定程序

一、法定程序概述

任何行政行为都会经过一定的过程,都会以一定的形式反映出来,它们都会在一定的自然程序中存在。这些自然程序经历无数的反复、总结和改造,并用法律表达出来,就成为法定程序。**"法定程序"是"行政程序"的一种形态。**

行政程序中的"法定程序",是指由法律所设定的,行政主体与相对人都必须遵循的行政程序。在这里,设定行政程序的法律,包括法律、法规和规章。规章以下的行政规范性文件,原则上不得设定行政程序。但在以下情况下,可以作为法定程序对待:

一是在法律、法规和规章未对行政程序作出规定的前提下,行政规范性文件所设定行政程序,也可视作法定程序。

二是在法律、法规和规章已对行政程序作出规定的前提下,行政规范性文件不得对行政程序再作规定。如果规定了,增设相对人程序权利和行政主体程序义务的有效,可视作法定程序;增设相对人程序义务和行政主体程序权利的无效,不得视作法定程序。

二、重大行政决策的法定程序

2019年4月20日,国务院以中华人民共和国国务院令第713号公布了《重大行政决策程序暂行条例》,自2019年9月1日起施行。这是一个行政法规,为地方行政机关作出重大行政决策设定了基本的法定程序。

"行政决策"是一个行政学而不是行政法学概念,它是指管理主体为履行管理职能所做的行为设计和抉择过程,它是公共组织,特别是国家行政机关及其工作人员在处理国家政务和社会公共事务过程中所作出的决定。但由于"行政决策"与行政行为具有很大程度的重合性,并且国务院发布的《重大行政决策程序暂行条例》属于行政法规,《重大行政决策程序暂行条例》所确立的重大行政决策程序直接约束了对应的行政行为,成为相应行政行为的法定程序。

行政行为包括行政规定与行政决定。前者是抽象的,可以反复适用不特定对象的规则;后者是具体的,是一次性适用特定对象的决定。任何一个行政行为都由两部分构成:规定或决定的制定,以及规定或决定的实施。**行政决策既可包括行政规定,也可包括行政决定。**但只限于规定或决定的制定,而不包括规定或决定的实施。重大行政决策是指决策内容限于重大事项。针对行政行为而言,**重大行政决策仅仅覆盖行政行为的重大行政规定或重大行政决定的制定,**

并非覆盖所有行政行为。

根据国务院《重大行政决策程序暂行条例》的规定,该条例所适用的决策主体(决策机关),主要是指县级以上地方人民政府。重大行政决策事项包括:(1)制定有关公共服务、市场监管、社会管理、环境保护等方面的重大公共政策和措施;(2)制定经济和社会发展等方面的重要规划;(3)制定开发利用、保护重要自然资源和文化资源的重大公共政策和措施;(4)决定在本行政区域实施的重大公共建设项目;(5)决定对经济社会发展有重大影响、涉及重大公共利益或者社会公众切身利益的其他重大事项。

法律、行政法规对上述事项的决策程序另有规定的,依照其规定。财政政策、货币政策等宏观调控决策、政府立法决策以及突发事件应急处置决策不适用本条例。

重大行政决策程序包括七个环节,即决策启动、公众参与、专家论证、风险评估、合法性审查、集体讨论决定,最后是决策公布。

三、行政规范性文件的制定和审核程序

从《立法法》的规定看,法律、法规和规章属于"法"的范畴,因而,关于法律、法规和规章的制定程序不属于行政行为的程序。而**行政规范性文件是指由行政机关制定的规章以下的其他规范性文件,其制定和审核属于行政行为的程序范围**。在我国目前对行政规范性文件的制定和审核已有行政法规依据和国务院文件依据的情况下,行政规范性文件的制定和审核已经属于行政程序中的法定程序。

根据国务院办公厅《关于加强行政规范性文件制定和监督管理工作的通知》(国办发〔2018〕37 号)的规定,**行政规范性文件是指除国务院的行政法规、决定、命令以及部门规章和地方政府规章外,由行政机关或者经法律、法规授权的具有管理公共事务职能的组织依照法定权限、程序制定并公开发布,涉及公民、法人和其他组织权利义务,具有普遍约束力,在一定期限内反复适用的公文**。行政规范性文件与上述重大行政决策也具有一定的交叉性。有的行政规范性文件可以成为重大行政决策的载体或结果形式。行政规范性文件的制定程序,首先参照适用国务院《规章制定程序条例》。另外,国务院办公厅《关于加强行政规范性文件制定和监督管理工作的通知》(国办发〔2018〕37 号)为行政规范性文件的制定提出了一些具体要求。

国务院办公厅《关于全面推行行政规范性文件合法性审核机制的指导意见》(国办发〔2018〕115 号)为行政规范性文件的合法性审核程序提供了指导意见。根据规定,对于行政规范性文件,应审尽审,确保所有规范性文件均经过合法性审核,保证规范性文件合法有效。凡涉及公民、法人和其他组织权利义务的规范性文件,均要纳入合法性审核范围,确保实现全覆盖。行政机关内部执行的管理规范、工作制度、机构编制、会议纪要、工作方案、请示报告及表彰奖惩、人事任免等文件,不纳入规范性文件合法性审核范围。

各级人民政府及其部门要明确具体承担规范性文件合法性审核工作的部门或者机构。以县级以上人民政府或者其办公机构名义印发的规范性文件,或者由县级以上人民政府部门起草、报请本级人民政府批准后以部门名义印发的规范性文件,由同级人民政府审核机构进行审

核；起草部门已明确专门审核机构的，应当先由起草部门审核机构进行审核。国务院部门制定的规范性文件，由本部门审核机构进行审核。省、自治区、直辖市和设区的市人民政府部门制定的规范性文件，由本部门审核机构进行审核，也可以根据实际需要由本级人民政府确定的审核机构进行审核。县（市、区）人民政府部门、乡镇人民政府及街道办事处制定的规范性文件，已明确专门审核机构或者专门审核人员的，由本单位审核机构或者审核人员进行审核；未明确专门审核机构或者专门审核人员的，统一由县（市、区）人民政府确定的审核机构进行审核。

各地区、各部门要根据实际情况确定规范性文件合法性审核程序，明确起草单位、制定机关办公机构及审核机构的职责权限，严格执行材料报送、程序衔接、审核时限等工作要求。除为了预防、应对和处置突发事件，或者执行上级机关的紧急命令和决定需要立即制定实施规范性文件等外，合法性审核时间一般不少于5个工作日，最长不超过15个工作日。

审核机构要认真履行审核职责，防止重形式、轻内容、走过场，严格审核以下内容：(1)制定主体是否合法；(2)是否超越制定机关法定职权；(3)内容是否符合宪法、法律、法规、规章和国家政策规定；(4)是否违法设立行政许可、行政处罚、行政强制、行政征收、行政收费等事项；(5)是否存在没有法律、法规依据作出减损公民、法人和其他组织合法权益或者增加其义务的情形；(6)是否存在没有法律、法规依据作出增加本单位权力或者减少本单位法定职责的情形；(7)是否违反规范性文件制定程序。

四、行政执法三项制度和程序

行政执法是指行政机关实施法律、法规、规章，履行法定职权的行为。行政执法中的三大制度，系指行政执法公示制度、执法全过程记录制度和重大执法决定法制审核制度。这三项制度属于行政程序中的基本制度。

早在2014年，中共中央《关于全面推进依法治国若干重大问题的决定》就提出要推进行政执法公示制度、执法全过程记录制度和重大执法决定法制审核制度。接着，中共中央、国务院印发的《法治政府建设实施纲要（2015—2020年）》和《法治政府建设实施纲要（2021—2025年）》对这三项制度作出了具体部署。2018年12月5日，国务院办公厅发布了《关于全面推行行政执法公示制度执法全过程记录制度重大执法决定法制审核制度的指导意见》（国办发〔2018〕118号），为落实这三项制度确立了指导思想、基本原则和工作目标，详细规定了三项制度的具体程序。

在行政执法中确立执法公示制度、执法全过程记录制度和重大执法决定法制审核制度，聚焦行政执法的源头、过程、结果等关键环节，对促进严格规范公正文明执法具有基础性、整体性、突破性作用，对切实保障人民群众合法权益，维护政府公信力，营造更加公开透明、规范有序、公平高效的法治环境具有重要意义。

五、违反法定程序的法律后果

行政主体的行政行为违反法定程序的，属于行政违法。我国《行政复议法》和《行政诉讼法》都将“违反法定程序”的行政行为列为“行政违法”的一个种类。行政主体违反行政程序中的法定程序，属于违反法定程序。如果违反法定程序重大且明显的，可以构成无效行政行为。

行政行为违反法定程序，可以导致以下几种结果：

第一，被有权机关确认违法。当事人对违反法定程序的行政行为不服的，可以申请行政复议或提起行政诉讼，它会被行政复议机关或人民法院确认违法。

第二，被有权机关撤销。对于违反法定程序的行政行为，行政监督机关、行政复议机关或者人民法院可以分别在行政监督程序、行政复议程序和行政诉讼中，依法撤销该行政行为。

第三，被有权机关确认无效。如果违反法定程序构成重大且明显违法的，行政监督机关、行政复议机关或者人民法院，可以分别在行政监督程序、行政复议程序和行政诉讼中，依照法律规定确认该行政行为无效。

第四，承担行政赔偿责任。如果违反法定程序的行政行为造成公民、法人或者其他组织合法权益损失的，应当依据《国家赔偿法》承担行政赔偿责任。

第三节　正 当 程 序

如果说**由法律确立的行政程序是“法定程序”**，那么，**符合正当性标准的行政程序就是“正当程序”**。行政程序不仅应当“法定化”，同时必须“正当化”。

一、从法定程序到正当程序

正当程序是一个综合概念，是一种法治理念、法治原则和法律制度的融合体，具有深远的历史渊源和理论渊源。我国对“正当程序”概念的接受、确立、丰富和发展，有一个较长的过程。

自《行政复议法》和《行政诉讼法》将“违反法定程序”确立为应当撤销的行政违法，中国实现了从“重实体轻程序”到“实体与程序并重”的转型，这是一个了不起的进步。但是，行政程序只停留在“法定程序”是不够的。

第一，法定程序是指由法律规定的程序。法律不作规定的就不是法定程序。《行政诉讼法》和《行政复议法》仅仅是要求行政行为遵循法定程序，这似乎意味着对于法定程序以外的程序可以不受任何约束。由于我国尚未制定统一的行政程序法，除行政许可、行政处罚和行政强制等主要行政行为已有程序规定外，还有大量的行政行为没有完备的程序规范，从而使许多行政执法者在进行许多其他行政行为时忽视程序要求。

第二，违反法定程序构成行政违法，但违反法定程序以外的正当程序是否也构成程序违法，没有定论。

第三，人们只在乎程序是否由法律作出了规定而成为“法定程序”，而不重视该程序是否符合“正当性”。人们只重视形式程序，不重视实质程序。“正当性”这一程序法核心价值无法在行政程序中真正立足。

为此，我们应当在“法定程序”之外确立“正当程序”概念，**行政程序必须“法定化”，但更应当“正当化”**。我国第一个提出“正当程序”观念的，要归功于国务院《全面推进依法行政实施纲要》（国发〔2004〕10号）。它将“程序正当”列为“依法行政的基本要求”之一。接着，法院系统在行政诉讼中对行政机关的行政行为提出了“正当性”的程序要求。从2005年开始，全国各地法院已开始将“正当程序”引入司法裁判之中，产生了不少指导性案例。接着，最高人民法院《关于办理申请人民法院强制执行国有土地上房屋征收补偿决定案件若干问题的规定》正式引进和确立“正当程序”的审查标准。2014年中共中央《关于全面推进依法治国若干重大问题的决定》又将“程序正当”引入依法决策机制。**中国行政程序制度和理论由此从“法定程序”走向“正当程序”**。

二、正当程序的基本制度

正当程序是符合“正当性”标准的行政程序，是对行政程序最低限度的程序正义要求。我们可以将行政程序设计得更完美，但不得低于最低的正义性标准。这些行政程序中的最低正义标准，有的已成为固定的法律制度，有的还仅仅是一种理论上的要求。

作为正当程序的“基本制度”不少已经成为“法定程序”，如行政公开制度、行政回避制度、行政听证制度、行政告知制度、行政说明理由制度和行政救济制度等。

这些程序制度已经被写进法律的，作为法定程序对待；未被写进法律的，作为正当程序对待。

三、正当程序的基本要求

正当程序的基本要求是指行政主体在行政程序中必须遵循的最低要求。这些要求，有的已在现行制度中有所体现和表达，有的还停留在理论研讨的层面。随着社会的进步和国家法治化程度的提高，这些要求会逐渐被人们所接受并最终写入法律。

第一，告知执法主体。在行政程序中，行政执法主体（包括执法机关和执法人员）针对当事人作出行政行为时，**必须告知执法主体，让当事人知道你是谁**。这是正当程序的首项要求。确立告知执法主体的意义在于：一是为了保障当事人对其合法权益的有效救济；二是为了防止违法分子趁机冒充执法机关和执行人员违法犯罪。告知执法主体，具体应当落实在：其一，执法机关作出一个行政决定，必须在决定书上标明执法机关及其联系地址和电话；其二，执法人员进行现场执法时，必须向当事人告知身份、出示证件，确保当事人知道你是哪个执法机关的哪位人员；其三，执法人员进行现场执法时，必须身着制服，法律另有规定的除外。

第二，为相对人行为留足合理期限。在行政程序中，行政主体常常要求相对人在一定期限内完成某个行为，如在规定期限内申请权利（如车辆年检、驾照换证、申请许可或登记等），或者履行义务（纠正违法等），超过规定期限的，就会失去权利或生成义务，承担不利后果。这种情况下，**行政主体应当为相对人留足合理期限，否则等于变相地剥夺相对人的权利**。

第三，限制人身自由及时通知家属或单位。对当事人限制人身自由，包括限制人身自由的强制措施（如留置盘问等）或行政处罚（如行政拘留），执法机关必须及时通知其家属，通知不到家属的，应当通知其单位。这同样属于正当程序的基本要求。

第四，对妇女儿童的特别程序保护。妇女是指 14 岁以上的女性人员，包括已婚妇女和未婚女子。儿童是指 14 岁以下的任何人员。妇女和儿童由于其生理的特殊性，历来受到法律的特别保护。我国《宪法》(2018)第 48 条和第 49 条规定了妇女和儿童的特别法律地位。《妇女权益保障法》和《未成年人保护法》具体落实了对妇女儿童的特别保护措施。但仅就行政程序中的正当程序要求而言，主要要求做到并不限于以下几点：一是对妇女进行检查和强制措施必须由女性执法人员进行或有女性执法人员在场；二是对儿童进行询问和检查必须让监护人陪同；三是**不得在儿童面前对其父母或其他近亲属实施限制人身自由的强制措施或处罚**。

第五，获得律师帮助。根据《律师法》(2017)第 2 条第 1 款规定，律师是指依法取得律师执业证书，接受委托或者指定，为当事人提供法律服务的执业人员。我国的律师可以服务于国家机关、社会组织和个人，参与诉讼活动和有关非诉讼活动，但是，对于在行政程序中是否可以代理当事人参加或参与行政程序活动，这一点是不明确的。就正当程序而言，**当事人在行政程序中有权获得律师的帮助**。具体表现为：其一，有权聘用律师作为代理人参加行政程序；其二，有权聘请律师作为法律顾问，陪同当事人参加行政程序；其三，有权要求律师在场时表达意思。行政主体不得禁止和拒绝律师为当事人提供帮助，除非法律（狭义）另有特别规定。

第四节　正当程序与法定程序

正当程序与法定程序的关系，理论上具有独立性，制度上具有交叉性。或者说，它们是一种概念上的并存关系和种类上的交叉关系。

一、正当程序与法定程序是两个独立概念

从理论概念上说，法定程序与正当程序是两个独立的法律概念和理论概念。**法定程序确实是指由法律所设定的行政程序，正当程序是指符合“正当性”标准的行政程序**。法定程序以行政程序的形式为标准，看该程序到底是“法定”的还是“人定”的。前者是法定程序，后者是非法定程序。正当程序侧重于实质标准，无论行政程序是“法定”的还是“人定”的，只有符合“正当性”标准的程序才是正当程序。再从行政程序的两大基本原则考察，两大原则的并存支撑了法定程序与正当程序的并存。行政程序有两大基本原则，即程序法定原则与程序正当原则。**程序法定原则决定、支配、调整着法定程序，程序正当原则决定、支配、调整着正当程序**。所以，这两个概念和审查标准是应当并存的。

正是基于法定程序与正当程序的独立性，**行政执法机关在行政执法中，既要遵循法定程

序，同时必须遵循正当程序，两者缺一不可。行政复议机关在行政复议中，人民法院在行政诉讼中，对行政行为进行合法性审查，既要将法定程序作为审查标准，也要将正当程序作为审查标准。

二、正当程序与法定程序的交叉与融合

从种类和制度上说，法定程序与正当程序存在一定的交叉性。正因为法定程序与正当程序的标准是不同的，法定程序以程序形式是否“法定化”为标准，与程序是否正当没有直接关系；正当程序则是以程序的内容是否具有“正当性”为标准，与程序是否法定同样没有直接关系。由此，可能会出现这样的局面：**法定程序未必是正当程序，正当程序也未必是法定程序**。

只有所有程序都已法定化（成为法定程序），并且法定程序都是符合“正当性”标准时，法定程序与正当程序才高度融合，两者合为一体。如果某一天我们能够做到将所有的正当程序写进法律（法定化），同时所有写进法律的程序都符合正当性（正当化），那时才可以说：法定程序就是正当程序，正当程序就是法定程序。它们之间便无区分之必要。我国行政程序的立法、执法和司法的方向，应当是促进法定程序与正当程序的融合。

三、正当程序对法定程序的补充

在法定程序与正当程序并存，并且两者可能不一致的情况下，执法机关应当优先服从法定程序还是优先服从正当程序，这成为法律适用上的一个难题。如果一律服从法定程序，那么正当程序就失去适用价值；如果一律服从正当程序，那么，法定程序就形同虚设，执法者便可依据自己的判断任意拒绝执行法律。

由于法定程序是指由法律所设定的程序，如果这个法定程序不正当，那就属于立法质量问题。一个法律所设定的程序如果不正当，如何将不正当的程序规定变为正当的程序规定，这不是执法者在行政执法中，或人民法院在行政诉讼中所能直接解决的，需要通过合宪性审查和合法性审查程序予以解决。所以，行政执法者、行政复议机关或人民法院，在法定程序与正当程序出现矛盾时，在适用上应当遵循这样的原则：**有法定程序的优先适用法定程序，无法定程序的才可适用正当程序**。适用正当程序必须以不存在法定程序为前提，在有法定程序的条件下，必须无条件地适用法定程序。执法机关不得以法定程序不符合正当程序为由而拒绝适用法律规定。这就是说，应当将正当程序看作对法定程序的补充。

| 引例分析 |

人民法院在审理中认为，虽然国务院《生产安全事故报告和调查处理条例》没有直接明文规定作为涉案工程当事人的人民政府必须回避，但是，有利害关系的行政机关必须在行政程序中回避应当是一项普遍的程序要求。作为涉案工程的建设方该区某镇人民政府不仅不回避，而且作为该事故调查组的主导方，是违反正当程序的。

笔者同意人民法院的观点。行政法中的回避原则，是指行政机关及其工作人员在行使职权的过程中，因

其与所处理的事务有利害关系，为保证实体处理结果和程序进展的公正性，根据当事人的申请或行政机关及其工作人员本身的请求，有权机关依法终止其职务的行使并由其他机关或人员处理的一种法律制度。回避原则写进法律的，作为法定程序对待；未写进法律的，作为正当程序对待。因此，行政主体在行政程序中，无论法律是否有规定，都应当遵循回避原则。在本案中，由于《生产安全事故报告和调查处理条例》未规定人民政府的回避制度，因而本案被告组成事故调查组及其对《事故调查报告》的批复属于违反正当程序。

复习思考题

1. 什么是行政程序？它与行政行为是什么关系？
2. 法定程序与正当程序是什么关系？
3. 正当程序的基本制度和要求是什么？

第十一章　行 政 违 法

| 引　例 |

石门村农民孙某某全家现有人口 5 人,在村东头有住宅 3 间。某年,孙某某以“大儿子已领结婚证,很快要办喜事,住房困难”为由,向村委会递交要求在其原住房东侧的空闲地上再建两间住宅的申请。村委会经研究,认为孙某某住房确实困难,原住房没有达到规定面积,可以建房,于是同意孙某某的增建房屋申请。同年 10 月 7 日,村委会将孙某某的建房申请报到乡人民政府。乡人民政府经审查认为,孙某某符合建房条件,于同年 11 月 24 日批准孙某某在其原住房东侧再建两间房屋(占地 0.15 亩),并发给孙某某“准建证”。11 月 27 日,县人民政府干部石某认为孙某某新建房屋的地点好,便找到乡长,要求将其父亲的宅基地批到孙某某新建房处。11 月 28 日,乡人民政府收回孙某某的“准建证”,并重新作出决定:(1)撤销 11 月 24 日批准孙某某建房的决定;(2)将孙某某原住房东侧的空闲地批给石某某(石某的父亲)建房;(3)将村西头 0.15 亩空闲地批给孙某某建房。孙某某不服,以乡人民政府的决定不公平为由,向人民法院提起诉讼。人民法院认定乡人民政府行为违法,判决撤销。你认为乡人民政府的行为属于哪种行政违法?

第一节　行政违法的概念和特征

一、行政违法的概念

行政決的使命在于促进和保障行政行为的“合法性”和“合理性”。违反“合法性”的行政行为是行政违法,违反“合理性”的行政行为就是行政不当。

行政违法是指行政主体所实施的,违反行政法律规范,侵害受法律保护的行政关系而尚未构成犯罪的行政行为。它是一种独立于民事违法、刑事违法,并与后者相并列的违法行为。

二、行政违法的特征

行政违法具有下列法律特征:

第一,行政违法的主体是行政主体,而不是行政相对人。相对人的违法称为可处罚行为,或按《行政处罚法》的说法,是“违反行政管理秩序的行为”,而不称行政违法行为。行政机关只有以行政主体身份出现时,其行为才有可能是行政违法;如果以民事主体身份出现,其行为就可能是民事违法,而不可能是行政违法。

第二,行政违法是违反行政法律规范,侵害受法律保护的行政关系的行为。行政违法的这一特征,不仅使其与违纪行为相区别,而且使其与其他违法行为相区别。首先,行政违法是违反法律规范,而不是违反纪律的行为。因此,违反党纪、团纪和社会团体章程的行为不属行政违法。其次,行政违法违反的是行政法律规范,而不是民事等其他法律规范,从而使行政违法与其他违法行为相区别。

第三,行政违法是尚未构成犯罪的违法行为。行政违法与犯罪(刑事违法)显然有质的区别:它们由不同的法律规范调整,依法被追究不同的法律责任(行政责任和刑事责任)。但它们也有量上的联系:行政违法比犯罪危害程度小;某种行政违法若后果严重、危害程度大,可以上升为犯罪。例如,行政工作人员的失职行为一般属于行政违法,但如果该失职行为后果严重,便会构成渎职罪。而行政违法仅限于尚未构成犯罪的违法行为,该行为一旦上升为犯罪,就不再是行政法学研究的对象了。本特征使行政违法与刑事违法相区别。

第四,行政违法的法律后果是承担行政责任。"违法必究",违反法律必须承担法律责任,这是社会主义法治的基本要求之一。任何行政违法主体必须为其行政违法行为承担法律责任。不过,由行政违法引起的法律责任既不是民事责任,也不是刑事责任,而是行政责任。在我国的法治系统中,违法行为与法律责任有一个对应统一关系。

第二节　行政违法的构成要件

所谓行政违法的构成要件,是指由行政法所规定的为行政违法所必备的一切主、客观条件的总和。行政违法的构成要件,是判断行政主体及其行政人行政行为是否违法的标准,也是追究行为人行政责任的根据。要确定某种行政行为是否构成违法,主要看它是否同时具备以下四个要件。

一、主体条件

行政违法的主体必须是行政主体,即必须是行使行政职权的行政机关或者受到法律法规授权的其他社会组织。行政机关以民事主体身份出现时,其行为无论如何违法,也不会构成行政违法,只会构成民事违法。行政机关工作人员同样不能成为行政违法的主体,他们作为行政人只是行政主体的代表而已。其实,行政违法的主体必须当然同时是行政主体,因为行政违法是指行政行为的违法,不是指其他行为的违法,而行政行为是行政主体作出的行为。

二、行为条件

行政违法是一种行政行为,不是民事行为等非行政行为。行政行为是以行政关系为基础,发生于行政主体与行政相对人之间,体现国家意志以实现行政目标为任务的公权力行为。而且,行政行为包括作为或者不作为形式。这就决定了行政违法也有作为违法与不作为违法之分。

三、违法条件

行政违法显然具有“违法性”,系指行政行为的实体或者程序、内容或者形式等违反了行政法律规范或者行政法的原则。

四、程度条件

行政违法还在于一种行政行为的违法性达到一定的程度。如果行政行为对行政法的违反程度较低,只是可弥补的瑕疵状态,则不作为行政违法对待。

第三节 行政违法的种类

行政实体法上的行政违法主要包括:行政失职(不作为)、行政越权、行政滥用职权、认定事实错误、适用依据错误、行政程序违法、行政侵权。

一、行政失职

行政失职是指行政主体及其行政人因不履行法定的作为义务而构成的行政违法。如公安机关拒绝履行保护公民人身权、财产权的法定职责,消防机关见火警不出警等。《行政复议法》(2017)第6条第9项和第28条第1款所规定的“没有依法履行”“保护人身权利、财产权利、受教育权利的法定职责”的行为,或者“不履行法定职责的”行为,以及《行政诉讼法》(2017)第12条和第72条所规定的“不履行法定职责”的行为,都是对行政失职行为的表述。

行政失职行为具有下列法律特征:(1)行政失职以违法主体负有法定职责为前提;(2)行政失职是一种不作为的行政违法;(3)行政失职是一种实体违法;(4)对行政失职的救济案由是“不作为类案件”。

行政失职作为一种“不作为”行政违法,具有特别的构成条件:(1)行政主体必须负有法定的作为义务;(2)行政主体拒不履行该作为义务;(3)行政主体对必须履行该义务是知情的。

二、行政越权

行政越权是指行政主体超越职务权限而进行的行政行为。《行政复议法》和《行政诉讼法》都以“超越职权”予以表达。行政越权与行政失职违法不同,表现为以下法律特征:(1)行政越权以行政主体的行政权限为衡量标准;(2)行政越权是一种作为形式的行政违法;(3)行政越权是一种实体违法;(4)行政越权是基于法律对主体的禁止而不是对行为的禁止;(5)对行政越权的救济案由是"作为类案件"。

行政越权的主要情形有:(1)行政机关行使了该由其他国家机关行使的权力;(2)行政机关行使了该由社会组织行使的权力;(3)行政机关行使了另一行政机关的权力;(4)行政机关的内部机构对外以自己名义行使权力;等等。

三、行政滥用职权

行政滥用职权,即滥用行政自由裁量权,系指行政主体在自由裁量权限范围内不正当行使行政权力而达到一定程度的违法行为。这类违法具有下列法律特征:(1)行政滥用职权发生在自由裁量权限范围之内;(2)行政滥用职权表现为不正当地行使裁量权力(如不正当的迟延);(3)行政滥用职权是一种行政违法行为,而不是行政不当行为;(4)对行政滥用职权的救济案由是"作为类案件"。

行政滥用职权的主要情形有:(1)因受不正当动机和目的支配致使行为背离法定目的和利益;(2)因不合法考虑致使行为结果失去正当性;(3)任意无常,违反同一性和平等性;(4)强人所难,违背客观性;(5)违反比例原则,致使相对人不必要地承受更多的损害;(6)不正当的迟延或不作为;(7)不正当的步骤和方式。

另外,**行政行为"明显不当"也是行政滥用职权的一种情形**。

四、认定事实错误

行政行为因缺乏事实要素而违法,在行政诉讼法上称为"主要证据不足",而在行政实体法上称为"认定事实错误"。任何行政决定的作出都必须有事实依据。在行政程序法中,事实依据主要是行政证据问题。如果事实依据不成立,行政证据不足,就会导致行政行为的违法。**认定事实错误,系指行政主体作出没有合格事实依据的行政行为**。这种行政违法的主要特征在于:(1)行政行为的决定与它所基于的事实有直接的关联性;(2)认定事实错误属于实体违法而不是程序违法;(3)认定事实错误属于作为形式的行政违法;(4)对认定事实错误的救济案由是"作为类案件"。

事实依据错误主要包括基本事实错误与基本事实不清。具体而言,认定事实错误这类行政违法表现为多种情形,其中包括:(1)据以作出行政决定的事实不存在;(2)据以作出行政行为的事实不清;(3)没有充分的证据证明行政行为据以作出的事实依据的存在;(4)行政决定对象错误。

五、适用依据错误

行政主体作出任何一个行政决定,都必须既有事实依据,又有法律依据。如果法律依据不成立,同样构成行政行为违法。**适用依据错误是与认定事实错误相并列的一种行政违法,是指行政主体实施行政行为没有或者违反行政依据**。适用依据错误作为一种行政违法,具有下列法律特征:(1)行政行为的决定与它所基于的行政依据有直接的关联性;(2)适用依据错误属于作为形式的行政违法,而不是不作为状态的行政违法;(3)适用依据错误属于实体违法,而不是程序违法;(4)对适用依据错误的救济案由是"作为类案件"。

适用依据错误的具体情形包括:对适用事件定性错误、无行政依据、内容违反依据规定、援引依据错误等。

六、行政程序违法

行政程序违法是指行政行为在程序上违反了法定程序或者正当程序。程序违法的特征是:(1)行政行为违反的是行政程序法,而不是行政实体法;(2)它既包括作为违法也包括不作为违法;(3)它可以作为行政复议和行政诉讼予以撤销的单独理由,但不作为原告提起权利救济的单独案由。

违反法定程序系指行政行为违反了由法律、法规和规章所规定的强制性程序,包括:(1)法定步骤省略;(2)法定步骤颠倒;(3)无根据增加程序义务;(4)不遵守时限;(5)不遵循法定形式;(6)行政决定所载内容不全;等等。

违反正当程序系指行政行为违反了程序的"正当性"要求。"正当性"要求可以来自法条的规定,也可以来自法律原则和法治的精神。无论是否有法律的规定,只要违背"正当性"程序要求,就属于违反正当程序。违反正当程序的情形包括但不限于:(1)不告知行政主体的;(2)不事先告知和听取意见的;(3)不提供听证机会的;(4)重大决定不经集体研究的;(5)对行为结果不通知或不在合理期限内通知的;(6)对房屋强制搬迁不通知房屋所有权人或者使用权人到场的;(7)不当接触相关人员或利害关系人不回避的;(8)对妇女儿童没有提供特别程序保护的;(9)程序不能导致相对人行为不能的;(10)不提供或者不告知事后救济权利的;等等。

七、行政侵权

行政侵权是指行政主体及其行政人不法侵害他人合法权益,为此必须依法承担行政赔偿责任的行政行为。行政侵权是一种违法的行政行为,但不包括所有的违法行政行为,因为并非所有的行政违法行为都能直接导致他人合法权益的实际损害。作为违法行政行为的一种,行政侵权具有下列法律特征:(1)行政侵权以行政违法为前提;(2)行政侵权以行政相对人的合法权益受到损害为条件;(3)行政侵权行为以行政主体承担行政赔偿责任为后果。

行政侵权包括侵犯人身权与侵犯财产权、行为本身侵权与行为过程侵权等。行为本身侵权,是指行政主体作出了错误的行政行为,因而造成了他人合法权益的损失。如工商行政管理机关错误地吊销了个体户的营业执照,直接造成了该个体户经营额的损失。行为过程侵权,指行政主体在执法过程中对他人的合法权益造成了损失。行政行为是行政主体及其行政人行使行政权的结果,在这一行为形成过程中,极易产生侵权损害情形。如公安人员在讯问被处罚人时进行刑讯逼供,造成了被处罚人的人身伤害,就是行政行为过程侵权。

行政侵权事件发生后,行政违法主体有义务自我纠正。行政违法主体不自我纠正的,行政相对人可适用《国家赔偿法》和《行政诉讼法》申请行政赔偿和提起行政赔偿诉讼。人民法院在行政赔偿诉讼过程中，应依据《行政诉讼法》和《国家赔偿法》的有关规定对行政侵权主体作出“赔偿判决”。

第四节　行政违法的确认和后果

一、行政违法的确认

每一行政相对人均有怀疑某一行政行为的合法性，从而请求有权机关撤销该行政行为的权利。但这仅是行政相对人对行政违法的一种“认为权”，而不是“确认权”。对行政违法的确认权，归属于有权机关，而不是行政相对人。

对行政违法的确认权，是有关组织对行政行为作出法律评价并直接产生法律后果的权力。某行政行为一经有权机关确认为违法行政行为，该行为会因此丧失效力的完整性。根据违法程度的轻重，该行政行为或许完全丧失原有的拘束力、确定力和执行力，或许需要通过一定手段（如修正）才能完全恢复原有的合法效力。而且，严重的行政违法行为一被确认无效，可能还意味着它自始无效。确认权中这种溯及既往的效力是一种其他判断权无法获得的优惠特权。

在我国，确认行政行为违法的权力，属于有关的国家机关。这些机关包括权力机关、行政机关和司法机关（仅指人民法院）。其法律依据是《宪法》《国务院组织法》《人民法院组织法》《行政复议法》《行政诉讼法》《国家赔偿法》《地方各级人民代表大会和地方各级人民政府组织法》等。根据机关的性质，我们可以把上述机关对违法行政行为的确认权分为行政确认权、司法确认权和人大确认权。

二、行政违法的后果

行政合法行为与行政违法行为所产生的法律后果是截然相反的。行政违法的后果是多方面的，主要表现在两个方面：

第一，影响行为的法律效力。符合有效要件的行政行为方具有法律效力，即拥有拘束力、公定力、确定力和执行力。违法的行政行为便失去上述效力的完整性。

第二，引起法律责任。行政主体实施了一种行政违法行为，必然引起各种法律责任。仅从行政法领域而言，便有以下责任内容：一是纠正行政违法的责任，即行政违法主体本身有义务纠正其业已发生的违法行为；二是对行政违法侵害人权利的补救责任，如行政主体对行政相对人实施行政赔偿。

第五节　无效行政行为

一、无效行政行为的概念

无效行政行为，亦称行政无效行为，简称行政无效，是指由行政主体作出的重大且明显违法，自始就没有法律效力的行政行为。理解这一概念，要把握几个要点：(1)无效行政行为是一种行政行为；(2)无效行政行为是一种违法行为；(3)无效行政行为是一种极端的违法行为，是一种重大且明显的违法行为；(4)无效行政行为是一种适用确认无效之诉的行为。

无效行政行为的效力在法律上具有"否定性"，而且是绝对的否定性。它和一般行政违法的效力不同，不是相对无效，而是绝对无效。**绝对无效表现为当然无效、自始无效和永远无效**。

二、无效行政行为的情形

无效行政行为是一种重大且明显违法的行政行为，既包括实体行为也包括程序行为，既包括侵益行为也包括授益行为，既包括羁束行为也包括裁量行为。根据《行政诉讼法》(2017)第75条和《行政诉讼法解释》(2018)第99条以及其他法律法规的规定，结合中国当下的理论研究成果，并参考国外关于无效行政行为的理论和制度，行政行为有下列情形者无效：

第一，作出行政行为的组织无行政主体资格的。行政行为必须由行政主体作出，而行政主体包括行政机关或得到法律、法规、规章授权的其他社会组织。不具有行政主体资格的组织作出的行政行为是无效行为。

第二，行政行为超越行政专属权的。行政职权有一般职权与专属职权之分。专属职权是指由法律所设定专属于某一行政机关或某类行政机关行使的职权，如《行政处罚法》规定的公安机关专属行使的限制人身自由的行政处罚权，由《商标法》所设定的商标评审委员会对商标争议的裁决权等。专属权除了具有法定性，还具有明显的排他性。所以，行政行为违反专属权的一概无效。

第三，因受贿或当事人胁迫、伪造公文等违法犯罪行为而作出的行政行为损害公共利益或第三人利益的。这类行为应当把握两点：从主观上看，行政机关及其工作人员是在接受当事人的行贿，或在当事人的胁迫下作出行政行为，或者当事人以伪造的公文骗取了行政机关的批准，这些行政行为虽然已经作出，但显然违背了行政主体的真实意思；从客观上看，这种行为的内容必须是损害公共利益或第三人利益的。将这类行为纳入无效范围的理由是，任何法律行为都必须出自行为人真实意思的反映，而受贿、胁迫都会扭曲行为人的真实意思。民事行为如此，公权力行为更应当如此。

第四，就法律保留事项作出行政行为而无法律依据的。应当由国家法律作出规定的事项属于法律保留事项。法律保留事项范围由《立法法》(2023)第11条和其他法律作出明文规定。

必须特别说明的是,根据基本权利保障原则和《立法法》(2023)第 11 条第 11 项规定,公民的基本权利与义务、法人和其他组织的宪法权利与义务,都属于我国的法律保留事项。没有具体法律依据,行政主体就这些"法律保留事项"作出决定的,属于无效行政行为。

第五,行政行为的内容违反法律和行政法规的强制性规定的。违反法律和行政法规强制性规定的行为无效,这是我国民商法中的一项通则。它同样适用于行政行为。在我国法律体系中,法律和行政法规的效力层次仅次于宪法,高于地方性法规和规章,它们直接体现最高国家权力机关和最高国家行政机关的意志。其强制性规范不同于倡导性规范和管理性规范,而是一种效力性规范。违反法律、行政法规中的强制性规定,当属无效。

第六,法律明文规定相对人有权抵抗和拒绝的行政行为。我国已有不少法律明文规定公民、法人或者其他组织有权拒绝某些不合法的行政行为。例如,《行政处罚法》(2021)第 55 条第 1 款、《保险法》(2015)第 154 条第 3 款、《证券法》(2019)第 172 条规定,监督检查、调查的人员少于二人或者未出示合法证件和监督检查、调查通知书的,被检查、调查的单位和个人有权拒绝;《商业银行法》(2015)第 29 条第 2 款和第 30 条、《行政强制法》(2011)第 30 条第 3 款和第 47 条第 2 款规定,法律规定以外组织要求冻结或划拨当事人存款、汇款的,金融机构应当拒绝;《商业银行法》(2015)第 41 条还规定,任何单位和个人不得强令商业银行发放贷款或者提供担保,商业银行有权拒绝任何单位和个人强令要求其发放贷款或者提供担保。当法律明文授予相对人拒绝权时,所拒绝的行政行为一定是严重而明显的违法,所以可以列入无效行政行为的范围。

第七,行政行为内容和实施明显违反公序良俗的。公序良俗,即公共秩序与善良风俗的简称,具体包括:国家和社会公序、市民社会善良风俗习惯、他人人格尊严、家庭道德关系准则、其他公序良俗。我国《民法典》(2020)第 153 条第 2 款规定:"违背公序良俗的民事法律行为无效。"行政行为违反公序良俗的,也应当无效。

第八,行政行为的实施会导致行政机关或者他人犯罪的。犯罪是指危害国家主权、领土完整和安全,分裂国家、颠覆人民民主专政的政权和推翻社会主义制度,破坏社会秩序和经济秩序,侵犯国有财产或者劳动群众集体所有的财产,侵犯公民私人所有的财产,侵犯公民的人身权利、民主权利和其他权利,以及其他危害社会的行为,依照法律应当受刑罚处罚的行为。犯罪是最严重的违法行为。如果行政行为的实施会导致行政主体自身或者他人犯罪的,说明该行政行为具有极端的违法性,当然无效。

第九,行政行为的实施会导致民事关系无效的。行政行为不仅会导致行政关系的成立、变更或消灭,同时也会大量地导致民事关系的成立、变更或者消灭,如行政机关的婚姻登记(行政行为)会导致婚姻关系(民事关系)的成立、变更或者消灭。如果一个行政行为会导致相关民事关系无效,该行政行为同样无效。比如,民政部门为重婚者或未到法定婚龄者登记结婚的,该登记行为(行政行为)无效。

第十,行政行为的内容客观上不可能实现的。所谓"行为不能"是指行政行为要求相对人履行的义务在客观上是不可能实现的,如行政机关在无斑马线的路口要求行人走斑马线、无交通信号灯的路口要求车辆按信号灯行驶、要求公民戴口罩吃饭，等等。将“行为不能”列入“无效行为”是许多国家和地区的“共识”。

第十一，重大而明显的程序违法。无效行政行为不仅是一种实体违法，同样也是一种程序违法。以上10种情形都属于实体违法，但无效行政行为并不只发生在实体领域，在程序领域同样会发生。程序上的无效行为，既包括违反法定程序，也包括违反正当程序。另外，程序上的无效行为，也不仅仅是狭义上的程序问题，还应当包括形式要件。无效的程序行为应当限于程序违法中的极端部分，范围包括：行政行为不表明行政主体、法律规定必须采取书面形式的行政行为不提供书面形式、作出行政行为前不为当事人提供申辩和听证机会。

第十二，其他重大且明显违法的情形。这是一个兜底规定，除了以上11项之外，由法律明文规定属于“无效”的其他行政行为，当然无效。这里“其他”的空间很大，需要理论上的研究与司法上的探索，等待立法和法律解释进一步明确。

三、无效行政行为的确认机关和法律后果

尽管无效行政行为是一种重大且明显的违法行为，可以视作它不存在，但这仅仅是一种理论态度和法律态度，在操作上还是有赖于有关机关的确认。**某一行政行为到底是不是无效行政行为，并不取决于个人的判断，而取决于有关机关通过法律程序依法确认**。如果人人都有无效行政行为的确认权，那会导致混乱。根据中国现行法律制度，有权确认行政行为无效的，主要有三个机关并通过三个程序：一是行政复议机关通过行政复议程序确认被申请复议的行政行为无效；二是人民法院通过行政诉讼程序确认被诉行政行为无效；三是作出该行为的行政主体通过自我纠错程序宣布无效。

行政行为被确认无效后，就会产生一系列的法律后果，包括效力、纠错和赔偿。

行政行为被有权机关依法确认无效之后，等于宣告了该行政行为“绝对无效”。这就意味着该行为自始无效与永远无效。从此以后，任何组织和个人都可以无视它的存在和无视它存在过。

无效行政行为是一种极端的违法行为。对于任何违法行为，行政主体或相对人都有纠错的义务。违法行为使社会秩序处于一种“违法”的状态，纠错就是要让“违法状态”重新恢复到原来的“合法状态”，这就是“恢复原状”。行政行为被确认无效后，由该行为所引起的任何法律关系都应当被否定。除了无法做到的之外，一切都必须“恢复原状”。有关组织和个人都有义务恢复原状或帮助恢复原状。

如果无效行政行为造成他人损害，行为人必须承担赔偿责任。无效行政行为因行政主体的单方责任导致的，由作出该行为的行政主体承担赔偿责任；如果行政主体和相对人均有过错，应当由双方根据过错责任的大小分担赔偿责任；如果因相对人的单方原因造成（如欺骗或胁迫等），则由相对人自我承担损失。

引例分析

这是一个涉及如何认定“滥用职权”之行政违法的案例。

第一，乡人民政府11月24日的批准决定是合法、合理的。根据《土地管理法》和有关法规的规定，农村居民建住宅的条件有：原有宅基地面积低于省、自治区、直辖市规定的标准，有子女已经达到婚龄，居住拥挤，确实需要分居的；符合村建设规划；节约合理使用土地。该省《〈土地管理法〉实施办法》规定，山区农民每户宅基地可以多于0.3亩，但最多不得超过0.4亩。孙某某原有宅基地0.25亩，儿子结婚需要分居，住房确实拥挤，新建房屋紧挨原住房，占用的是空闲地，符合村规划要求，符合农村居民建住宅的条件，而且也便于其生活。孙某某申请建房时，石某某并没有申请在该处建房，不存在使用土地纠纷问题。乡人民政府11月24日批准孙某某的建房决定，在实体上和程序上都是合法的，而且也是合理的。

第二，乡人民政府11月28日的处理决定有失公正，属于滥用职权。乡人民政府11月24日已作出决定批准孙某某在其原住房东侧再建两间房屋。11月27日，县人民政府干部石某找到乡长要求将已批给孙某某的宅基地，批准给其父亲（石某某）。11月28日，乡人民政府便撤销了11月24日的处理决定，将已批给孙某某的宅基地批准给石某的父亲（石某某），将孙某某的宅基地改批在村西头。县人民政府干部与普通农民虽然在职位上有所不同，但绝没有贵贱之分，在建房使用土地上应一视同仁，而不应有高于一般公民的法律没有规定的特殊待遇。否则，与我国宪法所确定的法律面前人人平等的原则相悖。乡人民政府11月28日的处理决定显然考虑了不应考虑的因素，并给孙某某的生活带来不便。乡人民政府这一决定实属不正当地行使职权。

综上，人民法院判决撤销乡人民政府11月28日的处理决定是正确的。

复习思考题

1. 什么是行政违法？它与行政无效是什么关系？
2. 行政违法有哪些具体情形？
3. 行政无效有哪些具体情形？
4. 行政违法和行政无效会产生什么法律后果？

第十二章　行政赔偿与补偿

| 引　例 |

某日凌晨3时许，当事人位于县城东门外的工艺礼花渔具门市部发生盗窃，作案人的撬门声惊动了在街道对面劳动就业培训中心招待所住宿的旅客吴某、程某，他们又叫醒了该招待所负责人。当他们确认有人行窃时，即打电话110向警方报案，前后两次打通了县公安局“110指挥中心”并报告了案情，但县公安局始终没有派人出警。20多分钟后，作案人将盗窃物品装上摩托车后驶离了现场。被盗的物品为渔具、化妆品等货物，价值总计5万余元人民币。案发后，原告向该县公安局提交了申诉材料，要求县公安局惩处有关责任人，尽快破案，并赔偿其损失。该县公安局一直没有作出答复。当事人便提起行政诉讼，法院判决确认该县公安局不出警违法，并承担50%的赔偿。你认为该县公安局是否应当承担赔偿责任?

第一节　行 政 赔 偿

行政赔偿与行政补偿，是行政主体弥补行政相对人财产权益的两种方式，是两种相互对应的行政法上的责任制度。行政赔偿以行政行为违法为前提，行政补偿以行政行为合法为前提。

一、行政赔偿的概念和特征

行政违法未必一概导致行政赔偿，但行政行为导致行政相对人人身权和财产权损害的，侵权的行政主体必须承担行政赔偿责任。行政赔偿以《国家赔偿法》等法律法规为依据，是行政主体法律责任形式之一。

行政赔偿系指，行政主体及其行政人违法行使行政职权，侵犯行政相对人的合法权益造成损害，而依法必须承担的赔偿责任。行政赔偿作为一种法律责任，具有下列特征：

第一，行政赔偿以行政违法为前提。行政赔偿是国家行政机关及其工作人员违法行使职权所引起的法律责任。行政违法未必一概导致行政赔偿责任，但行政赔偿必然以行政违法为前提，没有行政违法这个前提，行政赔偿责任无以发生。正是这个前提，才使行政赔偿与行政补偿相区别。

第二，行政赔偿以侵犯行政相对人的合法权益并造成损害为条件。这一特征寓含两个意思：一是行政主体及其行政人违法行使职权侵犯了行政相对人的合法权益。如果行政主体及其行政人违法行使职权所侵犯的是行政相对人的违法权益,而不是合法权益,那就不会发生行政赔偿问题。二是行政主体及其行政人不仅违法行使职权侵犯了行政相对人的合法权益,而且还必须造成了行政相对人人身权和财产权的实际损害。我国《国家赔偿法》体现了“损害赔偿”原则:有损害才负赔偿责任,无损害不负赔偿责任。

第三,行政赔偿以依法赔偿为原则。这是说,行政赔偿责任的承担遵循依法承担原则。《国家赔偿法》(2012)第2—5条均体现了这一精神。所谓依法赔偿,系指国家行政机关是否承担赔偿责任,以及如何承担赔偿责任,完全以《国家赔偿法》和《行政诉讼法》及其他法律、法规为依据,而不以学理或判例为尺度。

第四,行政赔偿以违法行使职权的国家行政机关为赔偿义务机关。根据《国家赔偿法》(2012)第7条规定,行政机关及其工作人员行使职权侵犯公民、法人和其他组织的合法权益造成损害的,该行政机关为赔偿义务机关。虽然国家行政机关的职权行为是通过行政工作人员进行的,但工作人员不是独立的侵权主体,他们只能是所属国家行政机关的代表,因而不直接对相对人承担赔偿责任。

二、行政赔偿责任的范围

(一)侵犯人身权的赔偿范围

《国家赔偿法》(2012)第3条规定,行政机关及其工作人员在行使行政职权时有下列侵犯人身权情形之一的,受害人有取得赔偿的权利:(1)违法拘留或者违法采取限制公民人身自由的行政强制措施的;(2)非法拘禁或者以其他方法非法剥夺公民人身自由的;(3)以殴打、虐待等行为或者唆使、放纵他人以殴打、虐待等行为造成公民身体伤害或者死亡的;(4)违法使用武器、警械造成公民身体伤害或者死亡的;(5)造成公民身体伤害或者死亡的其他违法行为。

这里的“其他违法行为”,根据最高人民法院《关于审理行政赔偿案件若干问题的规定》(法释〔2022〕10号)第1条的解释,包括以下情形:(1)不履行法定职责的行为;(2)行政机关及其工作人员在履行行政职责过程中作出的不产生法律效果,但事实上损害公民、法人或者其他组织人身权、财产权等合法权益的行为。

(二)侵犯财产权的赔偿范围

《国家赔偿法》(2012)第4条规定,行政机关及其工作人员在行使行政职权时有下列侵犯财产权情形之一的,受害人有取得赔偿的权利:(1)违法实施罚款、吊销许可证和执照、责令停产停业、没收财物等行政处罚的;(2)违法对财产采取查封、扣押、冻结等行政强制措施的;(3)违法征收、征用财产的;(4)造成财产损害的其他违法行为。

这里的“其他违法行为”与前文“侵犯人身权的赔偿范围”所涉的“其他违法行为”相同。

(三)行政赔偿范围的排除

《国家赔偿法》(2012)第5条规定,属于下列情形之一的,国家不承担赔偿责任:(1)行政机关工作人员与行使职权无关的个人行为。这说明，部分与行使职权有关的个人行为也依然属于行政赔偿范围。(2)因公民、法人和其他组织自己的行为致使损害发生的。如当事人冒名顶替接受行政处罚、作伪证导致行政决定错误等。(3)法律规定的其他情形。这里的"法律"是狭义的，仅指全国人大及其常委会制定的法律。

三、行政赔偿关系当事人

行政赔偿关系中的当事人，从狭义上说，仅指行政赔偿请求人与行政赔偿义务机关；从广义而言，除指行政赔偿请求人和行政赔偿义务机关外，还包括行政赔偿法律关系中的第三人。《国家赔偿法》、《行政诉讼法》和最高人民法院《关于审理行政赔偿案件若干问题的规定》对行政赔偿关系中的当事人资格认定作出了规定。

(一)行政赔偿请求人

行政赔偿请求人，是指因其合法权益受到行政主体及其行政人的不法侵害而依法要求赔偿的当事人。《国家赔偿法》(2012)第6条第1款规定："受害的公民、法人和其他组织有权要求赔偿。"这是对行政赔偿请求人一般资格的基本规定。

根据《国家赔偿法》(2012)第6条第2款和最高人民法院《关于审理行政赔偿案件若干问题的规定》(法释〔2022〕10号)第7条第1款规定，受害公民死亡，其继承人和其他有扶养关系的人有权以赔偿请求人身份要求赔偿。

根据《国家赔偿法》(2012)第6条第3款规定，受害的法人或者其他组织终止，承受其权利的法人或者其他组织有权以赔偿请求人的身份要求赔偿。最高人民法院《关于审理行政赔偿案件若干问题的规定》(法释〔2022〕10号)第7条第3款对此作了更详细的补充："有权提起行政赔偿诉讼的法人或者其他组织分立、合并、终止，承受其权利的法人或者其他组织可以依法提起行政赔偿诉讼。"

(二)行政赔偿义务机关

行政赔偿义务机关，系指因其本身或者由其委托的其他组织以及所属的工作人员，违法行使职权侵犯行政相对人的合法权益，而依法必须承担赔偿责任的行政机关。行政赔偿义务机关的具体认定，应当区分不同情况而定。根据《国家赔偿法》、《行政诉讼法》和最高人民法院《关于审理行政赔偿案件若干问题的规定》，行政赔偿义务机关的具体认定规则如下：

第一，国家行政机关本身违法行使行政职权侵犯公民、法人和其他组织的合法权益造成损害的，该行政机关为赔偿义务机关。

第二，国家行政机关所属的工作人员违法行使行政职权侵犯公民、法人和其他组织的合法权益造成损害的，其所属的行政机关为赔偿义务机关。

第三，两个以上行政机关共同行使行政职权时侵犯公民、法人和其他组织的合法权益造成损害的，共同行使行政职权的行政机关为共同赔偿义务机关。两个以上行政机关共同侵权，赔偿请求人对其中一个或者数个侵权机关提起行政赔偿诉讼，若诉讼请求系可分之诉，被诉的一个或者数个侵权机关为被告；若诉讼请求系不可分之诉，由人民法院依法追加其他侵权机关为共同被告。

第四，法律、法规授权的组织在行使授予的行政权力时侵犯公民、法人和其他组织的合法权益造成损害的，被授权的组织为赔偿义务机关。

第五，受行政机关委托的组织或者个人在行使受委托的行政权力时侵犯公民、法人和其他组织的合法权益造成损害的，委托的行政机关为赔偿义务机关。

第六，经行政复议机关复议的，最初造成侵权行为的行政机关为赔偿义务机关，但复议机关的复议决定加重损害的，复议机关对加重部分履行赔偿义务。但如果赔偿请求人只对作出原行政决定的行政机关提起行政赔偿诉讼，作出原决定的行政机关为被告；如果赔偿请求人只对复议机关提起行政赔偿诉讼，仅以行政复议机关为赔偿义务机关。

第七，行政机关依据《行政诉讼法》(2017)第97条规定申请人民法院强制执行行政行为，由于据以强制执行的根据错误而发生行政赔偿诉讼的，申请强制执行的行政机关为被告。

第八，行政赔偿义务机关被撤销的，继续行使其职权的行政机关为赔偿义务机关；没有继续行使其职权的行政机关的，撤销该赔偿义务机关的行政机关为赔偿义务机关。

（三）行政赔偿第三人

行政赔偿第三人，系指同行政赔偿案件处理结果有法律上的利害关系的，除行政赔偿请求人以外的公民、法人和其他组织。

根据最高人民法院《关于审理行政赔偿案件若干问题的规定》(法释〔2022〕10号)有关规定，行政赔偿第三人有下列两种情况：

第一，在几个行政机关共同侵权行为中，赔偿请求人只对一个或部分侵权人起诉，未被起诉的侵权人是第三人。最高人民法院《关于审理行政赔偿案件若干问题的规定》(法释〔2022〕10号)第8条规定："两个以上行政机关共同实施侵权行政行为造成损害的，共同侵权行政机关为共同被告。赔偿请求人坚持对其中一个或者几个侵权机关提起行政赔偿诉讼，以被起诉的机关为被告，未被起诉的机关追加为第三人。"

第二，在原行政行为和复议决定共同侵害加重赔偿请求人损害的，赔偿请求人只对一个机关起诉，未被起诉的原机关或复议机关为第三人。最高人民法院《关于审理行政赔偿案件若干问题的规定》(法释〔2022〕10号)第9条规定："原行政行为造成赔偿请求人损害，复议决定加重损害的，复议机关与原行政行为机关为共同被告。赔偿请求人坚持对作出原行政行为机关或者复议机关提起行政赔偿诉讼，以被起诉的机关为被告，未被起诉的机关追加为第三人。"

四、行政赔偿程序

行政赔偿程序，系指赔偿请求人请求赔偿、行政机关和人民法院处理赔偿案件的整个过

程。它是公民、法人和其他组织依法获得行政赔偿这一实体权利的程序保障。**行政赔偿程序有两种类型：一是单独请求行政赔偿的程序；二是一并请求行政赔偿的程序**。前者是指赔偿请求人没有提出其他行政诉讼的请求，单就行政赔偿提出请求和诉讼。后者是指行政相对人在提起行政复议和行政诉讼的同时一并提出行政赔偿请求。一并请求行政赔偿的程序，完全适用行政复议和行政诉讼程序，因而不作单独论述。这里仅限于阐述单独请求行政赔偿的程序。

关于单独请求行政赔偿，行政赔偿的程序由这几个环节所组成：行政赔偿请求的提出—行政机关的处理—提起行政赔偿诉讼—受理行政赔偿案—审理行政赔偿案—裁判行政赔偿案—执行行政赔偿裁判。

（一）行政赔偿请求的提出

根据《国家赔偿法》（2012）第 39 条规定，行政赔偿请求人请求行政赔偿的时效为两年自其知道或者应当知道国家机关及其工作人员行使职权时的行为侵犯其人身权、财产权之日起计算。最高人民法院《关于审理行政赔偿案件若干问题的规定》（法释〔2022〕10 号）第 15 条也规定："公民、法人或者其他组织应当自知道或者应当知道行政行为侵犯其合法权益之日起两年内，向赔偿义务机关申请行政赔偿。赔偿义务机关在收到赔偿申请之日起两个月内未作出赔偿决定的，公民、法人或者其他组织可以依照行政诉讼法有关规定提起行政赔偿诉讼。"

请注意，这里是从赔偿请求人知道或者应当知道自己权益被侵害时，而不是从行政机关的行政侵权行为实际作出之日起计算。行政行为被确认违法的，从确认违法之日起计算。

行政赔偿请求人向行政赔偿义务机关请求赔偿，必须提交书面申请书。

（二）行政赔偿义务机关对赔偿请求的处理

根据《国家赔偿法》（2012）第 13 条规定，行政赔偿义务机关应当自收到赔偿请求人提交的《行政赔偿申请书》之日起两个月内依法给予处理。处理结果无非两种：（1）依法给予行政赔偿；（2）依法拒绝行政赔偿。

行政赔偿义务机关作出行政赔偿处理决定时，应当制作《行政赔偿决定书》。

（三）行政赔偿诉讼的提起

根据《国家赔偿法》（2012）第 14 条规定，赔偿义务机关逾期不予赔偿或者赔偿请求人对赔偿数额有异议的，赔偿请求人可以自期间（2 个月）届满之日起 3 个月内向人民法院提起行政诉讼。提起行政赔偿诉讼，按照最高人民法院《关于审理行政赔偿案件若干问题的规定》（法释〔2022〕10 号）第 13 条第 2 款的要求，应当符合下列条件：（1）原告具有行政赔偿请求资格；（2）有明确的被告；（3）有具体的赔偿请求和受损害的事实根据；（4）赔偿义务机关已先行处理或者超过法定期限不予处理；（5）属于人民法院行政赔偿诉讼的受案范围和受诉人民法院管辖；（6）在法律规定的起诉期限内提起诉讼。

赔偿请求人的起诉期限可分三种情况确定：

第一，赔偿义务机关在法定期限内作出行政赔偿处理决定的，赔偿请求人自收到该决定书之日起3个月内起诉。

第二，赔偿义务机关逾期不作赔偿处理决定的，赔偿请求人可以在向赔偿义务机关递交赔偿申请后的2个月届满之日起3个月内起诉。

第三，赔偿义务机关作出赔偿决定时，未告知赔偿请求人的诉权或者起诉期限，致使赔偿请求人逾期向人民法院起诉的，其起诉期限从赔偿请求人实际知道诉权或者起诉期限时计算，但逾期的期间自赔偿请求人收到赔偿决定之日起不得超过1年。

（四）行政赔偿的审理与判决

当事人在提起行政诉讼的同时一并提出行政赔偿请求，或者因行政行为和与行使职权有关的其他行为侵权造成损害一并提出行政赔偿请求的，人民法院应当分别立案，根据具体情况可以合并审理，也可以单独审理。人民法院审理行政赔偿案件，就当事人之间的行政赔偿争议进行审理与裁判。人民法院在审理行政赔偿案件中可以适用调解。

人民法院对单独提起行政赔偿案件经过审理后，依法作出以下判决：(1)维持赔偿义务机关作出的赔偿处理决定；(2)改变赔偿义务机关作出的赔偿处理决定；(3)驳回赔偿请求人提出的赔偿请求。

（五）行政赔偿的执行与审限

发生法律效力的行政赔偿判决、裁定或调解协议，当事人必须履行。一方拒绝履行的，对方当事人可以向第一审人民法院申请强制执行。

根据《民事诉讼法》(2021)第246条规定，申请人申请人民法院强制执行的期限为2年。

单独受理的第一审行政赔偿案件的审理期限为3个月，第二审为2个月；一并受理行政赔偿请求案件的审理期限与该行政案件的审理期限相同。如因特殊情况不能按期结案，需要延长审限的，应按《行政诉讼法》的有关规定报请批准。

第二节　行 政 求 偿

一、行政赔偿中的求偿权

行政赔偿是一种国家责任，意味着具体国家行政机关及其工作人员的侵权行为所造成的赔偿由国家而不是该机关或人员自己承担赔偿金。这对于国家承受正当的“公务风险”并调动国家工作人员的工作积极性无疑是有益的。但由此带来的问题是，具体国家行政机关及其工作人员因无须自己承担行政赔偿，是否会放纵自己的违法侵权呢？正是为了防止这种消极的后果，世界上大多数国家在规定国家承担赔偿责任的同时，确立了国家对责任者的求偿制度。

行政赔偿中的求偿制度，即行政求偿，是国家赔偿中的求偿制度的一个重要组成部分，系指国家行政机关对赔偿请求人承担赔偿责任以后，有权要求负有责任的实施机关和人员承担全部或部分赔偿费用的法律制度。

中国行政赔偿中的求偿制度，系由《行政诉讼法》和《国家赔偿法》直接规定。根据该两法规定，中国行政赔偿有三种求偿法律关系，从而形成了行政求偿的三种类别。

二、行政求偿的种类

我国的行政求偿制度内容极为丰富，由以下三种求偿关系组成。

（一）行政赔偿义务机关对工作人员的求偿

行政赔偿义务机关对工作人员的求偿，系指行政赔偿义务机关依法对受害的当事人实施赔偿后，对有责任的工作人员实施追偿，由后者承担一定的费用。

《国家赔偿法》（2012）第16条第1款规定："赔偿义务机关赔偿损失后，应当责令有故意或者重大过失的工作人员……承担部分或者全部赔偿费用"。第31条又规定："赔偿义务机关赔偿损失后，应当向有下列情形之一的工作人员追偿部分或者全部赔偿费用……"赔偿义务机关对有责任工作人员的求偿，在我国既存在于行政赔偿中，也存在于司法赔偿中。

（二）行政委托组织对受委托的组织或个人的求偿

这种求偿系指，在行政委托法律关系中，被委托人越权行使委托权限，造成行政相对人合法权益的损害，委托方主体对赔偿请求人实施赔偿以后，有权对有责任的被委托组织或者个人行使追偿权。

《国家赔偿法》（2012）第16条第1款规定："赔偿义务机关赔偿损失后，应当责令……受委托的组织或者个人承担部分或者全部赔偿费用。"这表明，在行政委托关系中，受委托的组织或个人侵犯他人权利，应由委托方的组织为赔偿义务机关；委托方组织对外承担赔偿责任后，有权责令有责任的受委托的组织或个人承担部分或全部赔偿费用。

需要注意的是，由于《国家赔偿法》（2012）第16条是置于该法"第二章行政赔偿"之中，而《国家赔偿法》第三章"刑事赔偿"中无此类似规定。因此，委托关系中的求偿关系，在我国只发生在行政赔偿法律关系之中。

（三）共同赔偿义务机关之间的求偿

如果行政侵权由两个以上的行政主体作出，那么这是一种共同行政侵权行为；共同侵权的主体理应是共同赔偿义务机关，负有共同赔偿的责任。如果其中的一个行政主体先行对赔偿请求人履行了赔偿义务，那么它便有权事后对其他共同侵权机关行使求偿权。

《国家赔偿法》（2012）第10条规定："赔偿请求人可以向共同赔偿义务机关中的任何一个

赔偿义务机关要求赔偿,该赔偿义务机关应当先予赔偿。”这里虽然没有规定事后求偿,但“先予赔偿”的规定本身就包含了事后处理的问题。事后如何处理,我国目前还没有权威部门的解释,但应包括求偿的处理方式在内。

同样必须说明的是,由于《国家赔偿法》(2012)第10条仅置于第二章“行政赔偿”之中,因此,这种求偿关系在我国只适用行政赔偿领域。

三、行政求偿的条件

对于上述几种行政求偿关系,行政求偿机关行使求偿权时,必须符合一定的条件。这些条件应当区分几种情况:

第一,行政赔偿义务机关对行政工作人员的求偿条件,根据《国家赔偿法》(2012)第16条第1款规定,是“故意或重大过失”。这是说,行政侵权事件的发生,系由行政工作人员个人的“故意行为”或“重大过失行为”所致。只有在这一条件下,行政赔偿义务机关方可对工作人员行使求偿权。

第二,在行政委托关系中,委托主体对被委托组织或者个人的求偿条件,有关法律、法规目前尚未作出说明。笔者认为,既然是委托关系,就应以被委托组织和个人超越委托权限为条件。

第三,共同的行政赔偿义务机关之间的求偿条件,法律没有明确。笔者认为,这应基于共同责任而发生。

第三节　行政补偿

一、行政补偿的概念和特征

行政补偿是行政主体基于社会公共利益的需要,在管理国家和社会公共事务的过程中,合法行使公权力的行为以及该行为的附随效果而致使相对人的合法财产及合法权益遭受特别损害,依公平原则并通过正当程序对所遭受的损害给予补偿的法律制度。为此,行政补偿,又可称为行政损失补偿。

行政损失补偿责任与行政赔偿责任及其他责任不同,具有以下法律特征:

第一,行政补偿必须以合法的行政行为为前提。行政补偿是以行政主体合法行使公权力的行为以及该行为的附随效果而致使相对人的合法财产及合法权益遭受特别损害为前提。这个前提主要是行政征收,但不限于行政征收。无论是什么行为,这个前提性行为必须是合法的。如果是违法行为,那么与行政补偿就无关系了。违法行为的财产责任是行政赔偿而不是行政补偿。

第二,行政补偿以无义务的特定人所受的特别损失为要件。国家对一般公民因公平分配的负担而承担的义务，不必加以补偿。如服兵役、依法纳税等，是所有公民应尽的义务，这是一种公平的负担，无需给予补偿。行政主体因相对人违反行政法而给予行政处罚或采取行政强制措施造成的损失，国家也无须给予补偿，因为该种损失系相对人违法行为应承担的法律后果。只有在合法行政行为使无义务的特定人蒙受特别损害时，国家才负担财产上的损失补偿责任。

第三，行政补偿以损害的实际存在为基础，并且损失的发生必须与合法的行政行为有因果关系。没有实际损失的存在，行政补偿无以发生。此外，因果关系很重要。相对人合法权益遭受损失，必须是由合法的行政行为引起。如果某一合法行政行为与某权益受损失之间毫无因果关系，则不能导致行政补偿。至于因果关系的程度要求如何，各国立法和学者有一定分歧，但对于要有直接因果关系的主张却是相同的。

第四，行政补偿是国家通过行政主体对行政相对人的补偿而不是后者对前者的补偿。所以，在现实中由公民、法人或者其他组织向国家支付补偿金的制度就不属于行政补偿。由《土地管理法》(2019)第30条第2款所确立的"占用耕地补偿制度"便是一例。另外，民间公民、法人、其他组织之间或者它们之间的补偿也同样不属于行政补偿。

行政补偿既是一种法律制度，也是一种行政行为。行政补偿协议属于行政合同，行政主体作出的行政补偿决定是一种行政决定，它们都属于行政行为的范畴。

二、行政补偿的主体和依据

与国家赔偿一样，行政补偿是一种国家的责任，补偿款是纳入国家财政预算的。行政补偿基于公共利益而发生，并不是由行政机关的自身行为所发生。但在处理国家与公民的关系时，往往由行政机关代表国家处理具体事务。所以，行政补偿的真正主体是国家，但具体的实施主体是行政机关。因而就行政法律关系而言，依然可以将行政补偿主体归入行政主体范畴，将获得行政补偿的主体视作行政相对人。就具体的法律制度而言，行政补偿主体一般与行政征收征用主体相一致，即谁实施征收征用就由谁实施补偿。

行政补偿是对行政相对人合法私人财产剥夺结果的一种弥补，因而必须具备严格的法规依据。我国行政补偿的法规依据包括宪法、法律和行政法规。我国《宪法》(2018)第13条第3款规定："国家为了公共利益的需要，可以依照法律规定对公民的私有财产实行征收或者征用并给予补偿。"这以根本大法的形式确立了公共征收征用的补偿原则。

《民法典》(2020)第243、245、327、338条等都就行政补偿作了对应性规定。我国《土地管理法》(2019)第2、48条对土地的征收征用补偿及其标准作出明确规定。2011年国务院制定公布的《国有土地上房屋征收与补偿条例》，对国有土地上房屋征收与补偿活动作出了具体规范。

此外，对于我国一些特殊的行政补偿，如蓄滞洪区运用补偿、大中型水利水电工程建设征地补偿、南水北调工程建设征地补偿等，除适用上述有关法律法规外，还适用《水法》(2016)，以及国务院《蓄滞洪区运用补偿暂行办法》(2000)、《南水北调工程建设征地补偿和移民安置暂行办法》(2005)和《大中型水利水电工程建设征地补偿和移民安置条例》(2017)等。

三、行政补偿的范围、方式和标准

(一)行政补偿的范围

讨论行政补偿的范围,主要涉及两个问题:第一,国家对于什么行为需要承担补偿责任?第二,国家对于相对人的哪些损失需要承担补偿责任?

关于第一个问题,行政补偿的范围适用国家所有的征收和征用行为。征收和征用都是基于公共利益而发动,并且对特定的相对人造成了财产权益上的损失,因而需要补偿。但是,各国在补偿依据上有一个较普遍的做法,即有关国家安全的行为,战争行为,外交行为,减轻水灾、地震损失的行为,自由裁量行为,防止传染病扩散的行为,这些行为给相对人合法权益造成损失的,立法往往排除国家承担行政补偿责任。

关于第二个问题,行政补偿的范围包括相对人的动产与不动产,土地的所有权、使用权和用益物权,房屋的所有权与使用权,直接损害与间接损害等。与行政赔偿不同的是,行政补偿不适用精神损害。

(二)行政补偿的方式和标准

各国行政补偿一般都采用金钱给付方式,但也有国家和地区采用支付实物或有价证券的形式。我国的行政补偿方式一般是两种:一是金钱补偿;二是实物置换。

对于某一特定行政补偿案的补偿金额的多少,一般都由法律规定原则,或者法律授权有关部门制定标准。

四、行政补偿诉讼

行政补偿行为本身就是行政行为,因而自然是“可诉”的,既适用行政复议,也适用行政诉讼。这一原则的法律依据就是《行政复议法》和《行政诉讼法》。

行政补偿行为包括行政补偿决定与行政补偿协议的履行。当事人对行政机关作出的行政补偿决定不服,或者对行政机关不依法履行、未按照约定履行或者违法变更、解除行政补偿协议的,都可申请行政复议和提起行政诉讼。

关于国有土地上房屋的征收补偿,根据国务院《国有土地上房屋征收与补偿条例》(2011)第26条规定,房屋征收部门应当与被征收人在征收补偿方案确定的签约期限内签订补偿协议。协议不成的,由房屋征收部门报请作出房屋征收决定的市、县级人民政府作出补偿决定。被征收人对补偿决定不服的,可以依法申请行政复议,也可以依法提起行政诉讼。

关于其他的行政补偿,只要法律法规无特别规定的,可直接衔接行政复议和行政诉讼。

| 引例分析 |

这是一个涉及行政不作为所引起的行政赔偿案件。本案涉及三个问题:(1)不作为行为是否也可引起行政赔偿责任;(2)原告申请赔偿的程序是否正确;(3)被告承担的赔偿额是否相当。

关于第一个问题。行政赔偿是由行政行为违法所引起的一种财产责任。而行政行为或者行政违法行为的形态都存在作为与不作为两种形式。所以,不作为行为引起行政赔偿与作为行为引起的行政赔偿适用同一法律规则,不应当有特殊性,更不应当作例外对待。最高人民法院已多次表明了这一态度。但需要坚持的一个条件是:这种不作为与行政赔偿的损害结果之间必须有法律上的因果关系。在本案中,盗窃者盗窃原告物品时,已有人向公安机关报警,公安机关如果及时出警的话,这一损害后果是可能避免的。而且,在这种状态下,公安机关是负有出警的法定义务的。所以,公安机关必须对自己的不出警行为承担行政赔偿责任。

关于第二个问题。原告申请赔偿,可以在对其他行政行为提起诉讼时一并提出,也可单独提出赔偿请求。如果单独申请赔偿,应当先向行政赔偿义务机关提出,该机关拒绝或者逾期不予答复的,申请人可以自期间(2 个月)届满之日起 3 个月内或者收到赔偿决定之日起 3 个月内向人民法院提起行政诉讼。在本案中,原告在门市部被盗窃案发后,向被告县公安局提交了书面申诉材料,要求给予赔偿,符合法律规定的申请国家赔偿程序。县公安局在《国家赔偿法》规定的 2 个月的期间内没有任何意见答复当事人,当事人以该县公安局逾期不受理为由提起行政诉讼,符合行政诉讼的受理程序。

关于第三个问题。公安机关应当承担多大责任要根据公安机关的行为对于损害结果的发生所起作用确定。本案被盗结果是由三种因素促成的:一是盗窃者的盗窃行为,这是本案最为主要的原因;二是申请人自我预防措施不足,没有安排值班等因素;三是公安机关事发时没有及时出警。所以,在本案中,不应当由公安机关来承担全部责任。法院判令公安机关承担 50% 的责任,并无不当。

复习思考题

1. 什么是行政赔偿?它与国家赔偿是什么关系?
2. 单独行政赔偿的法定程序有何特点?
3. 什么是行政求偿?在什么情况下国家可以向公务员个人求偿?
4. 什么是行政补偿?它与行政赔偿如何区分?
5. 行政补偿的范围、方式和标准如何确定?

第十三章 行 政 复 议

|引 例|

某年，朱某与建安公司就朱某商住楼工程签订施工合同，发包人为朱某，承包人为建安公司。案涉工程由梁某某组织工人施工。该年6月9日，公司接到市住建部门的检查通知，梁某某等人便在出租屋内等待检查。该出租屋系梁某某承租，用于工地开会布置工作和发放工资。当日15时许，梁某某被发现躺在出租屋内，死亡原因为猝死。死者梁某某的妻子刘某某向该市人力资源和社会保障局申请工伤认定。该市人力资源和社会保障局作出《关于梁某某视同工亡认定决定书》，认定梁某某是在工作时间和工作岗位，突发疾病在48小时之内经抢救无效死亡，符合《工伤保险条例》第15条第1款第1项规定的情形，视同因工死亡。建安公司不服，向该市人民政府申请行政复议。市政府作出《行政复议决定书》，以市人力资源和社会保障局作出的《关于梁某某视同工亡认定决定书》认定事实不清、证据不足、适用依据错误、程序违法为由，予以撤销。死者梁某某妻子刘某某不服，提起行政诉讼，请求撤销《行政复议决定书》，恢复该视同工亡认定书的效力。人民法院最终支持了原告的诉讼请求。请你从"工伤认定—行政复议—行政诉讼"程序的衔接上作出评价，本案是否存在程序问题？

第一节 行政复议的基本概念

行政法是以行政行为为规制对象的法。行政相对人受到行政行为的不法侵害，可以进入法律救济。行政复议和行政诉讼是典型的行政法律救济制度。在我国，行政复议属于行政法学的基本内容，而行政诉讼则归属于行政诉讼法学。

一、行政复议的概念

所谓行政复议，系指行政相对人（公民、法人或者其他组织）不服行政主体的行政行为，依法向行政复议机关提出申请，请求重新审查并纠正原行政行为，行政复议机关据此对原行政行为是否合法、适当进行审查并作出决定的法律制度。

二、行政复议的法律特征

行政复议具有下列法律特征：

第一，行政复议以行政争议和部分民事争议为处理对象。行政复议亦是解决和处理有关社会纠纷(争议)的法律制度,但原则上只限于解决行政争议,民事争议和其他争议只有在法律有明文授权的条件下才可以被纳入处理对象范围。

第二,行政复议以行政行为为审查对象。从行政复议机关与原行政行为的关系上考察,行政复议实际上是一种行政审查制度。有的国家直接称行政复议为行政审查。但行政复议机关审查有关行政行为并非不受限制。行政复议只以行政行为为直接审查对象;虽然根据《行政复议法》(2017)第7条规定,行政复议机关可以在一定条件下审查规章以下的其他规范性文件(行政规定),但它们依然不属于行政复议的直接审查对象。

第三,行政复议以合法性和合理性(适当性)为审查标准。在行政复议中,行政复议机关依据合法性和合理性标准审查行政行为。《行政复议法》(2017)第3条第3项规定:"……行政复议机关……审查申请行政复议的行政行为是否合法与适当……"

第四,行政复议以书面审理为主要方式。《行政复议法》(2017)第22条规定:"行政复议原则上采取书面审查的办法,但是申请人提出要求或者行政复议机关负责法制工作的机构认为有必要时,可以向有关组织和人员调查情况,听取申请人、被申请人和第三人的意见。"这说明,从审理方式上考察,行政复议方式以书面审理为原则,以其他方式的审理为例外。

第五,行政复议由行政相对人主动申请,以行政主体为被申请人。这一特征有两层含义:首先,从行政性质上看,行政复议是一种依申请行政行为,而不是依职权行政行为。作为行政相对人的公民、法人和其他组织不主动提出申请,行政复议机关不能主动径自作出复议决定。其次,从当事人承担角色考察,行政复议中的申请人只限于行政相对人充当,即由对行政行为不服的公民、法人和其他组织承担;而行政复议中的被申请人也只限于行政主体,即由作出行政行为的行政组织或得到法律、法规、规章授权的其他组织承担。上述两者的位置和角色不能互换。

第六,行政复议以行政机关为处理机关。从《行政复议法》(2017)第三章、第四章规定看,行政复议机关有多种设置方式从而构成不同的类型。有由上一级行政业务主管机关作为复议机关的,也有由本级人民政府作为复议机关的,还有由设立派出机构的机关充当复议机关的。但无论哪一类复议机关,其必须属于行政机关。正因为复议机关同时是行政机关,因而行政复议活动同时也属于行政行为。这正是行政复议行为也能成为行政诉讼对象的理由所在。

第二节 行政复议的范围

行政复议的范围,对于行政相对人来说,是申请行政复议的范围,而对于行政复议机关来说,则是受理行政复议案件的范围。《行政复议法》(2017)第二章对此作了专门规定。

一、行政复议的肯定范围

行政复议的肯定范围,系指行政相对人可以申请行政复议,行政复议机关可以依法处理的

事项范围。《行政复议法》(2017)第6条采用列举和概括相结合的方式,对申请复议范围作了详细的正面规定。根据这一规定,申请人对下列行政行为不服,可申请行政复议。

第一,行政处罚行为。行政处罚是指行政主体依法对违反行政法律规范,尚未构成犯罪的相对人所给予的一种行政制裁。这是一种直接影响相对人财产权或人身权的行政行为。《行政复议法》率先把它列入申请复议的范围。根据《行政复议法》(2017)第6条第1项规定,行政相对人"对行政机关作出的警告、罚款、没收违法所得、没收非法财物、责令停产停业、暂扣或者吊销许可证、暂扣或者吊销执照、行政拘留等行政处罚决定不服的",可以依法申请行政复议。

第二,行政强制措施行为。行政强制措施是行政行为的一种重要形式,也是直接影响相对人具体权利和义务的重要行政手段。它是指行政主体对拒不履行法定义务或违反法定义务的相对人,或出于其他紧急行政目的而采取的,对其人身或财产直接发生约束作用的强制手段。根据《行政复议法》(2017)第6条第2项规定,行政相对人"对行政机关作出的限制人身自由或者查封、扣押、冻结财产等行政强制措施不服的",可以依法申请行政复议。

第三,有关证照的变更、中止和撤销。根据《行政复议法》(2017)第6条第3项规定,行政相对人"对行政机关作出的有关许可证、执照、资质证、资格证等证书变更、中止、撤销的决定不服的",可以依法申请行政复议。

第四,自然资源的确权行为。对自然资源的确权行为,系指针对有关当事人之间涉及有关自然资源的所有权或使用权的争议,行政机关依法对其权属作出决定的行为。根据《行政复议法》(2017)第6条第4项规定,行政相对人"对行政机关作出的关于确认土地、矿藏、水流、森林、山岭、草原、荒地、滩涂、海域等自然资源的所有权或者使用权的决定不服的",可以依法申请行政复议。

第五,侵犯法定经营自主权行为。经营自主权是法律、法规赋予各独立经济法人的权益。它包括:生产经营计划权、物资选购权、财务管理权、劳动管理权、产品销售权、工资津贴管理权、经营方式选择权、用人权等。根据《行政复议法》(2017)第6条第5项规定,行政相对人"认为行政机关侵犯合法的经营自主权的",可以依法申请行政复议。这是继《行政诉讼法》以后对企业和其他经济实体经营自主权保护的又一项救济措施。

第六,变更、废止农业承包合同。根据《行政复议法》(2017)第6条第6项规定,行政相对人"认为行政机关变更或者废止农业承包合同,侵犯其合法权益的",可以依法申请行政复议。

第七,违法要求履行义务行为。根据《行政复议法》(2017)第6条第7项规定,行政相对人"认为行政机关违法集资、征收财物、摊派费用或者违法要求履行其他义务的",可以依法申请行政复议。任何公民和组织的权利和义务都是依法设定的。所以行政机关如果在没有法律根据的情况下要求相对人履行义务,这本身就是违法,相对人可以请求行政复议救济。

第八,颁发许可证和执照行为。《行政复议法》(2017)第6条第8项规定,行政相对人"认为符合法定条件,申请行政机关颁发许可证、执照、资质证、资格证等证书,或者申请行政机关审批、登记有关事项,行政机关没有依法办理的",可以申请行政复议。对于该类行政争议,相对人要申请复议必须符合下列要求:(1)相对人已经提出要求行政主体颁发许可证的申请;

(2)相对人要求颁发的许可证属于被申请行政主体颁发的职权范围;(3)行政主体对相对人的申请表示拒绝或不作答复。

第九,未履行保护人身权、财产权和受教育权职责行为。这是《行政复议法》(2017)第6条第9项规定的申请复议范围。根据该规定,行政相对人"申请行政机关履行保护人身权利、财产权利、受教育权利的法定职责,行政机关没有依法履行的",可以依法申请行政复议。在我国,人身权、财产权和受教育权是个人和组织最基本的权利。为此,行政机关有保护个人和组织这些法定权利的职责,如公安机关负有解救和保护被拐卖妇女、儿童的职责。当行政相对人的人身权、财产权或受教育权遭到危害或侵犯时,均可要求有关行政机关保护。行政机关如果拒绝履行保护职责,相对人即可申请行政复议。

第十,发放抚恤金、社会保险金或最低生活保障费行为。《行政复议法》(2017)第6条第10项规定,行政相对人"申请行政机关依法发放抚恤金、社会保险金或者最低生活保障费,行政机关没有依法发放的",可以申请行政复议。抚恤金是国家规定对某些死亡人员的遗属或伤残人员为保障他们的生活而发给的费用,主要由国家民政部门负责发放。社会保险金或者最低生活保障费是政府近几年确立的有关保障居民正常生活的有效措施与制度。行政机关对抚恤金、社会保险金或者最低生活保障费没有依法发放的,当事人有权诉请复议保护。

第十一,侵犯其他人身权或财产权行为。《行政复议法》(2017)第6条第11项规定,行政相对人"认为行政机关的其他具体行政行为侵犯其合法权益的",可以申请行政复议。这是一个兜底条款,是一种概括性规定。它说明凡认为行政行为侵犯其人身权或财产权,相对人不服的,均可申请行政复议。

《行政复议法》在受案范围上的这一规定是立法原则性与灵活性相结合的很好体现,为我国行政复议机关逐步扩大复议受案范围提供了法律依据。

二、行政复议的附带范围

行政复议的范围,除上述肯定范围之外,还有一个附带范围。**所谓附带范围,系指当事人不能直接或单独对这一事项提请行政复议,但可在对某一行政行为提起行政复议的同时,对它也一并提请行政复议**。

《行政复议法》(2017)第7条规定:"公民、法人或者其他组织认为行政机关的具体行政行为所依据的下列规定不合法,在对具体行政行为申请行政复议时,可以一并向行政复议机关提出对该规定的审查申请:(一)国务院部门的规定;(二)县级以上地方各级人民政府及其工作部门的规定;(三)乡、镇人民政府的规定。前款所列规定不含国务院部、委员会规章和地方人民政府规章。规章的审查依照法律、行政法规办理。"

根据《行政复议法》(2017)第7条的规定,公民、法人或者其他组织对某一行政行为不服提请行政复议时,可以一并对行政规定申请行政复议。这是我国对行政行为的行政审查从行政决定走向行政规定的了不起的一步。

三、行政复议的排除范围

吸收《行政诉讼法》在确立受案范围方面的科学经验,《行政复议法》在正面概括列举了申请复议范围后,在第8条中用排除法把某些特殊行为排除在申请复议范围之外。

《行政复议法》(2017)第8条规定:"不服行政机关作出的行政处分或者其他人事处理决定的,依照有关法律、行政法规的规定提出申诉。不服行政机关对民事纠纷作出的调解或者其他处理,依法申请仲裁或者向人民法院提起诉讼。"这说明,下列行为不属于行政复议范围:

第一,内部人事关系的行政行为。它包括行政机关作出的行政处分或其他的人事处理决定,如行政机关对工作人员的奖惩、任免等决定。行政机关对其工作人员的奖惩、任免等行为,是行政机关自身内部的人事管理行为,不宜通过行政复议程序解决。

第二,对民事纠纷的调处。它包括行政机关对民事纠纷的仲裁或者调解,以及《行政复议法》(2017)第6条第4、5、6项以外的对民事关系的处理行为。

另外,根据《行政诉讼法》的规定,还有以下两种行为也不属于行政复议的范围:

一是行政立法和行政规定。行政立法系指行政机关制定行政法规和规章并受《立法法》规制的立法活动;行政规定系指行政机关制定规章以下的具有普遍约束力的行政规则。根据《行政复议法》《行政诉讼法》的有关规定,行政相对人"对行政法规、规章或者具有普遍约束力的决定、命令不服的",不能单独申请行政复议解决。

二是国家行为。行政法学上讨论的国家行为,特指涉及重大国家利益,具有很强的政治性,因而被排除在司法审查对象之外的统治行为。它包括国防行为、外交行为、军事和紧急行政行为。这些行为同样不属于行政复议的范围。

第三节　行政复议机关及管辖

一、行政复议机关和机构

行政复议机关,是指依照法律的规定,有权受理复议申请,依法对行政行为进行审查并作出裁决的行政机关。这种组织的特征是:第一,行政复议机关是行政机关;第二,行政复议机关是有权行使行政复议权的行政机关;第三,行政复议机关是能以自己的名义行使行政复议权,并对行为后果独立承担法律责任的行政机关。

行政复议机构是有复议权的行政机关内部设立的一种专门负责复议案件受理、审查和裁决工作的办事机构。这种机构与其他组织相比,有下列特征:

第一,行政复议机构是行政机关内部设立的机构,其特点与人民法院内部专门负责审理行政案件的行政庭类似。但它又不同于行政庭,因为行政庭的行为是一种外部监督行政权的方式,而复议机构的行为却是内部监督行政权的方式。复议机构和行政庭都为解决行政争议而设,但两者分属不同种类的国家机关。

第二,行政复议机构只能设在有复议权的行政机关内。有复议权的行政机关也不一定非设行政复议机构不可。

第三,行政复议机构的职责是专门解决行政争议和一定范围内的民事争议。这就决定了该种机构的行为属于准司法行政行为。

第四,行政复议机构除法律、法规另有规定者外,一般不能以自己的名义独立行使复议权。它不是一种外部行政管理机关,一般都代表所从属的行政机关对外行为,由此引起的法律责任也由行政复议机关对外承受。

第五,行政复议机构间无业务上的领导关系和审级关系。上级行政机关的复议机构不能对下级行政机关的复议机构行使领导权和监督权。当然,这并不排斥复议机构间或复议机构上下级间的业务指导和经验交流,尽管指导和交流行为无法律约束力。

二、行政复议的管辖

行政复议管辖简称复议管辖,是指不同层级、不同职能的行政机关之间受理复议案件的分工。管辖的实质意义在于解决某一行政复议案件由哪一个行政机关行使复议权。对相对人来说,管辖意味着相对人对某一行政行为不服可以依法向哪个行政机关申请复议。

根据《行政复议法》(2017)第12—15条规定,行政复议管辖制度如下:

第一,对县级以上地方各级人民政府工作部门的具体行政行为不服的,由申请人选择,可以向该部门的本级人民政府申请行政复议,也可以向上一级主管部门申请行政复议。对海关、金融、国税、外汇管理等实行垂直领导的行政机关和国家安全机关的具体行政行为不服的,向上一级主管部门申请行政复议。

第二,对地方各级人民政府的具体行政行为不服的,向上一级地方人民政府申请行政复议。

对省、自治区人民政府依法设立的派出机关所属的县级地方人民政府的具体行政行为不服的,向该派出机关申请行政复议。

第三,对国务院部门或者省、自治区、直辖市人民政府的具体行政行为不服的,向作出该具体行政行为的国务院部门或者省、自治区、直辖市人民政府申请行政复议。对行政复议决定不服的,可以向人民法院提起行政诉讼;也可以向国务院申请裁决,国务院依照本法的规定作出最终裁决。

三、特殊关系中的管辖制度

对以上列举以外的其他行政机关、组织的行政行为不服的,按照下列规定申请行政复议:

第一,对县级以上地方人民政府依法设立的派出机关的行政行为不服的,向设立该派出机关的人民政府申请行政复议。

第二,对政府工作部门依法设立的派出机构依照法律、法规或者规章规定,以自己的名义作出的行政行为不服的,向设立该派出机构的部门或者该部门的本级地方人民政府申请行政复议。

第三,对法律、法规授权的组织的行政行为不服的,分别向直接管理该组织的地方人民政府、地方人民政府工作部门或者国务院部门申请行政复议。

第四,对两个或者两个以上行政机关以共同的名义作出的行政行为不服的,向其共同上一级行政机关申请行政复议。

第五,对被撤销的行政机关在撤销前所作出的行政行为不服的,向继续行使其职权的行政机关的上一级行政机关申请行政复议。

第四节　行政复议当事人

行政复议当事人,即因发生行政争议,为保护自己的合法权益,依法以自己的名义参加行政复议,并受行政复议机关复议决定约束的组织或者个人。复议当事人通常指申请人和被申请人,在某些情况下,还包括复议中的第三人。

一、行政复议申请人

根据《行政复议法》(2017)第10条第1、2款规定,依照《行政复议法》申请行政复议的公民、法人或者其他组织是申请人。

有权申请行政复议的公民死亡的,其近亲属可以申请行政复议。有权申请行政复议的公民为无民事行为能力人或者限制民事行为能力人的,其法定代理人可以代为申请行政复议。有权申请行政复议的法人或者其他组织终止的,承受其权利的法人或者其他组织可以申请行政复议。

另外,举报人为维护自身合法权益而举报相关违法行为人,要求行政机关查处,对行政机关就举报事项作出的处理或者不作为行为不服申请行政复议的,具有行政复议申请人资格。

二、行政复议被申请人

行政复议被申请人,是指申请人的对方当事人,即因申请人提起行政复议而由复议机关通知其参加复议的当事人。

在行政复议中,被申请人的特点在于其都是行政主体,但由于行政管理活动的复杂性,被申请人在实践中也相当复杂。(1)公民、法人或者其他组织对行政机关的行政行为不服申请复议的,该行政机关是被申请人。这是确认行政复议被申请人的一般原则。因为在一般情况下,作出行政行为的行政主体是单一的行政机关。(2)两个或者两个以上行政机关以共同名义作出行政行为的,共同作出行政行为的行政机关是共同被申请人。在有些情况下,某一行政行为由两个或两个以上行政机关联合作出，当有关公民、法人或者其他组织申请复议时，共同作出该行政行为的行政机关应作为共同被申请人。(3)法律、法规和规章授权的组织作出行政行为的，该组织是被申请人。(4)行政机关委托的组织作出行政行为的，委托的行政机关是被申请人。(5)作出行政行为的机关被撤销的，继续行使其职权的行政机关是被申请人。行政主体资格的消失，虽然能够导致其权利和义务的终止，但行政主体原来所实施的行为仍然有效，其行为效果应由继续行使其职权的行政主体承受。

在实践中，作出行政行为的行政机关被撤销后，被申请人有三种具体情况：(1)作出行政行为的行政机关被合并的，被申请人是合并后的行政机关；(2)作出行政行为的行政机关被分解的，被申请人是分解后的相应行政机关；(3)作出行政行为的行政机关被解散的，被申请人是解散它的上级行政机关或者有权机关指定的其他行政机关。

三、行政复议第三人

行政复议中的第三人，是指同申请复议的行政行为有利害关系，经复议机关批准而参加复议的公民、法人或者其他组织。根据有关行政法理，第三人参加复议的条件有三：

第一，同申请复议的行政行为有利害关系。这里所谓的“利害关系”，是指独立的利害关系，即第三人与行政行为的利害关系，既不依附于申请人，也不依附于被申请人，而是独立的。如果不是独立的利害关系，就不是第三人，而是必要的共同复议人。独立的利害关系具体包括两种情况：一是直接的利害关系，即与行政行为本身有直接的利害关系；二是间接的利害关系，即与行政行为本身没有利害关系，但与案件处理结果有利害关系。

第二，必须在行政复议过程中申请参加复议，即第三人申请参加复议时，行政复议已经开始，但尚未终结。如果复议尚未开始或者已经终结，都不存在参加复议的问题。

第三，必须经复议机关批准。公民、法人或其他组织申请作为第三人参加复议，复议机关应进行审查，认为符合条件的，应予以准许；不符合条件的，则予以驳回。

在实践中，行政复议中的第三人通常有以下几种情形：(1)在行政处罚案件中，被处罚人或被侵害人一方申请复议，另一方可以作为第三人申请参加复议。例如，甲殴打乙，公安机关对甲进行处罚，甲不服，向上一级公安机关申诉，在复议过程中，乙可作为第二人申请参加复议。(2)在确权案件中，被驳回请求的人申请复议，被授予权利的人或者其他被驳回请求的人，可以作为第三人申请参加复议。(3)两个或两个以上的行政主体针对同一事件作出相互矛盾的行政行为，相对人对其中一个行政行为不服申请复议，其他行政主体可以作为第三人申请参加复议。

第五节　行政复议的程序

行政复议程序，是指行政复议机关审理行政复议案件所遵循的步骤，在性质上属于行政程

序。根据《行政复议法》的规定,行政复议程序大体上依次经过四个阶段,即申请、受理、审理和决定。

一、行政复议的申请

行政复议是依申请行为,以行政相对人主动提起为前提,即相对人不提请复议,行政复议机关不能主动管辖。所以,相对人向复议机关申请复议是行政复议程序的发端。

相对人认为行政主体的行政行为侵犯其合法权益,可以依法向复议机关申请复议。这是法律赋予相对人的一项十分重要的权利,对这一权利不允许有任何非法的限制和剥夺。然而,复议申请权的行使不是不受限制的,相对人向行政复议机关申请复议,并不意味着必然导致行政复议程序的发生。所以,行政复议申请的提起必须具备一定的条件。

根据行政复议之行政法理,申请复议应当符合下列条件:(1)申请人是认为行政行为直接侵犯其合法权益的公民、法人或者其他组织;(2)有明确的被申请人;(3)有具体的复议请求和事实根据;(4)属于申请复议范围;(5)属于受理复议机关管辖;(6)法律、法规规定的其他条件。

上述六项是申请行政复议的一般条件。此外,根据《行政复议法》的有关规定,申请复议还须符合下列程序条件:(1)在法定期限内申请复议。申请人向有管辖权的行政机关申请复议,应当在知道行政行为之日起 60 日内提出(法律另有更长期限规定的除外)。(2)申请人向人民法院起诉,人民法院已经受理的,不得申请复议。

二、行政复议的受理

申请人提出复议申请后,行政复议机关应对复议申请书进行审查。审查的目的在于确认申请人申请行政复议是否符合申请复议的条件。复议机关对复议申请进行审查后,应当在收到申请书之日起 10 日内,对复议申请分别作出以下处理:(1)复议申请符合法定条件的,应予受理。(2)复议申请不符合申请实质条件的,裁决不予受理并告之理由。(3)复议申请书内容不齐全的,应当把复议申请书发还给申请人,限期补正。过期不补正的,视为未申请。

三、行政复议的审理

《行政复议法》(2017)第 3 条规定,复议机关依法对行政行为是否合法和适当进行审查。这一规定说明,复议机关既有权审查行政行为是否合法,也有权审查行政行为是否适当。

行政合法性和行政适当性是行政法的两大基本原则。所谓行政合法是指行政行为必须以法律为依据,符合法定的目的、原则和要求;所谓行政适当则是指行为在合法的前提下应尽可能合理公正。

复议机关对行政行为合法性的审查,主要包括下列内容:(1)审查作出具体行政行为的行政主体是否合格;(2)审查行政行为的内容是否符合法律、法规、规章和具有普遍约束力的决定、命令;(3)审查行政行为是否超越权限;(4)审查行政行为的程序或者形式是否符合法定要求。

行政行为的适当性是基于行政主体的自由裁量权发生的。行政主体行使自由裁量权，只要其行为不超过法定幅度和范围，一般不发生是否合法的问题，而只发生是否适当的问题。对于这种适当性，复议机关也有权予以审查。例如，根据《行政复议法》(2017)第28条的规定，复议机关认为行政行为明显不当的，可以决定变更。

《行政复议法》(2017)第22条规定，行政复议实行书面复议制度，但复议机关认为有必要时，可以采取其他方式审理复议案件。所以，书面审理是复议机关审理复议案件的基本形式。

四、行政复议的决定

复议机关通过对复议案件的审理，最后要作出决定。根据《行政复议法》的规定，复议决定有以下5种：

第一，维持决定。维持决定是指复议机关作出的维持行政行为的决定。对于行政行为适用法律、法规、规章和具有普遍约束力的决定、命令正确，事实清楚，符合法定权限和程序的，复议机关应当决定维持。

第二，履行决定。履行决定是指复议机关责令被申请人履行某种法定职责的决定。它适用于以下两种情况：一是被申请人拒不履行法定职责。无正当理由明确表示不履行或在法定期限内不履行，可视为拒不履行。二是被申请人拖延履行法定职责，即在法律没有明确规定履行期限的情况下，行政主体经相对人多次申请，仍不予答复或者虽然表示愿意履行，但事实上拖延履行。

第三，撤销或变更决定。撤销、变更决定是指复议机关作出的撤销或者变更行政行为的决定。行政行为有下列情形之一的，复议机关可以决定撤销或变更：主要事实不清的、证据不足的；适用依据错误的；违反法定程序的；超越或者滥用职权的；行政行为明显不当的。

第四，重作决定。重作决定是指复议机关责令被申请人重新作出行政行为的决定。行政行为如果有主要事实不清，适用法律、法规、规章和具有普遍约束力的决定、命令错误，违反法定程序影响申请人合法权益，超越或滥用职权等情形，复议机关依法决定撤销后，有时尚需被申请人重新作出行政行为。在这种情况下，复议机关可决定责令被申请人重新作出行政行为。

此外，被申请人作出的行政行为侵犯申请人合法权益造成损害，申请人请求赔偿的，复议机关可责令被申请人按照有关法律、法规的规定负责赔偿。

引例分析

此处对本案的实体问题不作讨论。仅就程序而言，在建安公司承建的项目中，作为施工负责人的梁某某在工作期间和工作场所死亡，在公司未申请工伤认定的情况下，死者妻子刘某某向本市人力资源和社会保障局申请工伤认定，是符合《工伤保险条例》第17条第2款规定的。市人力资源和社会保障局作出《关于梁某某视同工亡认定决定书》后，所涉公司(建安公司)对《关于梁某某视同工亡认定决定书》不服，申请行政复议也是符合《工伤保险条例》第55条和《行政复议法》第6条规定的。行政复议机关作出《行政复议决定书》

之后，死者妻子刘某某因不服《行政复议决定书》而提起行政诉讼，完全符合《行政复议法》第 5 条和《行政诉讼法》第 12、25、44 条规定。总之，本案在“工伤认定—行政复议—行政诉讼”的程序过程中均符合有关法律规定。

复习思考题

1. 什么是行政复议？对它的行为性质如何定性？
2. 当事人申请行政复议的条件是什么？
3. 被申请人和第三人如何确定？
4. 行政复议的管辖如何确定？